·北京师范大学史学探索丛书·

现代化与农业创新路径的选择
—— 中国近代农业技术创新三元结构分析

郑 林 著

北京师范大学出版集团
BEIJING NORMAL UNIVERSITY PUBLISHING GROUP
北京师范大学出版社

图书在版编目（CIP）数据

现代化与农业创新路径的选择—中国近代农业技术创新三元结构分析／郑林著．—北京：北京师范大学出版社，2010.4
ISBN 978-7-303-10865-7

Ⅰ．①现… Ⅱ．①郑… Ⅲ．①农业史－研究－中国－近代 Ⅳ．①F329.05

中国版本图书馆 CIP 数据核字（2010）第 037565 号

营销中心电话 010-58802181 58808006
北师大出版社高等教育分社网 http://gaojiao.bnup.com.cn
电子信箱 beishida168@126.com

出版发行：	北京师范大学出版社　www.bnup.com.cn
	北京新街口外大街 19 号
	邮政编码：100875
印　　刷：	北京联兴盛业印刷股份有限公司
经　　销：	全国新华书店
开　　本：	170 mm×230 mm
印　　张：	14
字　　数：	192 千字
版　　次：	2010 年 4 月第 1 版
印　　次：	2010 年 4 月第 1 次印刷
定　　价：	26.00 元

策划编辑：李雪洁　　责任编辑：李雪洁
美术编辑：褚苑苑　　装帧设计：褚苑苑
责任校对：李　菌　　责任印制：李　丽

版权所有　侵权必究

反盗版、侵权举报电话：010-58800697
北京读者服务部电话：010-58808104
外埠邮购电话：010-58808083
本书如有印装质量问题，请与印制管理部联系调换。
印制管理部电话：010-58800825

北京师范大学史学探索丛书
编辑委员会

顾　问　何兹全　龚书铎　刘家和　瞿林东　陈其泰
　　　　郑师渠　晁福林
主　任　杨共乐
副主任　李帆　易宁
委　员（按姓氏笔画排序）
　　　　马卫东　王开玺　王冠英　宁欣　汝企和
　　　　张皓　张越　张荣强　张建华　郑林
　　　　侯树栋　耿向东　梅雪芹

出版说明

在北京师范大学的百余年发展历程中，历史学科始终占有重要地位。经过几代人的不懈努力，今天的北师大历史学院业已成为史学研究的重要基地，是国家"211"和"985"工程重点建设单位，首批博士学位一级学科授予权单位。拥有国家重点学科、博士后流动站、教育部人文社会科学重点研究基地等一系列学术平台。科研实力颇为雄厚，在学术界声誉卓著。

近年来，北师大历史学院的教师们潜心学术，以探索精神攻关，陆续完成了众多具有原创性的成果，在历史学各分支学科的研究上连创佳绩，始终处于学科前沿。特别是崭露头角的部分中青年学者的作品，已在学术界引起较大反响。为了集中展示北师大历史学院的这些探索性成果，也为了给中青年学者的后续发展创造更好条件，我们组编了这套"北京师范大学史学探索丛书"，希冀在促进北师大历史学科更好发展的同时，为学术界和全社会贡献一批真正立得住的学术力作。这些作品或为专题著作，或为论文结集，但内在的探索精神始终如一。

当然，作为探索丛书，特别是以中青年学者作品为主的学术丛书，不成熟乃至疏漏之处在所难免，还望学界同仁不吝赐教。

北京师范大学史学探索丛书编辑委员会
2010年3月

目 录

第一章 问题的提出 …………………………………………… 1
  一、换一种思路研究历史 …………………………………… 1
  二、研究思路的三个来源 …………………………………… 5
  三、"农业技术创新三元结构"分析框架 …………………… 9
  四、制约农业技术创新的因素 ……………………………… 12
  五、市场、政府与技术创新 ………………………………… 14
  六、研究的总体布局 ………………………………………… 17

第二章 中国农业现代化的起点——传统农业 ……………… 21
  一、中国传统农业生产系统的特征 ………………………… 23
  二、中国传统农业在近代面临的危机 ……………………… 33
  三、本章小结 ………………………………………………… 49

第三章 现代化与农业技术创新三元结构的形成 …………… 51
  一、现代化与现代农业技术需求的产生 …………………… 54
  二、现代农业技术供给源的形成 …………………………… 74
  三、本章小结 ………………………………………………… 106

第四章 中国近代农业技术创新三元结构的特点与问题 …………… 110
　一、中国近代农业技术创新三元结构的特点 ………………… 110
　二、中国近代农业技术创新的制约因素 ……………………… 127
　三、本章小结 …………………………………………………… 142

第五章 中国近代农业技术创新的体制选择——以金陵大学农学院
　　　 为例 …………………………………………………………… 144
　一、选择金陵大学农学院作为个案的理由 …………………… 144
　二、金陵大学农学院教学、科研、推广三结合的创新
　　　体制 ………………………………………………………… 150
　三、金陵大学农学院农业技术创新成功案例
　　　——乌江农业推广实验区 ……………………………… 177
　四、本章小结 …………………………………………………… 199

第六章 结论：农业技术创新系统的整合 ………………………… 201
　一、专业分工与农业技术创新 ………………………………… 201
　二、合作与农业技术创新 ……………………………………… 203
　三、政府与农业技术创新系统的整合 ………………………… 204

参考文献 ……………………………………………………………… 208

后　记 ………………………………………………………………… 214

第一章　问题的提出

一、换一种思路研究历史

中国是个农业大国，农业现代化是中国现代化的重要组成部分。尽管现代化的趋势是农业在国民经济中的主导地位让位于工业和服务业，但是农业作为一个行业本身，无论是技术水平还是从业人员素质都应该是不断提高的。换言之，随着整个国家的现代化，农业本身也在现代化，农业现代化是国家现代化的重要组成部分。而且，从中国台湾地区成功的发展经验来看，其现代化是从农业领域起步的，尽管现在农业在台湾已经不占重要地位，但是如果没有20世纪50年代对台湾传统农业的改造，台湾的现代化也无从谈起。对整个中国的现代化而言，改造传统农业也是至关重要的内容。可以说，如果没有农业的现代化，就谈不上整个国家的现代化。因此，本书选择中国近代农业作为研究中国现代化的切入点。

现代化是一个动态的概念，随着时代的发展其内涵也会发生变化。欠发达国家曾经一度把欧美发达国家的工业化作为现代化的样板，把现代化等同于工业化。而现在人们已经认识到，现代化是一场复杂的社会运动，它涉及人类社会政治、经济、文化的各方面，并不是工业化所能概括的。有人还列出许多衡量现代化的指标，如国民生产总值、产业结构（主要是第一、第二、第三产业在国民经济中所占比重）、城市化水平、国民受教育程度等。但是，无论工业化还是城市化水平或者产业结构，都是对现代化结果的描述。对现代化结果的描述并不能解释为什么有些国家现代化了，而有些国家虽然渴望现代化，却不能如愿；也不能解释为什么不同国家的现代化水平差距会如此之大。这就促使我们将研究视角转向现代化的途径、方式。

尽管现代化是一场复杂的社会运动，但是按照马克思主义的观点，其最终动力还是生产力，而生产力中科学技术是起决定作用的。那么科学技术的发展又是由什么决定的呢？以往人们普遍认为科学技术有其自己的发展规律，基本不受社会其他因素的影响。但是随着科学技术社会学的发展，越来越多的人注意到科技的发展深受政治、经济、文化诸多因素的影响。从某种意义上我们可以说，科技与政治、经济、文化之间相互作用的方式不同，现代化的途径也就不同。

已有的中国近代农业史研究成果，主要侧重农业科技或经济的专门研究，对于农业科技与经济的内在联系及相互作用的机制则关注不够。其实这也是传统的科技史研究的主要特点，即侧重于科技本身的发展脉络，向人们展示不同历史阶段的科技成就，至于科技成就与当时的社会经济发展之间的内在关系，则较少涉及。虽然有许多学者注意到科技对社会经济发展的巨大推动作用，并把科技进步作为历史发展的动力，但是对于科技是怎样推动社会经济的发展，在什么条件下才能推动社会经济的发展，以及科技自身的发展应具备哪些社会经济条件，则关注不多。因为这类问题仅仅靠研究科技本身是无法得到满意答案的。科学技术社会学正是为研究科技与社会的互动关系而兴起的，将它引入科技史研究可以解答上述问题。美国学者罗伯特·金·默顿著《十七世纪英格兰的科学、技术与社会》就着重分析了17世纪英格兰宗教思想的变迁对当时科技发展的影响。

将西方经济学中的技术创新概念引入科技史研究，为我们分析科技与经济的互动关系提供了一种思路。熊彼特（J. A. Schumpeter）首先提出了用技术创新解释经济发展的"创新理论"，但是他本人对创新（innovation）的概念并没有明确界定，只是列举了创新的五种存在形式：（1）引进新产品或提供一种产品的新质量；（2）采用新技术、新生产方法；（3）开辟新市场；（4）获得原材料的新来源；（5）实现企业组织的新形式[1]。随着技术创新概念在经济理论和经济政策实践中的广泛应用，学者们开始根据自己的理解对其作各种定义[2]。虽然对于技术创新至今没有形成统一的概念，

---

[1] 约瑟夫·熊彼特：《经济发展理论》，73页，北京，商务印书馆，1990。
[2] 傅家骥：《技术创新学》，6〜7页，北京，清华大学出版社，1998。

但是各种技术创新概念都具有一些共同特征，即强调技术的实际应用、技术的商业转化；突出技术的经济价值，而不是技术成就本身。技术创新概念的这些特征，对于科技史的研究也具有重要意义。

当然，技术创新概念是发达资本主义国家的学者在研究资本主义企业时所提出的，其适用范围，按照熊彼特所言，是理想的资本主义市场经济体制。其应用的对象，主要是资本主义工业企业。其技术创新成功的标志主要有两个：实现商业盈利；获取市场份额或扩大市场。在将这些技术创新概念用于分析中国的问题时，必须加以修正，取其本质，即技术与经济的内在关系。也就是说，技术创新主要是指新技术从发明到其商业价值或社会价值实现这一完整的过程。它是一个含有技术内容的经济概念。把技术与经济联系起来，我们在研究农业科技发展的历史时，就不会仅仅研究某个历史时期发明了哪些新技术，这些技术的发明早于外国多少年等，而是要进一步关注中国传统农业中的生产者在什么条件下才能接受新技术，或者以什么方式进行生产才能接纳新技术？接纳什么样的新技术？对这些问题的回答更具有现实意义。因为，即使在当代中国，仍然有许多农民沿用着世代相传的传统农业技术。是什么原因使得农民们不能广泛采用现代新技术呢？本书试图从技术与社会经济的关系，从技术创新的角度对这些问题做出回答。

熊彼特认为，经济之所以不断发展，是因为在经济体系中不断地引入创新。我们可以这样说：自从有了人类历史，就有了创新。人类的进步、发展源于创新。人类社会之所以越往后发展越快，尤其近代以来，更是突飞猛进地发展，是因为技术创新的步伐加快了。而技术创新步伐的加快则是由于创新模式发生了根本性改变。换言之，从经济上讲，现代化的实质就是传统技术创新模式向现代技术创新模式的转化。技术创新模式的转化过程就是现代化的过程。

从这种意义上讲，中国传统农业的现代化问题，可以转化为中国农业现代化的制约因素问题，也就是农业技术创新的制约因素问题。农业现代化的过程，就是克服各种制约因素而不断创新的过程。

制约农业发展的因素很多，但主要是资源禀赋、人口、制度和技术因素。资源和人口制约主要表现在对技术发展方向的制约。人多地少会诱发土地节约型新技术的发展，人少地多则会诱发人力节约型新技术的发展。制度制约主要表现在对劳动者生产积极性和生产潜力的束缚。合理的制度能够充分发挥人的主动性和创造力，使人们能够有效地利用各种资源，从而促进农业的发展。技术制约主要表现在对劳动者资源开发能力的限制。技术变革能突破资源开发的限度而使农业发展。一项新制度确立之后，通常要保持其延续性、稳定性，不可能通过制度的频繁变动来推动农业发展。技术则是可以不断变革的，在某种意义上讲，农业发展史就是农业技术不断变革创新的历史。在合理的制度确定之后，加快农业发展，关键途径之一是加快农业技术变革、创新的速度。那么，农业技术变革是如何发生，农业技术创新是如何实现的呢？

速水-拉坦的"诱致性技术——制度创新假说"认为，在市场经济条件下，农民将受要素价格变化的影响和诱导，而致力于寻求那些能够替代日益稀缺的生产要素的技术选择。技术供给者根据市场价格对农民的需求做出反应，从而引发技术的变革。西奥多·舒尔茨在《改造传统农业》一书中提出，对农业研究和农民教育进行投资，将为农业技术变革和农业生产率增长提供基础。这种用市场价格、供求关系以及投资行为解释技术变革和创新的理论，在现代资本主义市场经济的条件下是有效的，但是不一定完全适用于非市场经济或正在向市场经济过渡的国家或社会发展阶段。

就中国的农业现代化而言，将传统农业改造为现代农业至今仍是其主要内容。与传统农业相伴的主要是自给自足的自然经济，虽然近代以来的中国发生了显著的变化，但是市场经济远未成为在中国社会占主导地位的经济形态。在这种条件下，完全用上述西方经济理论解释中国农业技术创新或农业现代化问题，就存在一些局限性。例如，舒尔茨认为对农民教育进行投资，回报率最高的是中小学教育。从西方经济理论上讲是合理的，在发达国家也有可能实现。但是对于欠发达国家来说，西方经济理论上合理的东西在实践中未必行得通。近代中国的农村中小学教育危机重重，即使是现在，中国农村的中小学教育依然是个难题。既然对农村中小学教育投资回报率高，为何中国近代以来的政府不把教育投资重点放在农村？这恐怕不是西方经济理论能够回答的问题。

本书在西奥多·舒尔茨改造传统农业理论和速水-拉坦"诱致性技术——制度创新假说"基础上,提出"农业技术创新三元结构假说"。试图用历史学方法,通过结构功能分析来解释中国近代农业技术创新的动力、影响因素,阐述近代以来的社会政治、经济变迁与农业科研、教育以及农业发展的关系,以期为今天的农业现代化决策提供借鉴。

二、研究思路的三个来源

(一)现代化理论

现代化是传统社会向现代社会的转变过程,它涉及人类社会生活各个方面的变化。主要包括经济领域的工业化、政治领域的民主化、社会领域的城市化以及价值观念领域的理性化。吉尔伯特·罗兹曼主编的《中国的现代化》一书中提到,"最好把现代化看做是涉及社会各个层面的一种过程。某些社会因素径直被改变,另外一些因素则可能发生意义更为深远的变化,因为新的、甚至表面上看来毫不相干的因素会引入、会改变历史因素在其中运作的环境。"[①] 用现代化方法与理论研究历史,首先要确定出现代化的各项指标,然后利用这种指标体系来分析传统社会向现代社会转变的过程,探讨各种历史因素对实现这些指标的影响。当然,正如《中国的现代化》一书所言,"用现代化的方法研究中国是一种手段,而不是目的,是一种只要能证明有用便操作起来的工具,而不是一种意识形态。"[②] 本研究试图通过运用现代化的方法与理论,更充分地分析、理解中国近代社会的变化。

根据马克思、恩格斯、希克斯以及诺斯的理论,西欧早期的现代化开始于16世纪市场和商业的发展,由经济的变革导致政治和制度变革,最终

[①] 吉尔伯特·罗兹曼主编:《中国的现代化》,4页,南京,浙江人民出版社,1995。

[②] 同上书,8页。

促成现代化的实现。曹锦清在他所著《黄河边的中国——一个学者对乡村社会的观察与思考》中认为，西方各国的现代化是"自发型"、"内生型"的现代化，政治与观念基本上是作为自变量"经济基础"的两个"因变量"。但对中国这类发展中国家来说，马克思主义的经典命题（即经济基础决定上层建筑），只有颠倒过来才能获得其真实的意义。中国的现代化，始于观念，终于政治制度的变革，然后通过政权力量自上而下推动现代化过程。① 虞和平在其主编的《中国现代化历程》一书中认为，中国的现代化是一种后发外生型现代化，其基本原理是：在先现代化国家对华侵略的影响下，从民族自强自立的目的出发，推动本国现代化；学习外国先进文明，并使之与本国实情相结合，改造本国的传统社会因素，创造现代因素，逐步由传统社会向现代社会过渡。② 按照这一原理，该书将中国的现代化分为四个阶段和三种发展道路：1840年至1912年为"前提与准备阶段"；1912年至1949年10月为"启动和道路抉择阶段"；1949年至1978年，是在世界资本主义与社会主义两大阵营"冷战"的形式下，基本仿效苏联模式和依靠自己的力量进行的"经典式社会主义现代化阶段"；1979年至2000年，是"有中国特色的社会主义现代化阶段"。至此，中国经过了资本主义、经典社会主义和有中国特色的社会主义的道路转换。③ 本人基本同意两位作者的观点。但是，在研究中国农业现代化进程时，对于具体阶段的划分将做适当的调整，以便更接近中国农业发展的实际。

（二）技术社会学

技术社会学研究技术与社会之间的相互作用，其研究视角随着时代的发展而变迁。肖峰在所著《技术发展的社会形成》中，对技术社会学研究视角的变迁做了概括。20世纪20年代，技术决定论占主导地位，其共同特征是：认为技术是一种自主和自律的力量，有自己不受社会作用的独立

---

① 曹锦清：《黄河边的中国——一个学者对乡村社会的观察与思考》，762~763页，上海，上海文艺出版社，2000。

② 虞和平主编：《中国现代化历程》，绪论，31页，南京，浙江人民出版社，2001。

③ 同上书，绪论，17页。

的逻辑，技术的发展是一种不受制于外部条件的、与社会不关联的过程，它可以不依赖社会而完全自主地能动地发展，然后作用于社会，造成社会的变化。20世纪30年代，出现由内史到外史的转向，开始研究社会因素对科学的积极影响，美国的罗伯特·金·默顿著《十七世纪英格兰的科学、技术与社会》就是其主要代表。20世纪60年代初兴起的科学社会学，把科学发展的社会因素作为主要研究对象，探讨科学作为一种职业和社会建制方面的问题。20世纪70年代兴起的科学知识社会学则认为，科学知识的构成完全是社会性的，主张将科学知识纳入到社会学分析之中，探讨社会对科学知识形成的影响。20世纪60年代出现的科学、技术与社会（STS）主张对科技与社会进行双向研究，把科学、技术和社会看成互相规定并施加和受到影响的现象。技术的社会形成论兴起于20世纪80年代的欧美，它将理论的重点放在社会是如何影响、塑造技术，即技术是如何在特定的社会条件制约下形成或定型的。[①]

上述技术社会学研究视角的变迁反映出人们对技术与社会之间相互关系认识的深化。技术对于社会发展的促进作用有目共睹，但是大多数人并没有意识到技术只有在一定的条件下才能发挥作用。随着技术社会学研究领域的拓展，越来越多的学者认识到，科技成果需要在有利的政治、文化环境，优良的社会基础设施，以及国家机构和产业部门的密切联系与合作的氛围中，才能实现其为国家发展服务的目标。技术发明只是提供了为国家发展目标服务的可能性，这种可能性要转化为现实性，必须满足社会经济的要求。而且，只有在一定的社会经济条件下，技术发明才能转化为现实的生产力，推动社会经济的发展。本书就是从技术社会学的这种研究视角来探讨农业技术与经济、社会的关系，并用技术创新这一概念将技术、经济、教育和社会联系起来。

（三）发展经济学

发展经济学主要研究发展中国家的经济增长和经济发展问题。在发展

[①] 罗伯特·金·默顿著，范岱年译：《十七世纪英格兰的科学、技术与社会》，1、13~26页，北京，商务印书馆，2000。

经济学领域研究农业问题的学者中,以西奥多·舒尔茨、速水右次郎和弗农·拉坦的成就比较突出。他们的研究思路和分析方法值得借鉴。

西奥多·舒尔茨在其《改造传统农业》一书中指出,经济增长的含义意味着收入的增加。国民收入核算中所反映出来的经济增长是以可衡量的(国民)收入为基础的。来自农业部门的这种增长意味着农业所能形成的收入的增加。收入是一个流量概念,它由每单位时间既定数量的收入流组成。……因此,收入流数量的增加就等于经济增长。为了得到收入流,重要的是获得收入流的来源。① 生产要素是持久收入流的来源,它包括土地、一切再生产性的物质生产资料及人力。② 一种生产技术是一种或几种要素的一个组成部分。全面的生产要素概念不仅包括所有物质形式的资本(凡是它所包括的有用知识都是这种资本的一部分),而且还包括所有的人力(这里也包括了人所得到的知识,即作为劳动能力的一部分的技能和有用的知识)。③ 传统农业的基本特征是向农民世代使用的那种类型农业要素投资的低收益率。要改造这种农业,就要发展并供给一套比较有利可图的要素(现代生产要素)。要发展和供给这种要素,并学会有效使用这些要素,就要向人力和物质资本投资。④ 速水右次郎、弗农·拉坦著《农业发展的国际分析》提出了一个诱导的创新模型。该模型假设,成功地获得农业生产率迅速增长的共同基础是,每个国家或发展地区产生生态上适应的、经济上可行的农业技术的能力。在市场经济条件下,农民、农业企业家、科学家、公共行政官员对资源禀赋和要素与产品供求的变化做出反应,从而诱导技术与制度的变革。⑤ 本书将借鉴上述两书中提出的生产要素概念,以及生产要素供给和需求的分析方法,来研究中国近代农业技术创新。

---

① 西奥多·舒尔茨著:《改造传统农业》,57页,北京,商务印书馆,1987。
② 同上书,108页。
③ 同上书,101页。
④ 同上书,1~2页。
⑤ 速水佑次郎、弗农著:《农业发展的国际分析》,4~5页,北京,中国社会科学出版社,2000。

三、"农业技术创新三元结构"分析框架

本书从技术社会学的视角研究中国近代农业发展，着重研究中国近代以来的社会政治、经济、文化变迁对于农业技术变革的影响，以及农业技术变革对农业发展产生作用的条件。也就是将农业技术的发展放在中国近代社会这个大环境中，研究农业技术与社会各种因素之间的相互作用。要做到这一点，必须找到一条联系技术与社会各方面的纽带，或者说需要一个理论框架将农业技术与社会各方面的因素联系起来。本书尝试建立了一种"农业技术创新三元结构"分析框架，用来分析中国近代农业科技与社会政治、经济、文化各方面的相互作用。

在本书中，笔者将农业技术创新定义为农业技术引进或发明、应用、产生社会经济效益的过程。从这种意义上讲，农业技术创新自古就有。不过传统农业技术创新与近代科学产生以后的现代农业技术创新有本质区别。在近代科学技术产生以前，传统的技术创新主要是生产者在经验积累到一定程度后偶然发生的，这种经验积累可能要经历几代人、经过上百年才能发生质变，产生技术创新，以致生活在当时的人们几乎感觉不到技术创新及其社会效益的存在。而近代以来的技术创新，主要是专门的科研工作者将科技知识、科研成果应用于生产实践的结果，这种技术创新仅仅需要十几年甚至几年就可以出现，其效果当时的人就可以感受到。

传统农业技术创新发生在农业内部，其技术发明、应用是在行业内完成的，几乎可以说发明就是应用，因为通常来说，发明者就是生产者即应用者本身，这两者不存在距离。适用于某一地区的新技术，一出现就可以被附近的生产者模仿、应用，不需要中间环节来转换。当然，由于传统农业技术创新是经验积累型的，创新周期很长，但是相对于现代农业技术创新而言，其创新成果从发明到应用的距离不大，时间不会很长。现代农业技术创新则不同，它不是在一个行业内能完成的。农业技术发明的源泉一般在生产行业的外部——科学技术研究机构，技术发明者和应用者是处于不同地位的两类不同的人。现代农业技术创新的这一特征使技术发明与应

用之间产生了很大的距离，这种距离不仅仅是空间上的距离，更主要的是社会经济、文化方面的距离，表现为技术发明者和应用者及其所处环境的经济文化差异。从人的角度来说，主要是文化素质上的差异；从社会环境角度来说主要是生活习俗、生产方式、交通、通讯状况、市场环境的差异。人的文化差异制约着技术信息的交流传递效果，社会环境的差异则制约着技术的应用推广。发明与应用之间的距离导致现代农业技术创新成果的推广需要一个较长的磨合期。

总之，在传统农业技术创新中，技术发明和应用之间一般不存在大的问题，决定技术创新快慢和效果的主要环节在技术发明。因此分析传统农业技术创新问题的时候，主要考虑的应该是制约技术发明的因素。在现代农业技术创新中，决定技术创新速度的不仅仅是技术发明速度，更主要的是技术应用速度。因此，在分析现代农业技术创新问题的时候，不仅要考虑影响农业技术发明的因素，更应该考虑农业技术从发明到应用的中间环节。由于现代农业技术创新的各个要素、环节之间具有更大的分散性、独立性。如何将各种要素有效组合起来，形成一个相互联系、协调发展的整体，成为农业技术创新成功的关键。创新要素分散使得农业技术创新对社会环境的依赖更大，因此，社会对于现代农业技术创新具有很强的塑造性。

传统农业技术创新中的农业技术发明、应用，以及应用新技术生产的农产品的社会价值或经济价值的实现，基本上是在农业内部完成的，从整体上说不存在三元结构。农业技术发明者就是在农业生产中应用技术的劳动者。不管劳动者是农民，还是经营地主，新技术都是在他们从事农业生产的实践过程中发明的。农产品除缴纳租赋外，主要是生产者自己消费。因此，传统农业社会中的农业技术创新从总体上看是一种一元结构体系。到了近代，随着社会分工的发展，农业生产与市场的联系越来越密切，农产品逐渐通过市场实现社会分配。科学技术研究机构的出现使农业新技术的发明专业化，农业技术的供给逐渐由农业外部专业的科研机构提供。这样，农业新技术的发明、应用和社会价值的实现，开始由三个不同的部门来完成，形成农业技术创新的三元结构体系。这三个部门形成很强的专业分工，分别与农业生产的产前、产中和产后三个环节相对应，共同为农业生产服务。

总之，农业技术创新的三元结构就是指农业技术发明、应用、社会价值或经济价值（农产品商品化）的实现是由三个不同性质的生产经营部门完成的。三个部门虽然都是为农业生产服务，但是却各自独立实现自己的功能，追求自身的利益。现代农业新技术的生产，主要是由科研单位和企业进行；新技术的应用，则由家庭农场实现；应用新技术生产的农产品，由企业直接销售或加工后销售。

这种中国农业技术创新的三元结构是伴随着现代化的进程逐渐形成的。从技术层面看，在农业外部生产的技术产品如良种、化肥、农药、农业机械开始进入农业生产系统，创造现代农业技术的科研机构也相继出现，在农业外部形成引进和研究开发新技术的专门部门。这一部门的组织管理形式、经费来源、工作目标、人员素质、价值观念、社会地位与传统的农业部门完全不同，但确实是现代农业不可缺少的重要一环。从市场层面看，以农产品为原料的工业企业也相继出现，与之相伴的交通运输业也发展起来。这些都有利于农产品的商品化。这些部门的出现也可以说是构成了现代农业的特征：农业生产要素（主要是现代农业技术）由农业外部的科研机构、工业企业提供；农产品主要作为商品出售。但是，中国的现代化是由外部推动被迫做出的反应，而不是自身社会经济发展的结果。因此，现代化进程中出现的一些新事物与传统社会经济缺少历史继承性，较难融合为一体。表现在农业上就是农业科研、教育机构与农业生产实际的脱离。本来，现代农业科研、教育机构的出现是农业现代化的重要表现之一，但是由于中国现代化的特点，使得这些机构在农业技术创新上不能充分发挥应有的作用。

尽管中国农业技术创新的三元结构从一开始就缺少内在的联系，但毕竟在传统的农业社会中出现了现代化的农业新因素，开始了现代农业技术创新的艰难历程。农业技术创新三个环节之间的关联程度成了影响农业技术创新成败的关键。

四、制约农业技术创新的因素

近代中国农业技术上的变革力量来自外部。即使农民意识到需要某种技术上的改变以适应市场的需求,但是由于自身科学技术知识的限制,也不知道如何改进。这一点费孝通在《江村经济——中国农民的生活》一书中就已经提道:"村民生产同样品种,同等数量的生丝,但从市场上不能赚回同等金额的钱。当然,影响生丝价格的因素来自外界,……两个最重要的因素,即战后世界经济萧条以及家庭缫丝质量不匀,不适合高度机械化的丝织工业的需要。开始为了恢复原有的经济水平,他们试图发现技术上需要什么样的变革。但他们的知识有限,靠他们自己并不能采取任何有效的行动。发起和指导变革过程的力量来自外界。"[1] 所谓来自外部,实质上是来自城市。城市的科研机构或学校将技术以某种形式传播到农村来。

农业技术创新首先要有农业生产上的需求,其次要有适当的技术供给形式。近代以来农业技术传播的特征之一是需求来自农村,供给来自城市;需求者是农民,供给者是市民。农民和市民在生活上的追求是大不相同的。近代中国农民生产的主要目的是求生存,解决温饱问题;而市民工作的目的除满足基本生存需要外,更多的是追求城市的生活方式,这一点通过一个间接的例子可以证明:为了培养能到田间去工作的人员,金陵大学农学院于1922年创办了农业专修科。"该科所在地,向为僻处……虽属城内,实具乡村风味。刻以京市建设,一日千里,旧有环境,渐不适易于乡村服务人员之训练,拟于最近期间,迁移于真正乡村环境中。"[2] 服务乡村的技术人员,需要在乡村环境中培养,否则不能胜任乡村工作。乡村工作清贫而艰苦,城市环境中培养出来的人确实无法胜任。近代中国农业推广机构的人员分布,从中央到省、市、县、乡,每个单位的人员数目逐级减少,人员的科学文化知识素养逐级下降,说明人们向往大城市、大机关

---

[1] 费孝通:《江村经济——中国农民的生活》,146页,南京,江苏人民出版社,1986。

[2] 章之汶:《一个训练农村服务人员专门学校的剪影》,载《大公报》,1935-05-19。

的生活、社会地位，有了足够的科技知识作为资本，就可以向更高级别爬升，到大城市、大机关谋个职位。而不是相反，到农村去直接为农民服务。

城乡差别的存在和加剧使人们向往城市，即使是农民，一旦获得足够的知识资本也会毫不犹豫地奔向城市，何况是市民。具有科技知识的人，即使是服务于农业，绝大多数也滞留在城市的农业管理机构、农业科教机关中。这些机构的名称中虽然有"农业"两个字，但实为城市的组成部分。工作于其中的各类人员，各有其自身利益——维持其城市生活水准的经济、政治利益。从事与农业有关的工作，只是满足其利益的手段。城市里农业大学、科研机构中的科教人员，只要能领到薪水，评到职称，维持一个专家教授的体面生活，就可以安心远离农村去搞他们的农业科研、教育而不对农业发生任何作用。这种情况是可能的，因为教育和科研有其自身的发展规律，不一定必须与生产实践相结合。如果服务农业不能满足他们作为城市市民的各种需求，这部分人则可能会离开带"农业"二字的机构，另谋高就。当然，也有一些真正不计较个人名利，诚心为农业、农村、农民服务的人。例如，一部分已经功成名就的人，虔诚的宗教徒、品德高尚的人等。

城乡差距对农业技术传播的影响是多方面的：

首先，它使人才向城市集中，拉大了技术需求者与供给者之间文化水平上的差异，使两者之间进行技术传递、交流发生困难。例如，供给者所用专业技术用语与需求者生产实践中的用语难以沟通。也使得技术需求者始终处于被动的新技术接受者地位，因为滞留在农村的大多为文盲或科盲，主动寻求新技术的可能性不大。

其次，习惯了城市优越生活的科技人员很难长期深入农村，直接为农业生产者服务，解决生产中面临的实际问题，使得技术传播长期处于单向传播状态，只有自上而下（城市科研机构或大学到农村）的技术传播，缺少自下而上的技术应用反馈。农业生产实践难以向农业科研提供发展动力。

再次，增加了技术传播的中间环节，造成技术信息失真。根据人才流动规律，最优秀的人才集中在大都市，其次的集中在省会城市，再次的集中在中等城市，更次的集中在小城市，乡村中几乎留不住人才。技术信息从大都市的高级人才，经过技术知识水平逐级下降的各类传播人员向下传递，等到了需要技术的地方——农村，就有可能不是原来的技术了。

在城乡存在巨大差别的情况下，技术供给者集中在城市，远离农村，技术通过何种方式才能有效地传播到农村，为农民所实际应用，是近代中国农业技术创新所面临的一个重要问题，也是当代中国农业技术创新要解决的一个重大课题。

近代农业技术的引进、推广，首先由官员、知识分子进行，农民的知识状况决定他们不可能知道国外有何技术，也不可能由他们引进、推广技术。这些自上而下推广的近代农业技术，农民是否接受，接受的速度如何，也受农民知识状况的影响。然而，近代中国农民的绝大多数是文盲，近代中国教育事业的发展在提高农民文化素质上没有多大作为。教育主要为市民阶层服务，即使各类学校招收农民，但是由于学校教育的目标不是造就现代农民，而是市民，因此一旦农民受到良好教育，就会立即转化为市民。城市优越的生活令人向往，既然有了成为市民的资本，为何不马上转变身份呢？在城乡差别存在且越来越大的情况下，怎样提高农民素质，是又一个值得研究的问题。近代中国一些有识之士也做过一些提高农民文化素质的工作，如平教会、乡建派，但是由于种种原因都半途而废；农业教育虽然对提高农民素质没有多大贡献，但是由于有市民的需要、政府的支持而一直延续下来，并有所发展。即使现在，提高农民素质仍然是一个没能很好解决的问题。农业技术创新没有农民的参与是不可想象的，而现实情况是农民确实参与不多或根本没有参与，这和农民的素质有很大关系。因此，如何提高农民的素质也是中国农业技术创新所面临的重大问题。

五、市场、政府与技术创新

传统农业通常与自给自足型经济联系在一起，衡量传统农业发展的指标通常用粮食产量、耕地面积等。如果新技术能扩大耕地面积、增加粮食产量，使人口增加，就实现了社会繁荣，技术创新也就算实现了。近代农业则与市场经济发生联系，到了现代，则完全融入市场经济，市场规则使得以货币为标准的农业产值成为衡量农业发展的主要指标，产值不一定和耕地面积、粮食产量成正比，它主要取决于农产品商品价值的实现，因此，技术创新是否成功取决于市场，新技术的使用能适应市场的需要，创新就成功了，反之则是失败。例如，粮食没有市场销路，政府就会鼓励缩减耕地面积，减少粮食产量，与增产、增收有关的技术就没必要采用了。而开发新产品，新市场的技术则成为急需的。一旦市场产生某种技术上的新需要，技术创新就出现了。近代中国棉花新品种的引进，就是因为近代纺织工业的发展产生了对新品种的需求，由此我们不难理解为何近代中国的纺织业会对棉花改良感兴趣，而且投资于近代中国的棉花改良事业。农民愿意改种棉花，改用良种、新品种，也是由于市场的需求。当纺织行业受国际市场的影响而萧条的时候，棉花市场萎缩，棉农利益受损，与棉花有关的新技术的发展就会受到影响。由此可见，商品农业与城市工业的发展和城市的繁荣密切相关，农产品加工业的发展是农业商品化的重要前提，工业所需原材料是农业商品的出路。另一方面，工业产品又是农业发展的物质基础。工农业互有需要，而市场则可以将两者的需要联系起来。如果市场机制健全，能够准确地预测市场需求，市场就可以为农业技术创新提供刺激，推动新技术的产生和应用。但是，近代中国处在市场经济起步阶段，市场发展很不平衡，不仅城乡之间差距很大，不同地区间的差距也很大，还没有形成一个全国统一的、规范的市场。因此市场前景很难预料，不断发生的战乱更使得市场前途渺茫。市场对农业技术创新的负面影响要大于正面影响。另外，近代中国大部分地区农业商品化程度还很低，有许多地区甚至没有商品化农业。在这种情况下，即在没有市场需求的情况下，技术创新就不是由市场推动，而是由政府意志来推动。

在市场经济出现以前，很多现在由市场决定的事情都是由政府，多数情况下是某一个地方官员来做的。农业技术创新也不例外。比如，新品种的引进，新技术的推广往往是由某一位地方官员发起的。某个地方发生饥荒，而当地的父母官恰好知道红薯高产稳产又适合当地气候土壤，对于救荒大有用处，于是下令引进推广，解决了当地人民的吃饭问题。这种技术创新就是由政府官员自上而下推动的。清末引进美棉的工作，也多由地方官员，如湖广总督张之洞等人开始的。维护政治稳定，以巩固自己的统治地位，是政府官员进行技术创新的动力。中国历代统治者都不乏重视农业生产的宏论，从那些言论中可以发现，统治者重视农业的目的，是为了让人民有饭吃、有衣穿，不致饥寒交迫起来造反，重农的核心目的是让人民安分守己，不要危及统治者。服务人民的政府和统治人民的政府，因其价值取向不同，对待技术创新的态度、采取的措施也不同。中国历史上政府以统治人民为其价值取向，因此治人的权术是最受重视的，知识分子是预备官员，当然主要关心的也是权术，技术创新在政府乃至整个社会中都不受重视。只有在近代，中国遭受列强侵略后，技术才受到一部分知识分子和政府官员的重视，其原因也主要是因为政权受到了列强威胁。因此哪些技术对巩固政权有利，就优先发展哪些技术，洋务运动优先发展军事技术就是证明。由政府提出引进近代农业技术要到戊戌变法以后。城市优先发展也是一个证明。政府位于城市，政府官员生活在城市，所以近代以来城市与政府的利益直接相关，政府优先考虑的是城市的需要，城市的各项事业得到优先发展，市民的地位越来越优越。农业虽然关系到国家的长治久安，但是长远利益同立竿见影的现实利益相比，马上退居二线。近代以来许多和农业技术创新相关的事业都是从城市发展的角度来考虑的。政府在农业方面也做了不少工作，例如发展农业教育，兴办农业科研机构等。但是各级学校培养的是市民而不是农民，科研、推广机构也主要是为市民提供了一种获得生存手段和社会地位的途径。本来为复兴农业而设立在城市的机构，一旦成立起来，就形成一个个利益团体，就有了自己发展的规律，他们服务农业的效率，取决于这些教育、科研、推广机构体制上的合理安排。近代中国政治动荡，政府的主要精力放在维持政权、政治斗争上，没有时间来从事这方面的工作。个别农业院校在为农业服务方面做了有益的试验，如金陵大学农学院、中央大学农学院所办的农业推广试验区等，在局部地区取得了一些成就。但是中央政府无力将经验推广到全国。

总之，本书建立了一个"现代农业技术创新三元结构"分析框架，用以分析中国现代化过程中影响农业技术创新的主要社会、政治、经济、文化因素。通过因素分析表明，农业技术创新模式是由社会塑造的，要想获得农业技术创新的成功，必须首先营造一个能使创新成功的社会环境。但是，民国时期的中国外有列强入侵，内有军阀混战，不可能为农业技术创新创造良好的社会环境。因此，虽然民国时期中国的农业科研、教育机构有相当程度的发展，培养了一批农业科技人才，引进、研发出一些农业科技成果，但是除了稻麦棉良种外，都没能大面积推广，对于中国农业发展的实际作用有限。

六、研究的总体布局

本书共分六章，其中第一章为绪论，第二、第三、第四、第五章为研究的主体部分，第六章为结论。

第一章论述了本书研究的问题、研究思路、分析问题的理论框架，以及各章节的内容要点。

第二章以传统农业作为分析中国农业现代化的起点，从中国传统农业的要素组成、农业生产的组织形式、农业生产要素的获得方式、产品分配途径等方面阐述了中国传统农业生产系统的特征，并对中国传统农业在近代面临的危机作了分析，提出要区分两种不同的危机：近代中国的农业危机与中国传统农业面临的危机。这两类危机性质不同，解决危机的途径也不同。近代中国的农业危机主要是由整个国家面临的政治、经济危机造成的，要解决这种农业危机，首先要解决国家的政治、经济危机。中国传统农业在近代面临的危机则表现在以下方面：（1）生产不足的危机，主要是传统农业生产不能满足近代社会发展的需求。这需要通过技术变革来解决。（2）生产过剩的危机，主要是由于传统农业不能适应近代市场的变化所造成的。这需要通过改革农业生产经营方式来解决。（3）基本生产单位面临破产的危机，主要是由于土地私有与多子继承使人口滞留在农业，导致地权分散。解决途径主要是加快城市化进程，但最根本的还是要限制人口。

第三章从两个方面探讨了现代化与中国农业技术创新三元结构的形成。

第一，现代化与现代农业技术需求的产生。本书认为中国近代农业技术需求有着不同的层次：(1) 民族危机与国家对农业新技术的需求；(2) 现代工商业的兴起对农业新技术的需求；(3) 农业生产者对农业新技术的需求。由民族危机而引起的国家对农业新技术的需求促成了制度上的创新，使中国建立起专门的农业教育、科研机构。但是这种需求是纯理性的，建立在这种需求之上的现代农业教育、科研机构，与当时中国乡村的农业生产实际有很大的距离，对农业生产的推动作用有限。现代工商业对农业新技术的需求既有理性成分，又有现实利益的成分，因此与农业生产实际联系较密切，对新技术在农业中的应用也切实起到一定的推动作用。其局限性在于同市场需求联系过于紧密，容易受市场波动的影响，而且其对新技术的支持仅限于某个特定的领域。因此近代中国源自工商业需求的农业技术创新不能持久，也不全面。农业生产者对农业新技术的需求分两类，来自农业企业家的需求和普通农民的需求。由于近代中国的农业企业发展并不顺利，数量有限，其对农业技术创新的影响也有限。而普通农民对新技术的需求则有待农业推广者去开发。创造各种条件激发农民对新技术的需求，是一个亟待解决的课题。

第二，现代农业技术供给源的形成。中国近代农业技术创新三元结构的形成，以各种技术供给源的产生为标志。技术供给源主要有两种：一种是以中国科学社为代表的民间科研团体和以中央研究院为代表的国家科研机构所构成的科学技术研究体系，它为农业技术发明提供最基本的科学原理和方法。一种是农科大学和以中华农学会为代表的民间农业研究团体，以及以中央农业实验所为代表的国家农业研究机构所构成的农业研究体系，它利用科学技术成果从事农业应用研究。这两种技术供给源在20世纪30年代就已经基本形成，对中国近代农业的改进发挥了积极作用。此外，农业新技术产品制造与推广机构也是一个重要供给源，其很大一部分与农业科研机构重合，是农业技术创新得以实现的关键环节。

第四章提出民国时期农业技术创新的特点主要有两个：（1）民间农业技术创新占重要地位；（2）教学、科研、推广三位一体。中国近代农业技术创新体系各环节的发展是不平衡的，这种不平衡的主要表现之一为技术供给方和技术需求方发展的不平衡。技术供给一方是在农业之外、在经济文化发达的大城市中产生的，其成员主要由受过现代科学文化熏陶的新式知识分子组成，其发展主要与现代城市社会发展的规律相适应。而技术需求一方则主要是由延续了上千年的传统农业生产者组成，深厚的历史文化沉淀使他们较难适应现代社会的发展。城乡社会政治、经济、文化环境的差距使得农业技术供给与需求双方产生了巨大鸿沟，从而影响到农业新技术的应用推广，使农业技术创新较难实现。解决这一问题的途径之一是建立教学、科研、推广三结合的创新体制。民国时期个别科研机构建立起这种体制并对中国近代农业发展作出比较突出的贡献。但是在整个国家尚没能建立起这种技术创新体制。

第五章以金陵大学农学院与乌江农业实验区为例，分析了民国时期教学、科研、推广三结合的农业技术创新体制。中国近代农业技术创新在实践中选择了一种农业教学、科研、推广三结合的创新体制，其成功典型为金陵大学农学院。第五章从办学宗旨、组织结构、创新实践等方面分析了金陵大学农学院教学、科研、推广"三一体制"的特点、具体的运作方式以及对当今农业技术创新的借鉴意义。金陵大学农学院属于私立学校，其农业技术创新成就充分体现了民国时期农业技术创新的主要特点之一：民间农业技术创新占有重要地位。

第六章是根据历史分析所作的三个结论：第一，中国近代农业技术创新三元结构并不是由农业发展的内部动力推动而建立，或者说农业的进一步专业分工并不是源自农业自身发展的需要，而主要是由于社会政治、经济变迁促成的。这种农业技术创新三元结构的形成是中国近代历史发展的必然结果，但是中国的国情使这种结构有不利于农业技术创新的一面，只有建立一种完善的创新体制才能消除不利的影响。实践证明，教学、科研、推广三结合是一种比较成功的农业技术创新体制。第二，在中国近代农业技术创新过程中贡献突出的科研机构，都是善于同各行业密切协作的机构。能够对农业技术创新的最终实现发挥作用的农业生产者，通常也都是组织起来的农户。换言之，只有当农民建立起各种合作组织时，农业技术创新才有最终实现的可能。因此，合作是农业技术创新成功的保障。第三，中央政府在农业技术创新中的主要作用之一是建立全国性农业技术创新体系，以协调全国各个地区农业教学、科研、推广机构的发展。这需要有一个现代化的政府和一支与之相应的具备现代管理素质的行政管理队伍。

第二章 中国农业现代化的起点
——传统农业

关于传统农业，目前学术界大致有两种不同的提法：

第一种是把传统农业看做农业发展的一个历史阶段。我国学者通常认为，农业按照历史发展进程可以划分为原始农业、古代农业和现代农业三个阶段[1]。"由于古代农业主要通过传承、应用生产活动中积累的经验来发展生产，故又称为传统农业。"[2]。原始农业阶段的生产工具和技术是使用木石农具，刀耕火种，撂荒耕作制；传统农业是以用畜力牵引或人工操作的金属农具为标志，铁犁牛耕为其典型形态，生产技术建立在直观经验基础上；现代农业阶段的生产技术和方法的特点则是建立在科学理论和科学实验基础上的。中国农业在战国时期进入传统农业阶段[3]。美国学者舒尔茨则把农业所处的状态分为三种类型：传统型、现代型和过渡型。传统型农业的一个重要特征是技术状态长期基本保持不变，农业要素的供给者和需求者多年前就达到了特殊的长期均衡状态，继续向农民世代使用的农业要素投资收益率低。现代型农业的基本特征是农民使用现代农业生产要素，而且任何一种新生产要素只要是有利的，它的出现与被采用之间的时延是很短的，国家的研究机构有责任去发现并发展这些新农业要素，向新农业要素投资的收益率高。过渡型农业则介于前两者之间，处于由传统向现代过渡阶段[4]。舒尔茨所说的农业所处状态，类似于农业历史发展阶段，只不过排除了原始农业，在传统农业和现代农业之间加了一个过渡型农业。这种过渡型农业，相当于我国一些学者所说的近代农业。总之，舒尔茨所描述的是当代世界不同国家社会的农业处在不同的历史发展阶段。传

---

[1] 也有人将现代农业划分为近代农业和现代农业两个阶段。
[2] 翟虎渠主编：《农业概论》，16页，北京，高等教育出版社，1999。
[3] 董恺忱、范楚玉主编：《中国科学技术史·农学卷》，2页，北京，科学出版社，2000。
[4] 西奥多·舒尔茨著：《改造传统农业》，81～82页。

统农业是过去曾经存在过，或现在仍在一些国家或地区存在的一种农业状态，是与现代农业完全不同的一种农业状态。

第二种观点认为，应该对古代农业和传统农业在概念上加以区分：传统农业是指在历史上形成的、且又系统流传下来影响至今的一种农业文化，它与古代农业既有联系又有区别。传统农业来源于古代农业，是对古代农业的继承和发扬。古代农业是过去已经发生过的事情，它并不包含与现在的关系和影响，而传统农业则包含了与现在的关系和影响。如"传统耕犁"指的是现在农村还在使用的保留古代耕犁特征的农具，而绝不是唐代或宋代制造的耕犁①。

本书认为在研究农业现代化问题时，对古代农业与传统农业做这样的区分是有意义的。古代农业与现代农业相对应，主要是用来定位农业发展的不同历史阶段；传统农业与现代农业相对应，则主要是为了反映农业发展的延续性、继承性。古代是已经过去的事情，而传统则是延续到现代的事情。做了这样的区分，我们就可以把现代化看做是"一个传统性不断削弱和现代性不断增强的过程"，或者可视为传统在功能上对现代性的要求不断适应的过程②。这样，传统农业就可以作为我们考察农业现代化的出发点：中国传统农业有哪些特征？面对近代以来的社会经济文化变迁，即现代化，传统农业作出了哪些反应？传统农业有哪些方面不适应现代社会的要求，需做出改进；有哪些方面可以继承和发扬？农业现代化不是凭空制造出一个新农业，而是在传统农业基础上的扬弃，是一种传统因素不断减弱、现代因素不断增强的过程。本书就将以中国传统农业作为分析中国农业现代化进程的起点。

那么，中国传统农业有哪些特征呢？

---

① 王星光：《传统农业的概念、对象和作用》，载《中国农史》，1989 (1)，27~28页。

② 周晓虹著：《传统与变迁——江浙农民的社会心理及其近代以来的嬗变》，22页，北京，三联书店，1998。

一、中国传统农业生产系统的特征

作为与现代农业相对应的传统农业，其特点如前所述，主要是通过传承、应用生产活动中积累的经验来发展生产，技术状态长期基本保持不变，以畜力牵引或人工操作的金属农具为标志，铁犁牛耕为其典型形态，主要通过农业内部的能量循环进行再生产等。这是传统农业的共同特征。对于中国传统农业的特征，前人也已经作了许多精辟的论述。概括起来，主要有以下几点[①]：

1. 集约的土地利用方式。主要指以提高单位面积产量为目的的种植制度，即轮作复种和间作套种的种植制度。与此种植制度相配合的是对肥料的重视，形成了一套合理施肥、培养地力、用养结合、维持土壤肥力的技术。

2. 精耕细作的技术体系。可以分为两大部分，一是改善农业生物生长环境的技术；一是提高农业生物自身的生产能力的技术。前者主要包括耕、耙、耱、压、锄相结合的北方旱地耕作技术，耕、耙、耖、耘、耥相结合的南方水田耕作技术，北方引水灌溉技术，南方陂塘堰坝水利蓄水灌溉技术等。后者则包括动植物良种选育技术，如：穗选法、种子田、一穗传技术、动物的有性杂交育种等；还可包括综合防治病虫害的方法。

3. 因地制宜，农牧（或农林）结合。从全国范围来讲，我国传统的农业结构，是以农为主，农牧结合的小而全结构。自古我国的黄河流域、长江中下游以及东南沿海一带，一般是以农业生产为主的综合经济，这一地区的北部，以黍、稷、粟、麦、高粱等作物栽培为主，南部则主要是经营水稻生产。边远的草原地区，则是以畜牧饲养为主的综合经济。长江中下游和东南沿海一带以外的南方地区，虽然同样经营农业，但渔猎仍占较大的比重。这样的生产布局，可以说几千年来没有发生过根本性的改变，只

---

① 梁家勉主编：《中国农业科学技术史稿》，北京，农业出版社，1989；张芳、王思明主编：《中国农业科技史》，北京，中国农业科技出版社，2001；李长年：《略论建立在小农经济基础上的我国传统农业》，载《中国农业科学》，1981（3）。

是随着时代的推移，农业生产地区逐渐扩大，介于农业生产地区与畜牧地区之间的半农半牧地区，逐渐转化为以农业生产为主的综合经济；南方的渔猎地区也逐渐缩小，或其渔猎生产在经济中的比重逐渐降低。

4. 以谷物种植为主，多种经营。从单个的农业生产单位来看，可以说，两千年来，地无论南北，田不分大小，都是采取多种经营。至于生产项目上的组合，虽因时代的演变和因地区的不同而有所变化，但总不脱离"以谷物生产为主结合其他生产项目"的原则。

5. 以"三才"理论为核心的农学理论。即把农业生产中天、地、人三者看成是彼此连接的有机整体，在重视人对自然调控的同时也不忽视对自然的顺应，既要发挥人的主观能动性，又不违背自然规律。

上述对中国传统农业特点的概括主要侧重于农业生产技术和产业结构。传统农业作为一种生产系统，一种"利用生物生长发育过程来获取动植物产品的社会生产部门"①，其特征还应有更多的内容，如经济特征等。中国传统农业在经济上被定义为自给自足的自然经济，这一度成为常识。随着学术探讨的深入，已有人对此提出质疑②。其实，对照一下马克思主义经典作家关于自然经济的论述，就可以发现，中国传统农业经济并不是典型的自然经济。马克思说，在自然经济中"经济条件的全部或绝大部分，还是在本经济单位中生产的，并直接从本经济单位的总产品中得到补偿和再生产。此外，它还要以家庭手工业和农业相结合为前提"③。列宁也说："在自然经济下，社会是由许许多多同类的经济单位（父权制的农民家庭、原始村社、封建领地）组成的，每个这样的单位从事各种经济工作，从采掘各种原料开始，直到最后把这些原料制作得可供消费。在商品经济下，各种不同类的经济单位在建立起来，单独的经济部门的数量日益增多，执行同一经济职能的经济单位的数量日益减少。"④ 西欧的封建领

---

① 翟虎渠主编：《农业概论》，1页。
② 赵冈：《论中国传统社会的性质》，见其编著：《农业经济史论集——产权、人口与农业生产》，北京，中国农业出版社，2001。
③ 《资本论》，第3卷，896页，北京，人民出版社，1975。
④ 《列宁全集》，中文2版，第3卷，17~18页，北京，人民出版社，1984。

地,确实属于经典作家所说自然经济的范畴。但是,中国传统农业经济却并不完全符合马克思和列宁所说的自然经济的条件。为了使中国传统农业经济能够符合自然经济的条件,有学者专门对中国传统农业的自给自足做了解释:"在中国地主制经济中,这种'单一的经济单位'① 应当是大体相当于过去采邑的一个乡里或邑县,包括这一地区的地主、农民、各种工匠、手艺人,还有小商人。否则很难做到从生产资料到消费资料的基本自给。一家一户,包括手艺人户,是一个生产单位,但不是一个经济单位;他们联合起来,才成为一个经济单位。他们是靠在地方小市场上进行品种调剂、余缺调剂,互相取得原料或成品完成再生产的。"② 经过这样的解释,中国传统农业社会是自给自足的自然经济这一命题就可以成立了。但是,这种解释值得进一步商讨。因为这种解释的前提是,为了使"单一的经济单位"能够自给自足,可以将其范围扩大到一个邑县。如果我们把"单一的经济单位"扩大到一个国家,那么现代社会的经济在一个国家的范围之内也可以解释为自给自足了。因此,有学者提出,"封建经济是自然经济和商品经济的结合"③。在封建社会一定的历史时期中,自给性生产居于主导地位,商品性生产处于从属地位。在另一个历史时期,两者的地位可能持平。在商品经济发达地区,商品性生产则可能占主导地位。

基于上述,本书认为,中国传统农业经济的复杂性不是"自给自足的自然经济"这一概念所能概括的。为了能较全面准确地说明中国传统农业的特点,本书尝试采用一种新的分析模式。这就是说,传统农业作为一种生产部门,要完成再生产,应当包括以下几个环节:生产的组织形式、生产要素(包括土地、工具、劳动力、生产技能等)的获得、实际的生产过程、产品的分配。这些环节构成农业再生产系统。本书从农业再生产的环节入手分析中国传统农业的特点。

---

① 作者引用的是《列宁选集》,"单一的经济单位"即《列宁全集》1984 年版中的"同类的经济单位"。
② 吴承明著:《中国资本主义与国内市场》,208 页,北京,中国社会科学出版社,1985。
③ 方行:《封建社会的自然经济和商品经济》,载《中国经济史研究》,1988 (1)。

(一) 中国传统农业生产的组织形式

中国传统农业自春秋战国以来，存在过以下几种农业生产组织形式：国家屯田经营、地主庄园经营、富农经营、自耕农经营、租佃农经营、寺院经营等①。其中富农经营、自耕农经营、租佃农经营在本质上是同一种经营形式：家庭农场。家庭农场以一家一户为单位，主要靠自家劳动力来从事农业经营，但也不排除少量的雇佣劳动。在中国历史上，多种农业经营形式并存，但是家庭农场逐渐显示出其优越性，成为中国传统农业最基本的经营形式。这一发展趋势是由中国传统农业生产自身的特点所决定的。中国农业以种植业为主，种植业生产必须在耕地上平面展开，而不能像工业生产那样在一个较小的空间集中作业。因此，农业生产工作的监督很难。而且，农业生产的周期长，很多作物的生长都需要大半年的时间。农业生产的各个环节，工作的质量无法按照统一固定的标准来检查。各个环节质量的好坏，都要积累到最后才能表现出来，即农业收成的好坏。解决监督难的办法就是尽量利用生产者自发的工作意愿来代替从上而下的监督工作。在这里，家庭农场就发挥了特长，因为家庭农场以家庭成员为劳动力骨干，具有最大、最可靠的激励机制，只需最低限度的监督工作②。因此，尽管中国传统农业多种经营形式并存，但是发展的结果是家庭农场占主导地位。无论是官府、地主还是寺院，都把大部分土地出租给佃户耕种，而佃户则以家庭为单位从事农业生产。在家庭农场中，家庭不仅是一个生产单位，而且还是一个消费单位，更是社会组织的基本细胞，承担着各种社会经济、政治功能。这是以家庭农场为主导的中国传统农业生产组织形式的基本特点。

(二) 中国传统农业的生产要素及获得方式

舒尔茨认为，"生产要素，即土地、一切再生产性的物质生产资料及人力。""全面的生产要素概念不仅包括所有物质形式的资本（凡是它所包

---

① 详见郭文涛、陈仁瑞著：《中国农业经济史论纲》，第三、第九章，南京，河海大学出版社，1999。

② 赵冈编：《农业经济史论集——产权、人口与农业生产》。

括的有用知识都是这种资本的一部分),而且还包括所有的人力(这里也包括了人所得到的知识,即作为劳动能力的一部分的技能和有用的知识),当我们使用这个全面的生产要素概念时,就要完全考虑到所有的生产技术。"① 本书赞同这一观点,并试图按这种生产要素概念来分析中国传统农业。

1. 土地。土地是农业生产中不可替代的最基本的生产资料,它不仅是劳动场所,更是提供动植物生长发育所必需的水分和养料的主要来源。任何农业生产组织,都以获得土地为其存在的前提。当然,土地占有者不一定从事农业生产,因此,我们主要是从农业生产者角度,也就是家庭农场的角度来分析生产要素的获得方式。中国自春秋战国时期开始确立土地私有制,秦朝以后得以巩固和完善。在土地私有制下,家庭农场获得土地的方式主要有:垦荒、国家分配、租佃、购买、继承等。随着土地私有制的确立与完善,人口增加与可耕地面积的减少,继承、购买与租佃成为家庭农场获得土地的主要方式。在中国的不同历史时期,获得土地的方式也有所不同。例如秦汉时期,自耕农的土地来源主要有:第一,大动乱后占有无主荒地;第二,私人开垦荒地;第三,购买。而购买是最主要,最经常的方式②。魏晋至隋唐中叶实行的均田制,主要是由政府向农民授田。宋代土地虽然在兼并之下趋于集中,但经营却是十分分散,即地主将土地分租给佃户,形成主少佃多局面。这种局面在明清时期更为明显,说明租佃成为农场获得土地的主要形式之一。总之,在正常情况下,继承、购买、租佃是传统农业中家庭农场获得土地的主要形式。其中继承使原家庭农场分散变小,新建的农场要扩大主要靠购买和租佃。在大的战乱之后、王朝更替的初期,占有无主荒地也是获得土地的一种重要途径。

2. 生产工具。传统农业主要使用手工业制造的铁木工具。历年考古发掘表明,铁制工具在春秋晚期和战国初期已有使用,地域包括中原地区和长江流域;而到了战国以后,全国大部分地区均已使用铁器,铁农具逐渐

---

① 西奥多·舒尔茨著:《改造传统农业》,101、108页。
② 岳琛主编:《中国农业经济史》,84页,北京,中国人民大学出版社,1989。

取代木石农具，成为主要的农具。西汉中期，实行冶铁业官营，政府致力于农具的改革，并成立了指导新农具生产与推广的机构①。铁农具的使用以冶铁手工业的发展为前提。在中国传统农业社会的不同历史阶段，私营与官营手工业互有消长。从明朝中叶开始，官营手工业逐渐衰落，民营手工业发展起来。到了清代康熙时期，完全废除匠籍制度，任民自行开矿兴业，进一步促进了民营手工业的发展②。从冶铁手工业发展史来看，冶铁业主要是从事商品生产，特别是私营冶铁手工业，以谋利为目的。因此可以判断，农业生产者获取铁农具的主要途径是购买，也不排除某些历史时期由政府免费赠送，以便推广新式农具。这表明，传统农业并不是一个完全自给自足的生产体系，起码在铁农具方面，是靠手工业来供给的。

3. 生产技术。中国传统农业生产技术是由农业生产者在长期生产实践中通过经验积累形成并代代相传。在北方的黄河中、下游地区，农业生产者经过长期探索，从春秋至魏晋南北朝，犁、耙、耱、耧车、翻车、扬车等新式农具相继出现，逐步形成了耕、耙、耱、压、锄相结合的北方旱地保墒耕作技术体系。连种制逐步取代了休闲制，并在此基础上形成灵活多样的轮作倒茬方式。魏晋南北朝时期，全国经济重心开始从黄河流域向长江以南地区转移。伴随着这一转移，南方精耕细作体系逐步成熟起来。至宋元时期，方耙、耘荡、耘爪、秧马、龙骨水车等相继出现。在这基础上，形成耕、耙、耖、耘、耥相结合的南方水田耕作技术体系。太湖流域的塘浦圩田形成体系，梯田、架田、涂田等新的土地利用方式逐步发展起来，复种也有较大发展。明清时期，人多地少矛盾尖锐，人们除加强对边疆地区和边际土地的开发外，更主要的是充分利用现有农地，增加复种指数，提高单位面积产量。这一时期江南地区的稻麦两熟制已占主导地位，双季稻栽培由华南扩展到华中，南方部分地区还出现了三季稻。在北方，两年三熟制或三年四熟制已基本定型。为了适应这些复杂、多层次的种植

---

① 张芳、王思明主编：《中国农业科技史》，85、121页，北京，中国农业科技出版社，2001。

② 冷鹏飞著：《中国古代社会商品经济形态研究》，145～152页，北京，中华书局，2002。

制度，品种种类、栽培管理、肥料的积制和施用等技术均有较大发展①。上述技术大多记载于中国古农书中。从中国古农书来看，自《吕氏春秋·任地》、《氾胜之书》、《齐民要术》到《农政全书》、《补农书》等，都是对已有技术的记录、总结。这也反映出中国传统农业技术是生产实践经验积累的结果，而不是先有科学技术原理，再根据原理发明技术。即便是记录、总结农业生产经验的农书，也是由地主、官员写成，主要在地主和官员当中传阅。农民获得生产技术知识的途径，主要是口耳相传，直接模仿。另外，偶尔也由政府官员进行农业推广，但史书记载不多，主要事例有：汉武帝时期搜粟都尉赵过在关中地区推广代田法；西汉时期轻车使者氾胜之在关中地区推广区田法；北宋时期苏东坡在江西、湖北、浙江推广秧马等②。但是这些推广活动都是个别人物偶发的行为，而不是政府有计划、有目的的推广活动。历史上也曾有过以皇帝为代表的政府推广行为，但也只是偶尔为之。例如，唐政府曾出其所藏的水车样，征集江南造水车的工匠赴京，制造龙骨水车，在北方推广。五代后唐明宗，在一次近郊巡视时，见农民田具细弱，而犁耒尤拙，立意要改良当时落后的农具，因此便下诏，让河东、河北进献农具，作为仿造、推广的式样。北宋淳化五年（994年），宋、亳、陈、颖等州的老百姓，因牛力缺乏，自相挽犁而耕，知道这个消息后，政府曾出钱，以每头牛官借钱三千的办法，到江浙购买，但还是不能满足需要，于是又命直史馆陈尧叟携带踏犁数千具前往宋州，让当地官府依样铸造，以赐给各家各户③。这说明中国古代农业技术发明与传播主要是民间的自发行为，政府在这方面的作用是偶发的，并没有专门的农业研究发明和传播机构。

4. 劳动力。家庭农场的劳动力主要是家庭成员。中国传统的个体家庭（即核心家庭），一般只包括一对成年夫妇和他们尚未成年的子女，以及已丧失劳动能力的年迈父母。这种家庭的平均规模是"五口之家"，其主要

---

① 梁家勉主编：《中国农业科学技术史稿》，583～584页。
② 郭开源：《中国古代农业推广人物志》，载《农业考古》，1986（1）。
③ 董恺忱、范楚玉主编：《中国科学技术史·农学卷》，355页。

劳动力是当家的夫妇二人，直至近代，情况仍然大体如此①，劳动力是通过家庭自身的繁殖获得。由于家庭规模是一定的，家庭通过繁衍所增加的劳动力在一定时候会分家，自立门户。因此，家庭农场不但生产农产品，还生产农业劳动力；不但生产劳动力，还孵化出新的家庭农场。由于劳动技能是直接通过生产实践获得的，所以传统农业中劳动力的培养（人的劳动技能的培养）基本上不需要成本。不过，明清时期，在经济发达的江南地区，大众教育已经非常普及，并深入农村。"到了清代中期，一般农家子弟入学读书，已不是罕见现象。"② 要送子弟读书，自然要缴学费。可以说从清代中期开始，江南地区普通农家劳动力的培养需要花费一定成本了，但是在中国的大部分地区，普通农家受教育的机会不多，尚不需要支付教育费用。尽管传统农业中家庭农场的劳动力培养过程并不复杂，但是主要劳动力所承担的任务却是复杂的。作为一家之长，他们不仅是劳动者，而且是经营管理者，不仅要负责家庭农场的各种生产决策，还要负责家庭成员的衣食住行。所以从某种意义上说，中国传统家庭农场中的劳动力是"通才"而不是专业劳动者。这与现代化大型农场截然不同。

（三）中国传统农业的产品分配途径

中国传统农业生产主要是为直接满足人们的衣食需要，其分配途径与现代农业完全不同。典型的现代农业完全是商品生产，产品全部拿到市场上出售，用所换得的货币去购买日常生活所需的衣食用品。而传统农业的大部分农产品不是通过市场来完成分配，在中国传统农业社会，农产品的分配途径主要有以下几种：第一，以赋税形式流向政府；第二，以地租形式流向地主、寺院或政府；第三，自家留用；第四，以商品形式流向市场。

1. 以赋税形式流向政府。在中国传统农业社会，向劳动者耕种的私有土地征收实物税开始于春秋战国。秦汉时期，随着土地私有制的巩固，赋

---

① 李伯重著：《江南的早期工业化（1500—1850年）》，417～419，北京，社会科学文献出版社，2000。

② 同上书，444页。

税制进一步完善。那时，土地所有者缴纳土地赋税的内容包括田赋、人口税和徭役①。秦代有关赋役的记载较少且不明确，汉初田赋为"什五而税一"，孝景帝以后基本以"三十而税一"为田税定制。也就是农业生产者将收获物的 1/15 或 1/30 上缴国家。唐代实行租庸调制。"租"就是农民向政府缴纳谷物，作为田税。"调"就是农民向政府缴纳当地土特产，一般是绢物等②。自唐代后期实行两税法以后，历经五代到两宋，田赋都是在夏秋两季缴纳，夏税收钱或折纳绢、布、麦等，秋税收粮食③。明代中叶实行一条鞭法，将田赋改折银两征收。至清代，赋税一般都征收银两。

2. 以地租形式流向地主、寺院或政府。中国传统农业多种生产经营形式并存，而以家庭农场为主要形式。家庭农场的土地，或为自有，或为从地主、寺院或官府租进。自有的土地要向政府缴纳赋税，租用的土地则要向田主缴纳地租。地租一般以实物为主，对半分成。到唐代出现了实物定额租，明清时期则出现了货币地租，农产品要先拿到市场上出售，取得货币来交租。

3. 以商品形式流向市场，换取货币。在中国传统农业社会，农民的生产、生活并不是完全自给自足的，其农产品除了缴纳租赋、自用外，还需要拿出一部分到市场上出售，换取货币，以便购买自家不能生产的铁农具、食盐等生产、生活资料。自唐朝两税法施行以后，还需用货币缴纳赋税。明清时期，还要用货币交地租。因此，传统农业中家庭农场的生产，虽然大多不以商品生产为目的，但是其产品或多或少有一部分作为商品流向市场。另有一部分农场，则专门从事商品生产。可以说，传统农业中商品生产虽然不占主导地位，但是始终存在着商品生产和与之相应的商品市场。

早在春秋战国时期，农业中的商品生产就已经发展起来，尤其是在城郊园圃业、林、牧、渔业中，从事商品生产的程度较高。另外，小农家庭

---

① 岳琛主编：《中国农业经济史》，70～71、101～104 页。
② 郭文涛、陈仁瑞著：《中国农业经济史论纲》，74 页，南京，河海大学出版社，1999。
③ 岳琛主编：《中国农业经济史》，189 页。

如果生产有余，也将剩余的粮、布出卖。这时的市场形态多种多样，主要有市井、墟市、邑市、城市等。它们遍布城乡各地，形成不同层次的市场，共同构成商品交换经济的内容。此后，农业领域内的商品生产，呈现出一种多元发展的趋势，园圃种植业、林业、渔业和牧业，都广泛从事商品生产。但是由于封建国家的抑商政策和土贡政策的冲击，使我国农业领域的商品生产没有形成规模效应，只能依附于小农经济和地主田庄经济，难以独立发展。特别是唐代以后，由于人口增加及谷物种植区域的扩大，逐渐抹平了我国黄河、长江流域作物种植业和畜牧业的区域界限，制约了农业领域商品生产的进一步分化与独立发展[1]。宋元明清时期，为纺织业提供原料的棉花、麻类、蚕桑生产发展起来，形成各种经济作物的专业区、专业户。随着各种非粮食生产专业户、城市商旅人口的不断增长，对商品粮的需求量越来越大，酿酒业的兴盛也需要大批粮食。大量粮食进入市场流通，表明粮食商品化趋势加强，越来越多的家庭农场被卷入市场经济。

（四）中国传统农业的发展目标

通过以上对农产品分配途径的分析，我们可以看出，在中国传统农业社会的相当长一段时期，农产品，尤其是粮食，主要通过非市场途径分配，即缴纳租赋和留作自用。市场需求对农业生产的影响不大，只要增产就能增收。农业增产，对于国家来说，能养活更多人口，使人丁兴旺，显示国家的繁荣；对于家庭来说，能丰衣足食，过上安定富足的生活。从这个角度看，传统农业的生产是不会过剩的，因此，历代统治者发展农业的目标都是增产，农业技术创新的目标也是增产。衡量传统农业发展的指标主要是耕地面积、粮食总产量和人口数量，这也是衡量中国历史上各个朝代兴旺发达程度的主要指标。但是明清以来，随着租赋改收货币，农民必须把自己的产品拿到市场上出售，因此农业生产与市场的关系越来越紧密。农民增产能否增收已经不确定了。这是传统农业社会发展到一定阶段自身出现的一个问题。到了现代社会，在市场经济条件下，农业增产能否

---

[1] 冷鹏飞著：《中国古代社会商品经济形态研究》，118 页。

增收就更成问题了。对农产品的消费者来说,产量增加会使产品价格下降,因此消费者是会普遍受益的,而生产者则有可能因产品过多,卖不出去而受损,从而影响下一年的农业生产。因此,当前我们讲发展农业生产,就不仅仅是要增加产量,更主要的是要增加农产品的销量,提高农业的收入,不是用农产品数量而是用农业的货币收入来衡量农业发展。

二、中国传统农业在近代面临的危机

关于近代中国农业的状况,学术界有几种不同的观点。执"近代农村经济衰退论"的学者认为,近代中国农村经济由于帝国主义、封建主义和官僚资本主义的压迫日益破产,呈现出衰落的趋势;与之相对的另一派,即持"近代农村经济增长论"的学者则认为,由于市场经济的正向作用,中国农村经济自19世纪末到1937年抗日战争爆发前,一直呈稳定增长趋势;还有主张"过密型增长论"和"农业生产技术停滞论"的学者,认为自14世纪以来一直到20世纪50年代甚至80年代,中国农业并没有经历技术上和制度上的真正变革,虽然单位面积的产量增加了,但是单位面积的单位人工产量却下降了[①]。对于一个距离我们很近的时代,学术界竟提出如此不同的看法和结论。这本身就说明了关于近代中国农业,尚需要做更深入的研究。那么,近代中国农业到底是一种什么状况?存不存在危机?问题出在哪里?

本书认为,近代中国农业面临危机是不容置疑的,从民国时期的报纸杂志可以看出,早在20世纪初期,中国农业危机的呼声就已经连篇累牍。这些危机呼声,实际上反映出当时被人们关注的两类不同的危机:整个国家、社会的特殊环境对近代中国农业造成的危机,传统农业由于自身特点不能适应近代社会而面临的危机。

---

① 关于近代中国农村经济状况的各种不同观点,张丽作了较全面的阐述和分析,详见其论文:《关于中国近代农村经济的探讨》,载《中国农史》,1999(2)。

（一）区分两种不同的危机：近代中国的农业危机与中国传统农业在近代面临的危机

近代中国的农业危机与中国传统农业在近代面临的危机是两个不同的概念。前者是一个复杂的社会问题，主要是由近代以来中国特殊的政治、经济环境（如战乱、军阀割据）造成的非正常状况；后者主要是一个传统农业技术和经济的适应性问题，是历史发展到一定阶段必然会出现的，通过改造传统农业就能够解决。而前者则要首先改造社会，解决近代中国面临的民族危机、政治经济危机，以及整个国家的政治经济问题后，才谈得上改造传统农业，解决农业问题。但是，近代以来关于中国农业危机的论点，往往将两者混同，都称为近代中国的农业危机。这就导致有些人试图通过引进西方先进技术，改造传统农业，来挽救中国的社会危机。他们没有认识到，社会危机首先是一个政治问题，而不是科学技术问题。近代以来中国动荡的社会局面，使他们的理想化为泡影。另一些人试图通过政治革命来解决中国农业的发展问题，但是他们没有意识到，即使革命成功，也只是解决了农业发展的外部环境问题，农业本身的问题并不能随着社会环境的改变而自然解决，政治手段同样代替不了科学技术。因此，区分两类不同性质的问题是非常重要的，只有明确了问题本质，才能找到解决问题的根本途径。以下先就国内有关近代中国农业危机的各种观点加以概括，然后从中区分出中国传统农业在近代面临的危机，进而探讨解决危机的办法。

首先来看看学者们判断近代中国发生农业危机的依据，或者说，近代中国农业危机有哪些表现。

有学者认为，自清朝嘉庆、道光时期之后，作为国民经济基本部门的农业就已经陷入危机之中。及至近代，中国的农业危机进一步发展，并始终存在于半殖民地半封建社会的整个历史发展过程中。有关近代中国农业危机现象的各种看法，概括起来，主要有以下几点：

第一，土地兼并加剧，租佃关系日益扩大和膨胀。

第二，灾害及其破坏程度日益严重。

第三，耕地荒芜，农产萎缩。

第四，农产价格低落，农民购买力缩减。

第五，农村金融窘迫，农业再生产所需资金短缺，一般农家拥有的耕畜农具数量不足。

第六，农民生活条件恶化，失业、饥饿与死亡严重笼罩农村①。

第七，小农经济滑入了半破产境地，形成了典型的贫农经济。人口压力使社会生活水准下降到维生经济的最低界限——饥寒界限以下②。

第八，增长水平低下。近代粮食、棉花、油料等主要农产品量显著增长，但由于人口同时增长，人均占有量或停滞徘徊，或有所下降，表现出有增长而无发展的经济类型特征。

第九，农业的有限增长带有病态因素。商品化过程有一个特殊现象：耕作规模较小、劳动生产率较低的贫苦农户，商品率水平反而比较高。贫穷的小农反而和市场发生较多联系，不是由于他们生产水平高、剩余产品多，而是由于生活极为困难，为了维持最低限度生活水平，他们不得不出售自产的细粮换回粗粮充饥；为了完租、还债，他们还往往要在收获时贱价出售农产品，而到冬、春季青黄不接时又要买进农产品维持生活③。

第十，农业劳动生产率急剧下降；农业经济结构单一，难以调节；农业生产技术的陈旧导致单位面积产量的徘徊和土地效益的递减④。

在这诸多的危机现象中，有哪些是中国传统农业在近代必然要面临的呢？

本书认为，其中第四、第五、第七、第八、第十条均属于中国传统农业在近代面临的危机。其中第四、第五条和第七条是紧密相关的。农产品价格低落，农民购买力缩减会导致农村金融窘迫、农业再生产所需资金短缺，从而使小农经济滑入半破产境地，形成典型的贫农经济。这些危机都是因传统农业面对近代市场经济不能很快适应而产生的。第八条则与第十

---

① 以上六条参见郑庆平：《中国近代的农业危机》，载《中国农史》，1985 (4)。
② 何清涟：《中国近代农村经济破产和人口压力的关系》，载《中国农史》，1987 (4)。
③ 卢锋：《近代农业的困境及其根源》，载《中国农史》，1989 (3)。
④ 吴存浩：《中国近代农业危机表现及特点试论》，载《中国农史》，1994 (3)。

条有关。农业劳动生产率急剧下降；农业经济结构单一，难以调节；农业生产技术陈旧导致单位面积产量的徘徊和土地效益的递减，都有可能导致增长水平低下。这几个危机主要是因为传统农业技术不能适应近代以来人口增长及社会发展的需要而产生。总之，上述危机不论有没有战乱，有没有自然灾害都会发生。因此，不能简单地将之归咎于近代的战乱和灾害。

其他几项中，土地兼并和租佃关系是中国传统农业社会固有的，并不是近代才出现，而且将土地兼并和租佃关系作为危机的表现也并不一定准确。如果土地兼并的结果是挤垮了小农场，建立起大农场，那就有可能是农业现代化的征兆，而并非危机的表现。同样，租佃关系也有多种可能，英国的资本主义农场也是典型的租佃关系。因此，用土地兼并和租佃关系这两个概念来表达农业危机是不准确的。自然灾害对农业的破坏程度取决于人类的抗灾能力，这种抗灾能力主要体现为政府的动员和组织能力，与整个国家的政治经济局势有密切关系。如果政局动荡、经济萧条，政府就没有能力顾及防灾与抗灾。耕地荒芜、农产萎缩在近代主要是由于战乱和自然灾害造成的。农民生活条件恶化，失业、饥饿与死亡严重笼罩农村，则主要是由于战乱、灾荒、苛捐杂税等综合因素造成，起主导作用的还是政治因素。农民的贫困则导致商品化过程中的特殊现象：耕作规模较小、劳动生产率较低的贫苦农户，商品率水平反而比较高。而商品率的提高进一步加剧了农民的贫困。因此，这几项基本上不属于传统农业本身在近代面临的危机。

其次，再看学者关于中国近代农业危机特点的论述。有学者将近代中国农业危机的特点归纳如下：第一，在危机的持续时间上，排除了一般危机发生和发展的周期性规律，具有长期持续性，与中国近代社会相始终。第二，在危机的基本形态上，表现为生产不足危机和生产过剩危机相结合，且生产不足危机占主导地位。生产不足的危机是由农业经济中仍然存在的封建经济形态所规定的。而生产过剩的危机，则是由我国近代经济已被卷入国际资本主义经济体系，资本主义国家剩余农产品在我国倾销所造成的。第三，在危机的发展程度上，经历了一个由隐性危机到显性危机，由慢性积累性危机到急性崩溃性危机不断深化的过程。第四，在危机的性质上，具有封建农业危机与资本主义农业危机相交织的特点，封建农业危机占主要地位。封建农业危机是由于天灾人祸和长期战争的因素引起的，而资本主义农业危机一般是生产相对过剩危机，由资本主义社会的基本矛盾所决定的[①]。

本书认为，上述四个特点中，第二个特点，即生产不足危机和生产过剩危机相结合，且生产不足危机占主导地位，最能反映中国传统农业在近代所面临危机的实质。可以说，中国传统农业本身在近代所面临的危机主要就是这两点：生产不足和生产过剩。生产不足危机是由传统农业不能适应近代中国社会发展需求（主要是生产能力跟不上因非农人口增长和工业化产生的对商品性农产品的需求）所造成的。而生产过剩的危机，则是由传统农业不能适应近代中国市场经济以及世界经济的一体化趋势所形成的。其他几个特点则与近代中国的政治经济局势紧密相关。

最后来看近代中国农业危机产生的原因。主要有以下论点[②]：

第一，帝国主义和封建主义的剥削、压迫。近代中国，农业危机的形成，与帝国主义和封建主义相勾结、联合加紧对中国农业经济和整个国民经济的剥削和压迫分不开。他们的剥削和压迫是中国近代农业危机形成的根源。例如帝国主义对我国农产原料的不等价掠夺以及剩余农产品的倾销，都沉重地破坏了我国农业经济的再生产条件，使我国近代的农业经济日益陷于衰落崩溃的过程。封建势力通过高额的地租剥削、苛重的赋税收敛和残酷的商业高利贷榨取等无情地搜刮农民的经济收益，使广大农民的经济不断陷入贫困和破产的境地，从而造成我国近代农业长期滞留于危机的深渊。

第二，人口压力。人口压力使社会的环境容纳量达到极限，因而导致社会生活质量严重下降，从而对经济、政治、社会生活各方面都有不可低估的影响。在巨大的人口压力下，土地这种自然资源的增长微乎其微，生产技术的改进趋近于零，人口却加速度增长，中国农村经济走上破产

---

① 参见前引郑庆平、吴存浩文。
② 参见郑庆平：《中国近代的农业危机》，载《中国农史》，1985（4）；何清涟：《中国近代农村经济破产和人口压力的关系》；卢锋：《近代农业的困境及其根源》。

道路。

第三，农业生产力落后。近代农业发展的困境和变革的滞后，不仅受到当时制度形式和外部系统的影响，而且来自于农业内部生产力系统的历史状态。首先，在要素层次上，现代农业技术及生产要素如肥料、能源、新式工具、化肥、电力等无机肥和无机能的利用数量微乎其微，传统手工农具、农家肥、人力、畜力等有机能占绝对支配地位。在劳动力与耕地这两种农业生产最重要的投入要素方面，劳动力数量相对过剩，耕地相对不足，易垦荒地严重缺乏，人地比例关系极为紧张。其次，在结构层次上，地狭人稠的资源比例关系的约束，使得农业生产只能采取小规模农场耕作方式，即由基本生产单位家庭结合规模细小的耕地进行再生产。近代前期和后期，平均每个农业劳动力结合的耕地规模仅有8亩左右。在小片土地上密集投入大量劳动精耕细作地生产，形成传统农业技术体系方面的基本特点。近代农业生产力系统结构层次另一特征，是沿袭继承了传统农业社会中单一种植、以谷物为主的结构特点。再次，在功能层次上，农业生产力系统功能表现为农业生产效率。从最重要的投入要素——土地和劳动两项指标看，生产效率水平形成鲜明的高低反差，即较高的土地生产率与较低的劳动生产率的鲜明对比。由于农业劳动生产率水平低下，即便分配达到高度平均，广大劳动群众的消费仍难以达到小康水平。最后，在动态层次上，中国农业生产过程的季节波动性更为强烈。表现之一，就是年均劳动供给的大量剩余与短期农忙季节劳动供给严重短缺两种对立现象并存。

第四，教育衰落。"以今日乡村教育言，不仅学校寥若晨星，即原有之学校，亦多腐败不堪，专袭城市皮毛，虚浮而不实，与乡村实际生活情形，背道而驰，且乡民之于学校，亦视同装潢门面者，至于从事乡教之人，亦因待遇菲薄，训练缺乏，以至生计拮据，碌碌终日，欲求其安心教育，必不可得。"①

上述四种观点，第一种侧重宏观的政治经济原因，从中导出的结论是：能够真正解决中国农业危机的道路，应该是开展以土地革命为基本内

---

① 蒋杰：《乌江乡村建设研究》，南京，金陵大学农学院农林新报社，1936。

容的反帝反封建的新民主主义革命。第二种和第三种观点则侧重技术,说明中国传统的农业生产技术体系已经不能适应近代社会人口发展的要求,即人口增长已经不能和自然资源及社会生产力保持均衡。要保持平衡,就要控制人口增长,同时要引进西方先进农业技术,提高农业生产力。第四种观点侧重教育,说明当时的乡村教育不能适应提高农民素质的要求,而低素质的农民成为农业发展的障碍。要解除这一障碍,必须大力提倡乡村教育。乡村教育同引进先进农业技术构成改造传统农业这个问题的两个方面。先进农业技术只有通过教育,成为农民素质的一个组成部分,才能实现对传统农业的改造。

历史证明,解决中国近代以来的农业危机,既需要一个良好的外部环境,又需要用现代科技来改造传统农业,包括用现代科学文化知识来武装农民。片面强调其中某一方面,是不能解决问题的。良好的政治经济环境是前提,改造传统农业则是解决问题的基本途径。下文将对中国传统农业在近代面临的危机作进一步的分析。

(二) 生产不足的危机：传统农业不能满足社会需求

在传统农业社会中,对农业生产的需求主要表现为人口增长对粮食产量的需求,所以中国传统农业的特点才表现为以农为主,农牧结合；以谷物种植为主,多种经营。粮食生产的主要途径是提高土地生产力和扩大耕地面积。据柏金斯（Dwight H. Perkins）、马若孟（Ramon H. Myers）和尾上悦三研究,19 世纪以前,土地生产力和耕地面积的扩张在中国粮食产量的增加中,各占约一半的功劳；自 1900 年至 1935 年,粮食产量的增加中,出于土地生产力的提高者,只有约 1/3,其余均应归功于耕地面积的扩张[1]。

上述三位学者的研究表明,要继续提高单位面积产量,传统农业技术已经力不从心。在不引进现代农业技术的前提下,农业要继续发展,只有扩大耕地面积,但这样做有可能破坏生态环境,使农业生产条件恶化。因

---

[1] 张瑞德：《中国近代农村经济的发展与危机——晚近一些议题的评述》,载《近代中国农村经济史论文集》,720、722 页,台北,"中央研究院近代史研究所",1989。

为中国传统农业以种植业为主,"农作物是植物,与天然植物一样,都是在土地上生长。天然植物不能生长的地面,农作物也无法生长。所以,农作物和天然植被是互相竞争土地的,要推广农业生产就要先铲除地面上的天然植被。此消然后彼长。人口增长后,就要增加耕地,垦殖的结果就会减少天然植被覆盖的面积。天然植被,如森林及草原,对生态环境有一定的保护作用,过量铲除后,就会导致生态恶化"[1]。从这个意义上说,自从人类开始农耕活动,自然生态环境就开始遭到破坏了。上古时代人民用火焚烧森林,开辟农田,用火焚烧之后的灰烬做肥料,点种农作物。土地肥力下降后,就另辟新田。这就是原始农业的撂荒耕作制。由于当时的人口数量不多,对自然所造成的破坏与丰富的自然资源相比还微不足道,而且被破坏的环境还可以自然恢复,所以那时人类对生态环境的破坏及对农业的影响可以忽略不计。夏、商、西周时期休闲耕作制逐步代替撂荒耕作制,到西周时,出现了以三年为一周期、一年休闲两年耕播的休闲耕作制。春秋战国时期,由休闲制逐步过渡到连种制[2]。自此,人造农田实现了对自然植被的替代。以后,随着人口增加和农田面积的扩张,自然植被所覆盖的面积相应减少。随着中国传统农业用、养结合的土地利用技术的完善,在自然生态环境退却的区域,中国传统农业建立起新的农业生态环境。人类的垦殖虽然破坏了自然环境,但是却建立起适合人类生活的人造环境。

到了明清时期,特别是近代以来,随着手工业、商业的繁荣,工商城镇的兴起,城市人口和农村非农业人口增加,从而导致对商品粮以及经济作物需求的增长。经济作物区范围的扩大使得粮食作物区范围相应缩小,而且经济作物区往往是自然经济条件比较好的地区。这样,由于粮食种植面积相对减少,而因非粮食生产人口增加产生的粮食需求却相应增长,给粮食产区的农业生产带来压力。这种因素加上产粮区人口的急剧膨胀,使得这一时期掀起了一次持续的农业垦殖浪潮。由于此前适合农耕的土地大

---

[1] 赵冈:《人口、垦殖与生态环境》,载《中国农史》,1996(1)。
[2] 梁家勉主编:《中国农业科学技术史稿》,59~60、120页。

部分已经开垦完毕，此时垦殖扩张的对象，主要是条件较差的省际山区、江湖河海滩涂、沿边僻远地区等。与此相随的是玉米、红薯等高产作物的引进推广①。明清农业垦殖在扩大耕地面积、增加粮食产量方面的作用不言而喻，但同时也使生态环境恶化，自然灾害频繁，危及农业生产。

据龚胜生研究，清代两湖（湖南、湖北）地区的粮食收成有逐渐下降的趋势。清代前期，两湖收成都在八成以上，咸丰以后则下降至六成左右。从清初康熙年间至清末宣统年间，两湖粮食收成降低了二三成。龚胜生认为，这种趋势的出现，与清代中期以后两湖自然灾害逐渐加剧有直接关系。两湖的主要粮食产区——江汉、洞庭湖圩田区，自乾隆末年以来，水患灾害日益频繁，特别是道光以来，水患几乎是年年发生。水患是清后期两湖粮食收成下降的重要原因之一②。赵冈利用清代民间土地契约文书与租册，研究清中期以来粮食亩产量之变动，也发现中国各个地区的粮食亩产量自清中叶以后曾以不同速度下降。他认为其主要原因是清中叶开始中国境内生态环境严重且迅速恶化，以致影响到农业生产③。

生态环境恶化对农业生产的危害主要从两个途径表现出来，一是水土流失；一是水旱灾害和农业设施的防灾能力下降。水旱灾害与农业区域年降雨量分配不均直接相关。降雨过量，往往会酿成洪灾；长期干旱或降水不足，则会出现旱情。由于生态环境变迁对气候的影响是一个长期过程，一旦造成影响，则需要经过长期努力（如退耕还林、退耕还草等）才会改善。因此我们可以把降雨量不均作为一种常量，而把人类的抗灾能力作为变量，即雨量不均对农业的成灾程度，取决于农业的抗灾能力。如果人类对自然的改造削弱了农业的抗灾能力，则会受灾，反之则可以避免灾害，或减小受灾程度。清代以来，由于人口压力，农业发展对土地的要求与土地资源的有限性之间的矛盾越来越突出。人类对自然资源的过度开发，在缓解人口压力的同时，也使农业生态环境的自我调节能力严重下降，削弱

---

① 张建民：《明清农业垦殖论略》，载《中国农史》，1990（4）。
② 龚胜生著：《清代两湖农业地理》，157、159页，武汉，华中师范大学出版社，1996。
③ 赵冈：《农业经济史论集——产权、人口与农业生产》，182、183页。

了农业的抗灾能力，进而导致农业减产，农业经济衰落。我们可以通过对清代两湖地区农业兴衰历史的考察，来分析这一过程。

据龚胜生研究，"湖广熟，天下足"这句谚语大致兴起于明中叶，消失于清中叶，清代康熙中期至乾隆后期的18世纪是这句谚语流传的主体时期，这与整个社会经济的发展是一致的①。明弘治以后，湖广圩田得到大规模开发，到万历年间，已有湖广"鱼粟之利遍天下"之说。清顺治及康熙初年，战争造成了大量土地抛荒。康熙年间，由于社会安定，人口增加，原来的抛荒田基本得到垦复。康熙末年到乾隆前期，由于抛荒田地已经垦复，人们开始开垦那些以前从没有开垦过的原荒土地，但主要是土质肥沃、较易垦熟的湖滨洲渚，其主要方式是进行圩田开发，开发重点是江汉洞庭湖平原。乾隆初年以后，两湖的土地开垦对象主要是山头地角的零星土地，山地开发为其主要方式，开垦重点是两湖山区，尤其是湘鄂西山地。总之，清代两湖的土地开垦经历了一个从平原丘冈转移至河湖洼地，又从河湖洼地转移至深山老林的迁移过程。从开辟原荒土地开始，土地开发的过程，实质上就是从"与水争地"到"与林争地"的过程②，这一过程与人口压力密切相关。康熙五十年前后，两湖人口开始迅速增长，不仅很快弥补了清初社会动荡造成的人口损失，而且由于耕地增长速度远远跟不上人口增长速度，在乾隆初年出现人口压力。乾隆二十年代，基本完成了湖滨洲渚的圩田垦殖。但是，人口发展并没有因此而停滞。人口和耕地的这种不协调发展导致了人均耕地的急剧下降。从雍正二年到乾隆十八年，人均耕地从15亩余下降到不足5亩。此后，人均耕地继续下降，嘉庆以后人均耕地还不足2亩③。正是由于人口压力严重，乾隆初年两湖米价高涨，抢米风潮时有发生。可以说，到了乾隆初年，河湖滩地由于圩田开发达到基本饱和而失去缓冲人口压力的作用，并逐渐转变为人口压力的发生区。为缓解人口压力，清政府的措施是继续开垦新土地。于是，对山区的开垦提上议事日程，乾隆以后，向山区移民，开始了"与林争地"的

---

① 龚胜生著：《清代两湖农业地理》，255页。
② 同上书，100页。
③ 同上书，232页。

过程。

两湖地区人们"与水争地"的结果是水患灾害的频繁发生。两湖地区的圩田到清末已达近五百万亩。由于两湖地区的农田开发，使该地区成了新的谷仓。但是围垦之后水灾加剧，从清代中期以后，洞庭湖的治理就成了非常突出的问题①。水灾加剧固然与该地区年降雨量的多年变化直接相关，但是成灾的最重要原因还在于圩田水利抗灾功能下降，以及盲目围垦对河湖关系的改造使蓄洪泄洪失调②。研究表明，圩田发展的总趋势是"清代早中期基本保持了高产和稳产。后期，生产的不稳定性日渐严重，成灾面积扩大，丰年减少，灾年增多"。圩田经济"进入了停滞状态"③，不仅粮食收成呈逐渐下降的趋势，而且圩田区的人口增长速度也低于非圩田区。清末由于圩田区水患频仍，民不聊生，人们不得不远徙他乡，从而造成人口的大量减少。湖北在嘉庆二十五年到光绪三十四年间，人口减少了400多万，都发生在圩田集中的地区。湖南洞庭湖区的情况也是如此④。两湖地区因圩田的开发而有了"湖广熟，天下足"的美称，也因圩田的过度开发而丧失这一美称。圩田这种扩大耕地面积的技术，因过度发展破坏生态环境而受到限制。

"与林争地"的结果则使大片森林消失，水土流失严重。雍正末年乾隆初期以后，两湖土地开垦的重心转向人口稀少的湘鄂西山区。移民进入山区后，用刀耕火种的方式进行垦殖，毁灭了大片森林⑤。在人口稀少的时候，这种刀耕火种方式对森林的破坏与恢复更新还能保持基本平衡，但是随着人口的大量增加，对森林的破坏就远远快于森林的更新，从而使青山变为秃山。森林具有保持水土、涵养水源、调节气候等作用，山区森林的破坏，从三个方面危及农业生产：第一，导致严重的水土流失，使土壤

---

① 梁家勉主编：《中国农业科学技术史稿》，478页。
② 张国雄：《清代江汉平原水旱灾害的变化与圩田生产的关系》，载《中国农史》，1990（3）。
③ 同上书，102页。
④ 龚胜生著：《清代两湖农业地理》，45页。
⑤ 同上书，243页。

肥力下降，一部分耕地迅速演变成岩石裸地，农耕地资源日趋衰竭。第二，严重的水土流失淤塞水利工程，冲毁近山之处或河道两旁的农田。下游河道淤积、堰渠陂塘等水利设施被冲、被淤的现象也日益突出。第三，自然植被遭到破坏，森林逐步丧失了调节气候的能力，气候逐渐恶化，水旱灾害年甚一年①。

由上可知，对山区的开垦虽然可以缓解人地紧张关系，但是这种缓解是不可持续的。从表面上看，耕地面积扩大，粮食总产量增加，显示出农业的发展。但是这种发展是不可持续的。首先，山地农田由于失去天然植被的保护而水土流失，土壤肥力下降，随着时间的推移，已垦山地会逐渐变成光山秃岭，无法再利用。这样，耕地面积又会减少。其次，山区的水土流失会破坏河道两旁平原地区的农田，使原先适合耕种的农田面积减少。另外，山区生态破坏从长期效果来看会使气候恶化，水旱灾害次数增加，导致农业减产。因此，从可持续发展的观点来看，将山地开垦为农田是不可取的。而明清时期农业发展的一个主要途径却是对山区的开垦。这注定了其发展到一定阶段就会停滞甚至倒退。

通过对清代两湖地区土地开垦历史的考察可以看出，"过分的土地开垦，无论在哪样的地区都会造成生态环境的破坏，反过来又会影响土地开垦的效益。清代两湖从湖区和山区的土地开垦获得了不少好处，但也为所造成的环境破坏付出了相当昂贵的代价"②。

综上所述，中国传统农业发展的两个基本途径——提高单位面积产量和扩大耕地面积，由于传统技术和生态环境的制约，在近代都已经面临危机。传统农业生产已经不能满足社会的需求，不得不从国外进口粮食。据吴柏均研究，中国粮食进口贸易，在整个清代前中期规模极小；至近代，特别是第一次世界大战之后，粮食进口贸易规模急剧扩大③。

---

① 鲁西奇、蔡述明：《江汉流域开发史上的环境问题》，载《长江流域资源与环境》，1997-08，第6卷，第3期，265～267页。

② 龚胜生著：《清代两湖农业地理》，247页。

③ 吴柏均：《影响中国近代粮食进口贸易的诸因素分析》，载《中国经济史研究》，1988（1）。

(三) 生产过剩的危机：传统农业不能适应市场经济

前文提到，近代中国农业危机的特点之一是生产不足危机与生产过剩危机并存，并以生产不足危机为主。这两种危机怎么可能并存呢？要理解这一问题，必须认清生产过剩危机的本质。单纯的农业增产、农产品卖不出去并不构成农业生产过剩的危机。农产品卖不出去，农家可以留作自用或者储藏起来以备灾荒或应急。只有当农民必须将产品卖出去才能维持正常的生活、生产，即农民必须靠货币维持再生产时，生产过剩才有发生的可能。从这个意义上说，农业生产过剩的本质不是农产品多得用不完，而是农户无法用农产品到市场上换取货币以维持正常的农业再生产。这里，农业生产过剩危机包括两层含义：第一，产品卖不出去；第二，农户因产品卖不出去而无法维持正常的农业再生产。而后者才是危机的本质。在中国传统农业社会看不到农业生产过剩的危机，是因为农户不必将农产品卖出去就能维持农业再生产，也就是说不必依靠货币来维持再生产。传统农业的再生产只要具备农业生产资料、劳动力和一定的农业技术就可以进行。这些生产要素大多不是通过货币获得的。传统农业中家庭农场的土地这种最重要的生产资料，主要是通过向国家缴纳赋税、向田主缴纳地租而得到所有权或使用权。而租赋大多是用农产品缴纳的。其他生产资料中，种子、肥料多为农家自备，只有铁农具等生产工具需要购买。而这类工具在一次性购买之后能长期使用，不是每年都必须购买。另外，购买也不一定要使用货币，实物交换也是可能的。在传统农业社会的大部分时期中，生产资料的获得对货币的依赖性很小，几乎可以忽略不计。而劳动力是家庭自产的，农业技术也主要是通过经验积累获得，自家代代相传。因此，虽然中国传统农业社会中一直存在着市场，但是农业不必完全依赖市场、货币进行再生产。但是这种局面自唐两税法实施后，逐渐发生变化，货币在赋税征收中开始占有一定位置。到了清代，赋税一般都征收银两，货币地租也在明清时期出现。这样，土地这种农业生产中最重要的生产资料，开始与货币发生紧密联系。到近代社会，就必须主要依靠货币来维持土地的所有权或使用权。随着西方农业技术的引进，其他农业生产资料也逐渐开始依靠货币来获得：各种人造肥料（包括化肥）需要货币购买；各种良种也需要货币购买；要接受系统的现代农业技术知识，也需要付货币。我们可以说，在近代中国，传统农业要发展、要改造已经离不开货币了。也可以说，农业的发展已经离不开市场。此时，农业生产过剩危机才具备了发生的条件。

本书认为，生产过剩是市场经济才会出现的现象，是由供求之间的矛盾产生的。作为市场经济中的商品生产者，生产的直接目的就是换取货币。而消费者只有在需要该商品时，才愿意支付货币。因此，生产者在从事商品生产之前，首先要了解市场需求。如果不了解市场需求，生产出的产品就有可能卖不出去，出现生产过剩的危机。中国传统农业在没有卷入市场经济之前是不考虑供求关系的，也不必考虑生产成本。进入近代以来，这两个问题成为制约农业发展的重要因素，作为具有生产者和经营者双重身份的家庭农场必须考虑这两个问题。但是中国传统农民中的绝大多数在这些问题上面临着困难。在供求关系上，分散的个体农户无力获得可靠的市场信息，因此很难知道自己该种什么才有销路。如果只种植自家世代种植的作物而不考虑市场需求，必然走向贫困。即便通过某种途径知道市场上的可靠信息，要改变种植结构也非传统的个体农户力所能及。在生产成本方面，传统中国农民在卷入市场经济以前，不必计算成本，一般是不记账的，因此在中国传统农业经营中没有发展出记账制度。到了近代，要进行商品生产，必须考虑生产成本，但是中国农民没有这方面经验。所以近代以来的农业推广、农业教育活动中，有很多知识分子都将教会农民记账作为重要内容。但记账并没有成为中国农民的习惯。直到今天，学者们在对农民的调查中发现，即使是具有高中学历的农户（主要从事种植业），对自家的收支情况也没有一个清楚的概念[1]。在现代市场经济中，商品价格的确定必须考虑生产成本，如果农民对自己的生产成本一无所知，农产品的价格如何确定？如果农产品价格完全由商人和消费者决定，农民就不能指望农产品获利了。

---

[1] 曹锦清著：《黄河边的中国——一个学者对乡村社会的观察与思考》，109页。

（四）基本生产单位面临破产的危机：多子继承使地权分散，人口滞留在农业

在关于中国近代农业危机的论述中，很多人都将农场面积过小，不足以维持农户的生存作为危机的一个主要表现。农场面积过小的原因，有人认为是人口太多造成的，解决的根本途径是控制人口。有人认为是封建土地制度造成的，土地大多集中在地主手里，造成广大农民无地或少地。解决的根本途径是废除封建土地制度，把土地分配给农民。本书认为，农场面积过小，不足以维持农户的生存确实是近代中国农业所面临的危机之一。但是，对于农场面积过小的原因，似可作进一步的探讨。封建土地制度似乎同农场面积过小没有直接的关系。因为最新研究成果表明，近代中国农村的土地状况是所有权集中与使用权分散并存①。虽然地主占有大量土地，但这些土地基本上是出租给无地或少地的农户耕种。即使把地主的土地没收，分配给农民，大多数也只是获得了所有权，而不是实际的土地，因为土地本来就是农民在耕种，并不因为所有权的变动而使其面积增加。若是农民人数与土地总面积都没有发生变化，土地所有权的变化对农场规模就没有多大的影响。近代以来的中国人地关系紧张，这是不争的事实。但是人地关系紧张是否必然导致农场面积过小，却也是可以进一步讨论的问题。同样的人地比例关系，如果城乡人口比例不同，农场面积就有可能大不相同。80%的人口在农村和80%的人口在城市，农场面积的大小完全不同。因此，在人口总量和土地总量不变的情况下，我们可以把人地比例关系转化为城乡人口比例关系。农场面积过小是因为大量人口积压在农村，靠农业为生。那么，为什么会出现这种情况呢？原因是复杂的，但是从传统农业本身来说，家庭财产的多子继承是重要原因。

在中国传统的多子继承制度下，"对于家中产业，在理论上诸子均享有一份产权，在没有分家析产以前，诸子均有权留在家中，分享家庭所得，谁也不能将谁视为多余之人口，排挤出去。在这种制度下，农村中的

---

① 曹幸穗利用满铁资料对此作了实证分析。详见其专著：《旧中国苏南农家经济研究》，北京，中央编译出版社，1996。

劳动力很容易都变成固定生产要素。诸子都不肯放弃应有的一份产权,离家出走,另谋生路,必要时只好大家来共同从事过密型生产,大家分享家庭所得"①。多子继承制度不仅使农村人口始终滞留在农村,而且还会使一个家庭的产业越分越少,越分越小。在农村土地总量一定的情况下,新分立的家庭就不可能再拥有太多的耕地。如果能供开垦的土地有限,而农村人口又不能转移到城市去,长期发展的结果就是家庭农场的规模小到难以维持一家人的生活。

以上分析了中国传统农业在近代面临的危机。面对危机,中国传统农业应作怎样的调整呢?

首先,从发展途径来看,应从主要依靠扩大耕地面积转向主要依靠提高单位面积产量。要做到这一点,就必须引进西方现代农业科学技术,并将其本土化。所谓本土化,并不是引进、仿造西方现成的农业科技产品用于中国的农业生产,而是利用西方现代农业科学思想、科学方法,研究、解决中国农业发展的具体问题。将西方现代农业科学技术本土化是近代以来中国农业科技发展的方向。

其次,要转变传统的农业经营思想,由满足自家衣食为主转为满足市场需求为主。要做到这一点,首先要将传统农民改造为现代农民。这种改造主要是一种自然过程,而并非人为的过程。市场本身就是一所改造农民的学校,市场经济发达的地区,农民的头脑灵活,能适应市场的变化,其思想观念也趋向现代化。反之,市场经济没有发展起来的地区,即使动用各种教育手段去改造农民,效果也不明显。民国时期的乡村建设运动就是一个证明。在传统的经济环境没有改变之前,向农民移植现代经济观念是没有多大意义的。因此,改造传统农民并不是靠兴办教育能够完全做到的,教育只是后续手段,锦上添花。首先要做的还是发展市场经济。

最后,要保证农场有一个适度的规模,在现有的人地关系条件下,只能考虑改变城乡人口的比例。大力发展劳动密集型工业、农产品加工企业,是转移农业人口的重要途径。控制人口增长则是解决人地关系紧张的

---

① 赵冈:《农业经济史论集——产权、人口与农业生产》,38页。

根本途径。

总之，在历史上曾经领先于世界的中国传统农业，在近代已经面临着危机。传统农业只有经过改造才能进一步发展。改造传统农业需多种方法并用，但是这些方法的应用并不是同步的。它们在一定的历史阶段出现，按照各自的规律发展着，直到形成一个既有分工又有合作的农业技术创新系统，传统农业才有彻底改造的可能。

三、本章小结

中国传统农业的主要特点是：多种农业经营形式并存，但是家庭农场逐渐成为中国传统农业最基本的生产经营单位。家庭农场主要依靠家庭成员，利用世代积累的农业生产技术从事农业生产。其农产品的分配途径主要有以下几种：第一，以赋税形式流向政府；第二，以地租形式流向地主、寺院或政府；第三，自家留用；第四，以商品形式流向市场。中国传统农业生产主要以直接消费为目的，对市场的依赖不大，只要增产就能增收。传统农业技术创新以增产为目标，不必考虑市场因素。明清以来，随着租赋改收货币，农民必须把自己的产品拿到市场上去出售，工商业的繁荣与现代城市的兴起也产生了对商品粮及经济作物的大量需求，因此农业生产与市场的关系越来越紧密，商品生产在某些地区逐渐变为农业生产的主要目的。到了近代，农业领域的商品生产范围进一步扩大，农业技术创新就不得不考虑市场需求，如果农业新技术不能适应市场对农产品的需求，农业技术创新就很难实现。

中国传统农业在近代面临的危机主要是生产不足危机、生产过剩危机和以家庭为单位的生产经营形式面临破产的危机。由于传统技术和生态环境的制约使得传统农业生产已经不能满足社会对商品性农产品的需求，产生了生产不足的危机。近代以来，农产品的分配与市场的关系越来越密切，作为具有生产者和经营者双重身份的家庭农场必须面对市场。但是中国传统农业中分散的个体农户无力应对市场经济所带来的各种问题，从而使得自己的农产品难以销售，造成生产过剩的危机。多子继承制度使农村人口始终滞留在农村，而且使一个家庭的产业越分越少，越分越小。长期发展的结果就是家庭农场的规模小到难以维持一家人的生活，出现家庭农场面临破产的危机。

总之，中国传统农业在近代已经面临危机，改造传统农业势在必行。

第三章　现代化与农业技术创新三元结构的形成

　　中国农业技术创新是整个中国现代化的一个组成部分，其创新的路径是由中国现代化的特点和进程决定的。因此，分析近代以来的中国农业技术创新或农业现代化，要从整个国家的现代化开始。

　　现代化是传统社会向现代社会的转变过程，它涉及人类社会生活各个方面的变化。概括起来主要有以下几个方面：经济领域的工业化、政治领域的民主化、社会领域的城市化以及价值观念领域的理性化[1]。根据马克思、恩格斯、希克斯以及诺斯的理论，西欧早期的现代化开始于16世纪市场和商业的发展，经过政治和制度变革，导致18世纪的工业革命[2]。工业革命以及随后的历次科技革命成为现代化的根本动力，推动着现代化向纵深发展。这是对内生型现代化进程的一般描述。中国的现代化属于应激型的，无论是现代政治、制度，还是现代科技，都不是从本土产生，而是从外国引进的。不过，应激型现代化的实质，同样是"社会内部的传统性在功能上对现代化的要求不断适应的过程"[3]。而且，中国的商业和市场在16世纪就已出现现代化的征兆。例如徽商、晋商、陕西商等大商帮，就已属自由商人，类似于马克思所说的"特殊的商人阶级"或希克斯所说的"专业商人"[4]。不过，这些经济上的变化不但没有引起政治、制度上的变革，反而受传统政治、制度的压制不能进一步发展，科学技术革命也无从谈起。中国政治、制度上的变革，是从19世纪中期以后，受外界压力开始的。从科举制的废除到辛亥革命，中国的政治制度从形式上来说已经出现

---

[1]　西里尔·E·布莱克编：《比较现代化》，译者前言，7页，上海，上海译文出版社，1996。
[2]　吴承明著：《中国的现代化：市场与社会》，5页，北京，三联书店，2001。
[3]　西里尔·E·布莱克编：《比较现代化》，译者前言，19页。
[4]　吴承明著：《中国的现代化：市场与社会》，8页。

现代化的端倪了。但是这种没有相应的经济制度安排的现代化只是一座海市蜃楼，中国受列强奴役的地位没有改变，绝大多数人民的贫困状况没有改变。尽管如此，变化总是开始了，而一旦开始，就不可逆转。

引起中国社会结构变化的一项重大制度变革是科举制度的废除。中国传统社会由士、农、工、商四个基本阶级组成，这样的次序排列也决定了不同阶层的社会政治地位。位于他们之上的是有特权的官僚阶级，而在他们之下的则是人数极少的贫民。从古到今，官吏的地位一直是最有抱负的中国人奋斗的最高目标①。据韦伯的观察，"在中国，社会的地位主要是决之于具有做官的资格，而非财富"②。自隋唐以后，取得做官资格，实现人生最高目标的主要途径就是科举考试。正是科举制强化了中国传统的社会结构，使它长期处于稳定状态。1905年，科举制度正式废除，社会上的才智之士，在对西方价值的向往以及新的利益诱惑下，已经纷纷从传统政治的窄门中走出，特别是在西方式教育制度普及之后，"人们依着经济技术的专业化的趋向与需要，各自选择了性之所近的道路。数学、逻辑、物理、工商管理、政治、建筑、绘画……成为新时代知识分子追求的东西。而新的行业亦已一一出现，'政客'就是一个新的行业，企业家、买办、留学生、工程师、律师、教授、医生、作家、报人乃至电影明星、歌星也都是崭新的职业"③。到了1919年，医生、律师、工程师等现代职业，以及在现代商业和金融业中的领导地位已被开始认为具有与传统社会的官吏同样高贵的地位④。这样，传统社会结构及等级次序发生了变化。原来居末位的商人社会地位提高，而原来居第二位的农民现在可说是下降到末位。在农民之上，有各种各样的新兴职业。人往高处走，稍有才能之人都不可能安心务农了。但是农业领域的新兴行业——农科大学、农业科研机构却在农村之外的大城市产生了。农科大学的教授、农业科研机构的研究员同样是有社会地位的职业。在城市也出现了专门从事农产品加工、贸易

---

① 吴承明著：《比较现代化》，224、225页。
② 金耀基著：《从传统到现代》，30页，北京，中国人民大学出版社，1999。
③ 同上书，67页。
④ 西里尔·E·布莱克编：《比较现代化》，225页。

的企业，这些企业的业主也有相当的社会地位。总之，由现代化而引起的社会结构的变化，使得农业本身发生分化，形成农业技术创新的三元结构。

农业技术创新的三元结构是指农业技术发明、应用、农产品社会经济价值的实现由三个不同性质的部门完成。三个部门处在农业生产的同一条产业链上，但是各自独立实现自己的功能，各自独立追求自身的利益。现代农业新技术的生产，主要是由科研单位和企业进行；新技术的应用，由家庭农场实施；应用新技术生产的农产品的社会价值，则主要通过市场实现。

中国封建社会的传统农业基本上是一种自给性农业，农业生产的全过程（包括产前、产中、产后）大部分在农业内部完成，农业技术创新也是在农业内部完成的，不存在三元结构。这种传统的农业技术创新模式与中国的传统农业社会相适应，推动着中国农业的发展。到了明清时期，传统农业技术创新模式已经将传统技术发展到了极致，不可能在农业内部有重大的创新。农业生产力已经无法承受人口及市场带来的压力，使得越来越多的农民必须从农业以外寻求活路，农民兼业逐渐成了普遍现象。也就是在此时，中国的现代化开始起步。

中国农业技术创新的三元结构伴随着现代化的进程逐渐形成。从技术层面看，在农业外部生产的技术产品如化肥、农药、农业机械开始进入农业生产系统，创造现代农业技术的教育、科研机构也相继在城市中出现。换言之，在农业外部形成了引进和研究开发新技术的专门部门。这些部门的组织管理形式、经费来源、工作目标、人员素质、价值观念、社会地位与传统的农业部门完全不同，但确实是现代农业不可缺少的重要一环。从市场层面看，以农产品为原料的工业企业相继出现，与之相伴的交通运输业也发展起来。这些都有利于农产品的商品化。这些部门的出现构成了现代农业的特征：农业生产要素（主要是现代农业技术）由农业外部的科研机构、工业企业提供；农产品主要作为商品出售。但是，中国的现代化是由外部推动被迫作出的反应，而不是自身社会经济发展的结果。因此，现代化进程中出现的一些新事物与传统社会经济缺少历史继承性，较难融合为一体。表现在农业上就是农业科研机构、教育机构与农业生产实际的脱离以及农业生产者与市场的脱离。本来，现代农业科研教育机构的出现是农业现代化的重要表现之一，但是由于中国现代化的特点，使得这些机构在农业技术创新上不能充分发挥应有的作用；市场化也是农业现代化的重要内容，但是中国农民大多没有这方面的经验，不能适应市场的要求。

尽管中国农业技术创新的三元结构从一开始就缺少内在联系，但是毕竟在传统的农业社会中出现了现代化的新因素，开始了现代农业技术创新的艰难历程。农业技术创新三个环节之间的关联程度成了影响农业技术创新成败的关键。

由于近代中国农产品市场的形成与发展前人已经作了比较全面的研究，所以本书不再重复。以下只从技术需求与供给的角度对清末至民国时期农业技术创新三元结构的形成过程进行分析。

一、现代化与现代农业技术需求的产生

技术创新由社会需求引发，但也可能相反，创新引发需求。近代以来中国的农业技术创新，兼有这两个方面的影响和拉动。因社会需求而引发创新，主要发生在城市，其创新主要表现在现代农业科研教育机构的出现。因创新而产生需求，主要发生在乡村，这种需求是通过农业新技术的各种示范推广活动引发的。

（一）民族危机与国家对西方农业新技术的需求

1840年鸦片战争以前，中国的民族优越感使其对西方文明不屑一顾，也就不存在对西方新技术，包括农业新技术的需求。直到鸦片战争以后，随着民族危机的加深，中国才有了向西方学习的意识，对西方技术的需求也随之出现。最初是对西方军事技术、工业技术的需求。甲午中日战争之后，对西方农业新技术的需求才提上议事日程。国家对西方农业新技术的需求主要通过政府官员及士人的启蒙提倡来体现。清中期以后，政府官员及士人已经意识到传统农业因人口压力而产生的危机，他们解决问题的办法主要还是想方设法增加耕地面积。此外，在最大限度利用传统技术上也

采取了一些措施，如在有条件的地方改旱地为水田，推广水稻种植；推广接茬作物，变水田一收为水旱两收①。对于西方农业技术，绝大多数中国人根本就不知道，也就谈不上需求、利用。鸦片战争以后，随着西学的大量引进，西方农业科技知识也被介绍到中国。但是，最初人们关注的重点是西方军事技术和工业技术，对西方农业技术真正全面了解的人不多，但已经有了向西方学习之心。他们提出向西方学习，大多并不是因为已经认识到西方科学技术对改进中国农业有何实际作用，而是因为中国在与西方的交锋中屡战屡败，从多次失败的经历中逐渐得出一种认识：中国军事上不如人是因为经济上不如人，经济上不如人最根本的还是科学技术不如人，科学技术不如人，则是因为教育不如人。要改变这种状况，当务之急是兴学校、育人才，其中包括兴办农学堂、培育农业人才。

薛福成在《出使四国日记》中描述了西洋各国学校的兴盛，并由此推断西洋各国强盛的根源：

> 西洋各国教民之法，莫盛于今日……文则有仕学院，武则有武学院，农则有农政院，工则有工艺院，商则有通商院。非仅为士者有学，即为兵为工为农为商，亦莫不有学。……近数十年来，学校之盛，以德国尤著，而诸大国亦无不竞爽。德国之兵多出于学校，所以战无不胜。推之于士农工贾，何独不然？推之于英法俄美等国，何独不然？夫观大局之兴废盛衰，必究其所以至此之本原。学校之盛有如今日，此西洋诸国所以勃兴之本原欤？②

康有为在《上清帝第二书》中说：

> 尝考泰西之所以富强，不再炮械军兵，而在穷理劝学。……今宜改武科为艺科，令各省、州、县遍开艺学书院。凡天文、地矿、医

---

① 龚胜生著：《清代两湖农业地理》，237～239 页。
② 薛福成著，安宇寄校点：《出使四国日记》，229～230 页，长沙，湖南人民出版社，1981。

律、光重、化电、机器、武备、驾驶分立学堂，而测量、绘图、语言、文字皆学之。①

在《请开学校折》中也说：

> 近者日本胜我，亦非其将相兵士能胜我也，其国遍设各学，才艺足用，实能胜我也。吾国任举一政一艺，无人通之。盖先未尝教养以作成之，天下岂有石田而能庆多稼者哉？今其害大见矣，不可不亟设学以育成之矣。②

有鉴于此，许多士人主张开办西式学堂。他们倡办西学的出发点，是基于对民族兴亡的忧患意识，而不是基于国内社会经济发展的需要。换言之，在中国创办西学，不是因为中国的社会经济已经发展到需要各种专门人才的程度，而是因为西方列强打败了中国，中国要雪耻、要富国强兵，就要"师夷长技以制夷"。其中暗含这样一个认识逻辑：中国被西方列强打败，是因为他们的军事力量比中国强，而军事力量强的原因是经济比中国发达，经济比中国发达的原因又可以追溯到教育比中国先进。因此，中国要变得与西方列强一样强大，就得从学习其教育制度开始。至于将西式教育移植到中国是否能适合现实社会经济发展的需要，尚未考虑到。但是，分科培养专业实用人才是现代教育的重要特征，当时的士人能认识到分科培养人才的重要性并大力提倡，已是一大进步。

胡燏棻在《条陈变法自强事宜折》中说：

> 泰西各邦，人才辈出，其大本大源，全在广设学堂。商有学堂，则操奇计赢之术日娴。工有学堂，则创造利用之智日辟。农桑有学堂，则数艺饲畜之利日溥。

---

① 汤志钧编：《康有为政论集》（上），130～131页，北京，中华书局，1981。
② 同上书，306页。

……以故国无弃民，地无废材，富强之基，由斯而立。……今中国各省书院义塾，制亦大备，乃于八股、试帖、诗赋、经义而外，一无讲求，又明知其无用，而徒以法令所在，相沿不改，人才消耗，实由于此。①

梁启超也指出：

今之同文馆、广方言馆、水师学堂、武备学堂、自强学堂、实学馆之类，其不能得异才何也？言艺之事多，言政与教之事少。其所谓艺者，又不过语言文字之浅，兵学之末，不务其大，不揣其本，即尽其道，所成已无几矣。又其受病之根有三：一曰科举之制不改，就学乏才也。二曰师范学堂不立，教习非人也。三曰专门之业不分，致精无自也。②

主张建立西式学堂，自然包括农学堂。康有为、梁启超等人都明确提出要建立农学堂。张之洞不但指出农业和农业教育的重要意义，而且在武昌设立农务学堂，聘请外国教习从事农事试验与教学研究：

窃惟富国之道，不外农工商三事，而农务尤为中国之根本。
今日欲图本富，首在修农政，欲修农政，必先兴农学。
查农政修明以美国为最，上年即经致电外洋，选募美国农学教习二人来鄂，派员伴同前往近省各州县考察农情，辨别土宜，并购置美国新式农具，暨谷果佳种，为试种之用。兹于湖北省城设立农务学堂……搜集绅商士人有志讲求农学者入堂学习，研求种植畜牧之学。③

---

① 毛佩之辑：《变法自强奏议汇编》，卷一，台北，文海出版社，1974。
② 梁启超：《论学校——变法通议三之一，总论》，载《时务报》，第五册，台北，文海出版社，1985。
③ 朱寿明编：《光绪朝东华录》，4758～4760页，北京，中华书局，1958。

张之洞已经开始引进西方农具、作物品种，并进行农事试验了。这说明他对西方农业技术已有了具体的感性认识，也意识到农业试验的具体价值。张謇在《请兴农会奏》中，则对农事试验的重要性作了详细的陈述：

> 不征事实，不特西人新法之于中土宜否，无从真知。即中国旧法之与今日宜否，亦无从真知，而且天度温带寒带热带之不同，土地为埴为垆为壤之各异，非先以化学之法，分辨土宜物性，一以著明，无从消息。①

因为官员及士人有了这种认识，创办农业科研机构自然与创办农业教育机构一样提到议事日程。自1898年起，清政府多次下诏分科办学，其中包括举办农学②。随着士人兴办农学的主张变为政府的实际行动，我国的农业学堂从中等到高等，相继建立起来。例如中等农务学堂——继1898年成立湖北农务学堂之后，1902年成立直隶农务学堂、山西农林学堂。1901年成立京师大学堂农科大学，则是我国农科大学的开端。在兴办农业教育的同时，政府官员、政府机关创办的农业科学研究机构也开始出现。例如，袁世凯在创办直隶农务学堂的同时，又在保定西关外开办直隶农事试验场，该场与农务学堂不可分割。1906年，农工商部在北京西直门外创办农事试验场，辛亥革命后改称中央农事试验场。

综上所述，国家对西方农业新技术的需求源自列强入侵所引发的民族危机，由士人及政府官员的言行体现出来，满足需求的途径是兴办农学堂、农业科研机构。由于这种需求不是来自本国农村社会经济发展的实际需要，所以因这种需求而建立的农业教育科研机构，是官僚士大夫的事业，与中国农村、农民并没有直接的联系。这种需求虽然引发了中国农业技术在制度上的创新，但是要对农业生产、农村社会产生实际影响，尚有很长的路要走。

---

① 翦伯赞等编：《戊戌变法资料》（二），308页，上海，上海人民出版社，1961。
② 周邦任、费旭主编：《中国近代高等农业教育史》，4页，北京，中国农业出版社，1994。

(二) 现代工商业的兴起对农业新技术的需求

在探讨这一问题之前，首先对本书所用"现代工商业"的概念作一界定。从组织制度上讲，现代工商企业与中国传统工商企业是两个完全不同的概念。随着国家的逐步现代化，在工业领域，如纺织业和面粉业，新兴工业企业有可能逐步取代传统工业。但是，许多传统形式的商业企业，并不会被现代企业取代，他们能在社会经济变迁过程中不断调整自己，以适应市场经济的需要。即使在近代化程度最高的上海，仍然有大量商店，实际上是传统商业组织的延续，除了永安公司、先施公司等大型百货公司，以及部分大商号，采用股份有限公司形式以外，大部分中小商店都是独资或合伙经营的，为数最多的是街头巷尾的夫妻店。大部分商店，诸如绸缎庄、皮草行、南货店、衣庄等，都同传统商业一脉相承。因此，传统的独资或合伙经营的企业仍在商业中占主导地位，在近代上海如此，在整个近代中国更是如此[1]。有鉴于此，本书在运用"现代工商业"这一概念时，并不是指采用现代企业组织形式的工商企业，而是指与现代市场经济相结合的工商企业，只要它们为全国乃至世界市场生产和服务，就属于现代工商业。它们可以是机器工业，也可以是手工业；可以是股份制，也可以是独资或合伙制；可以是外资企业，也可以是民族资本企业。

现代工商业的兴起对农业新技术的需求由市场决定，通过工商企业家或工商团体的言行反映出来。这种需求表现在两个方面：一是对增加农产品产量新技术的需求；二是对提高农产品质量新技术的需求。

1. 对增加农产品产量新技术的需求

现代工商业的兴起使非农人口增加，导致市场对农产品产量的需求增加。现将农产品分粮食作物和经济作物来分别探讨。

首先分析粮食需求的增加对新技术的需求。中国传统农业发展到近代，出现区域专业分工后，在经济作物区已经出现了粮食短缺。随着城市及现代工商业的兴起，粮食短缺现象更加普遍。张振勋在《招商设立代耕

---

[1] 沈祖炜主编：《近代中国企业：制度和发展》，20～21页，上海，上海社会科学院出版社，1999。

公司议》中就已经注意到这一现象：

> （光绪后期）盖近年谷米日贵，粒食日艰，无论凶荒之岁也，即年岁顺成，米价曾不少落，几几乎农田所出有不敷海内民食之患。……夫各乡之田未必加少于前也，耕田之人未必不多于前也，而何以谷日少而日贵也？或曰：水旱日多也，犁耨日惰也。是说也，固亦有之，而未尽然也。韩子曰：为农者一，而食焉之家六，民几何不穷且盗！由今计之，实倍于六不止，教士也，洋商也，洋官也，洋兵也，此增之外国者也；教民也，游民也，赌民也，盗民也，则增之内地者也。夫为农者一，而食焉者之不可数计，谷米安得不贵，此病在坐食之过多一也。①

张氏这段话反映了中国现代化起步阶段粮食短缺问题产生的原因，不是由于农田面积减少，也不是由于耕田的人减少。水旱灾害等是造成粮食减产的原因，但只是原因之一。还有一个重要原因就是从事非农行业的人数增多，引起市场对粮食需求的增加，粮食价格上涨。非农行业人数增多是现代化的必然趋势，而且随着现代化的进程，城市规模的扩大，农田面积会有减少的趋势，从事农业的人口也有减少的趋势。在这种趋势下，如何解决粮食问题，是近代中国面临的课题。在中国传统农业社会，人口增加也会引起对粮食需求的增加。但是这种需求主要是非市场性的，通过增加农田面积，充分发掘传统农业技术潜力可以解决。即便是到了近代，传统的增产手段用尽，不能增加粮食产量，农民也可以通过节衣缩食、降低生活水平来克服粮食不足的问题，只要能生存下去，不至于发生社会危机，当代中国的农民仍然如此。但是城市市民就不同了。城市的政府官员、工商界人士决不会像农民那样忍受贫困，他们要维护自己的生活水平，要发展自己的事业，对粮食问题会很快作出反应，通过报纸杂志形成社会舆论，从而影响政府的农业政策，使改良农业、增加粮食产量提到政

---

① 李文治编：《中国近代农业史资料》第一辑，771页，北京，三联书店，1957。

府乃至整个社会的议事日程。

就工商业而言,以农产品为加工原料的企业,如果原料供应不足,不仅会影响本企业的发展,还会引发其他社会问题:

> 据调查所得散布在中国各地的面粉厂,共有一百多家。于十数年前,多数面粉厂均蒸蒸日上,获利颇多。它的发达,似无止境。然据近三年来的调查,中国面粉厂不独莫有增加,反有多数停闭。其中原因,皆由于国内所产的小麦,不足供面粉厂的需要,不得不向外国购买原料,因此费用不免增加。其制成的面粉,若照原来的定价出售,不能获利。倘若定价稍高,则人不愿购买,因而销售不易。场中资本,日渐亏折,不能维持,以至于停闭。粉厂停闭一多,众多的工人,顿受影响,无以为生,只好当兵为匪,以谋生活。由此看起来,祸乱的来源,非全由于政治的不良,武人的专横。实因粮食不足,有以至之。故我国稻麦改良的事业,宜急速实行才好。[1]

正因为如此,工商企业会直接采取行动,从事农业改良活动,满足其对原料的需要,以供应市场,维护企业的发展。工商企业从事农业改良的直接目的,并不是为了满足本国人民对粮食的需求,而是为了满足市场的需求,以获得自身的发展。从这种意义上说,企业对农业新技术的需求源自对利润的追求。以与粮食生产密切相关的中国近代面粉加工业为例。甲午战争之前,由于面粉厂不多,"以农民生产供给厂家,绰有余裕"。第一次世界大战期间,中国面粉"为一时输出品之大宗,面粉厂次第设立,于斯为盛,小麦产量有限,随不得不采用国外原料,其数量且与年俱增。"面粉厂为了解决小麦求过于供的问题,"陆续派遣厂员分赴各处劝导种麦,更岁集巨资,补助农事试验场"[2]。1920年,上海面粉厂协会邀请南京东南大学农学院,在南京建立小麦实验场,进行小麦改良,经五年的实验取

---

[1] 原颂周:《我国稻麦改良的问题》,载《农林新报》,1925-11-16。
[2] 荣宗敬:《农村衰落之过程及复兴之管见》,载《农村复兴委员会会报》,1933-06,第一号,43页。

得令人满意的成绩，发现了武进"无芒"、南京"赤壳"以及日本"赤皮"等品质或产量上最好的小麦品种①。从上可知，工商业对农业技术的需求与其自身的利益密切相关，工商企业资助的是与其事业发展密切相连的农业技术改良，例如面粉厂会资助小麦生产的技术改良，但决不会去资助棉花或蚕桑的改良。与工商企业关系最紧密的还不是粮食生产，而是经济作物的生产。所以我们接下来分析经济作物需求的增长对新技术的需求。

自列强用枪炮打开中国市场之后，外国工业品的输入和中国农产品（主要是经济作物产品）的输出成了中国对外贸易的主要内容。丝棉等农产品是出口的重要商品。由于国际市场的需求，外国企业直接介入中国的农业技术改良，这充分反映了现代工商业的国际化对农业新技术需求的影响。外国人最先注意中国蚕业者为法国人。1880年，总税务司赫德受里昂商会的委托，从驻华税务司中推选19人，以着手中国蚕丝业之调查。1894年，德籍海关税务司苦拉英瓦稀，曾上书清政府，请于各省会力图蚕业教育行政，改良养蚕制丝。1899年，上海税关雷税司，申请江、浙巡抚改良蚕业。1909年，美国机织会也曾上书于广东商会，劝告改良制丝养蚕等法。1916年，美国丝绸商会，特约驻美公使，开生丝讨论会，并将会议内容转呈总统，用备改良。1916年，该会又派遣美国生丝检查所长陶迪来华，讲演需丝潮流及各种改良要政。为了切实改良中国蚕桑，外商还成立了改良蚕桑的机构。1917年，法国驻沪商会与中国江浙皖丝茧总公所，共同邀请英、美、日驻沪商会，及外国丝商团体联合捐资组织成立中国合众蚕桑改良会。该会设立制种场培制、购买改良蚕种，分给农民饲养。同时在发种区域内设立蚕业指导所，指导农民养蚕。1920年，美国第一次丝业观光团来华考察，给金陵大学捐助美金两万元做建筑蚕业院的经费，1923年该院落成，适值第二次美国丝业观光团来华，又补助美金四千元。1924年又由美国丝业协会汇到捐款三千元，金大蚕科因此得以建成。其主要目的，除培养专门人才外，还研究制造优良无毒蚕种，分发给农民。该校在1912年还曾得到外商纱厂联合会的资助，进行植棉改良。驯化美棉，有

---

① 章有义编：《中国近代农业史资料》第二辑，173页，北京，三联书店，1957。

"爱"字棉。改良中棉,有"百万华"棉①。

随着近代中国民族工业的发展,对农产原料需求的增加,中国的工商界也产生了对农业新技术的需求,提出了改良棉植和蚕桑的要求。1924年北洋政府农商部实业会议决议案,就是这种要求的体现。决议案中改良棉业及蚕桑业的要求都是工商界代表提出的:

> 提议推广及改良棉植案——湖北纱厂报告会提出。
> 请由中央在陕设立大规模棉业试验场,以育优种而增棉产案——陕西实业会,农会代表提出。
> 提议改良蚕桑案——无锡丝业代表提出。
> 提议根据美国退款用途之宗旨,拨款改良丝茧,以裕国课农产,而增国际贸易案——无锡茧业代表提出。
> 请令行各省实业厅或总商会,督率补助设立蚕丝改良会,依法扩充原料案——烟台绸业代表提出。
> 请设全国丝茶改良产销所建议案——三马林达中华总商会提出。②

工商界要求农业改良的主要原因,在华商纱厂联合会会同中国棉业联合会、国立东南大学,给北洋政府农商部的呈文中,得到很好的说明:

> 窃我国自七年以还,纱锭倍增,棉产未旺,无论年岁丰歉辄有供不应求之势,每年外棉输入,恒在一二千万两以上。……近年敝纱厂联合会,曾年拨巨资,分向直、鲁、苏、鄂等省设立植棉试验场,力图棉植之推广改良。敝棉业联合会,亦曾略竭棉薄,共策进行,无如事业重大,需资极巨,断非敝会等年拨之两三万金所能集事。今年(1923)印、美棉产均嫌不敷应用,国产棉花,又无法禁其输出,全国数百万锭之纱厂,皆以原料缺乏有不能维持工作之势,而未来之棉

---

① 章有义编:《中国近代农业史资料》第二辑,154~156、161~164页。
② 同上书,165~166页。

荒，且必一甚一日。①

　　为了扩大棉花来源，纱厂积极从事棉花改良与推广事业。上海华商纱厂联合会专门成立了植棉委员会，主持植棉事宜，在产棉区改良棉种，在不产棉之地推广植棉。除南京棉场委托金陵大学农科办理外，其余如上海、常州、无锡、杭州、天津、武昌、湖南等处棉场，均由植棉委员会选派专员前往兴办。所需经费，"由全国各厂用花一担，抽费一分充之"②。1919年南京金陵大学农学院与华商纱厂联合会合作，向美国农业部购买棉种，分布于全国二十六处试验，并请美国棉作专家顾克博士（O. F. Cook）来华扶持研究，经试验确定"脱"字棉、"爱"字棉最适于中国。1920年，华商纱厂联合会资助金陵大学，聘请美国专家郭仁风（J. B. Griffing）为主任，组织棉作改良部，进行改良植棉，成绩颇著③。1922年，又资助东南大学农科，建立棉作改良推广委员会，聘请棉业专家，扩充棉场，举行试验，改良并推广棉种，成绩斐然。

　　丝业资本家也参与推广和改良蚕桑事业。上海江浙皖丝厂茧业总公所，"以振兴国内实业，增益国家税源，拟往湖北开拓全省蚕桑区域"。上海茧商沈联芳鉴于江、浙原料缺乏，于1915—1916两年间，每年筹资两千元，购苗选种，亲往安徽芜湖一带，广为劝导，并随时开设茧行，购买鲜茧。青岛一缫丝厂，则将日本桑种，送与当地农民试种④。

　　总之，现代工商业的兴起使市场上的农产品供不应求，从而促使工商界人士直接介入农业生产，引发了对增产技术的需求。

　　2. 对提高农产品质量新技术的需求

　　现代工商业的生产与经营以市场为导向，而且是进行大规模生产与经营。这两个特点对农产品的品质提出了新的要求。有市场，就有竞争。在

---

① 《银行周报》第7卷第48号，28～29页，1923-12-11。
② 《农商公报》第59期，1919-06，16页。
③ 马成春：《中国棉业推广之研究》，载《农业周报》第1卷第25期，1931-10-16，969页。
④ 章有义编：《中国近代农业史资料》第二辑，170～172页。

竞争中，质量不好的产品就会失去其在市场中的份额。有学者经研究指出，鸦片战争后，中国对外丝茶贸易的衰落，激起了人们改良农业技术的要求：丝茶是我国对外贸易中的主要输出物资，据统计，1867年我国出口商品的总货值为白银5215万两，其中丝茶为4587万两，占总数的87.95%；1873年出口总额为6945万两，其中丝茶的货值为6053万两，占总数的87.17%。19世纪90年代，我国丝茶出口则明显衰落了，1893年的出口额在总出口额中已下降到48.31%。我国丝茶贸易衰落的原因是多方面的，其中加工技术落后、产品难以和国外竞争是主要原因①。这是从农产品加工角度得出的结论。农产品加工技术似乎更多地与工业生产技术相关，例如，缫丝厂对丝的生产加工技术，面粉厂对面粉的生产加工技术，都会影响产品质量。但这都是工业技术对农产品加工质量的影响。农业技术对农产品加工质量的影响要从原料角度去分析。

原料对农产品加工业的影响可分两个方面：第一，生活习俗变迁对原料品质提出新的要求；第二，机器大生产对原料品质提出新的要求。

罗振玉在《农事私议·农业移植及改良》文中提道：

> 近来外国麦粉进口者日多，初则因西人憎华麦调制不精，输入以供西人之食，今则华人亦嗜食之，由商埠而输入内地者日有所增。夫华麦固调制不精，而粉量亦不如美麦，盖种类之异矣，宜求美国嘉种传布内地，一蕲改良。②

此文反映出近代中国引进美麦品种的原因之一，饮食习惯的变化。外国人到中国通商口岸后，不习惯食中国产的面粉，于是从外国进口洋面粉。洋面粉进入中国后，渐渐引起中国人的喜好，由通商口岸传入内地，在中国的市场需求扩大，于是国内有了引种美麦的技术需求。

引种美棉也与人们衣着习惯的变化有关。据同治、光绪年间的海关贸

---

① 中国农业博物馆编：《中国近代农业科技史稿》，4页，北京，中国农业科技出版社，1996。

② 李文治编：《中国近代农业史资料》第一辑，859页。

易报告及报刊反映,实际上洋布没有土布耐用,但比较柔软美观,加上价格低廉等因素,渐受华人欢迎,占领了中国市场。于是引出朱祖荣这样一段议论:

> 子独不见夫今天下乎?无论通都大邑,僻壤遐陬,衣大布者不过十之二三,衣洋布者,已有十之八九,风尚之变,由来已久……而近来亚东日本,所织洋布,亦复花样翻新,既精且巧,足以广事招徕。①

洋布的普及为近代中国棉纺织工业的发展提供了广阔的市场,棉纺工业的发展则对其原料棉花的品质提出新的要求。

洋布与土布的差别主要有二:从生产方式上讲,洋布是用机器生产,而土布则是手工生产;从生产原料上讲,洋布是用洋棉,主要是美棉生产,而土布则是用国产棉生产。因此,洋布不一定是从外国进口的布,国内机器生产的布也称作洋布。洋布也可以用国产的本地棉生产,但是规格和质量受到限制。"中国原先栽种的亚洲棉(中棉)品质差、纤维短,不能适应机纺要求,每年不得不进口大批美棉以补其缺,花费甚大。于是,一些实业家和有识之士开始提倡引种美国陆地棉以解决上述问题,美棉由此开始引入中国。"②

机器生产对农产品质量的要求在面粉工业同样有所反映。在中国传统农业社会中早已存在面粉加工业,根据消费对象的不同,可以分为自给性加工和商业性加工两部分③。自给性加工是农民加工自家消费的粮食,对小麦品质不会有太多要求。商业性加工主要服务对象是城镇居民,对小麦品质有一定要求,但是由于传统磨坊的加工量有限,每个磨坊对小麦的需求量不是太大,因此对品种规格的要求不一定很严格。近代机器面粉厂则不同,其生产能力强大,因此对小麦的需求量也大。如果品种规格混杂,

---

① 朱祖荣:《劝种洋棉说》,载《农学报》第18期,光绪二十三年十二月下。
② 中国农业博物馆编:《中国近代农业科技史稿》,55页。
③ 本书对传统面粉加工业的分类参考了李伯重著《江南的早期工业化(1550—1850年)》,第三章第一节谷物加工。

就会影响面粉质量①。而面粉的品质则会影响食品的进一步深加工。原颂周在分析我国小麦的缺点时注意到了这一点：

> 我国普通的麦种，大半交杂不堪，几无纯种之可言，以至制造食品的工艺，颇不发达。例如品质不良的硬小麦，不适宜机械面粉厂的制造。又如通常的软小麦，对于制造饼干，无大妨碍。但若用它来制造上等面包，则不相宜。因其中所含的胶质较少。至如半硬小麦，品质不甚恶劣。倘能选择北方的良种，和南方的良种相交配，而成一优美新种，推及农民，广为种植，则以后不致再向外国输入小麦，以作制造各种食品之用。②

上文表明，不但机器制粉业对小麦品种提出新要求，而且食品深加工业对小麦品种也有要求。中国传统小麦品种混杂，不能适应市场的要求，结果让外国小麦占领了中国市场。要改变这种局面，必须进行品种改良。

现代工商业的兴起对烟草品种改良也提出要求。烟草于明朝万历年间传入中国，由于吸食者众多，种植烟草利润丰厚，所以到明朝天启、崇祯年间，烟草种植几乎遍及全国。到了清朝，种植面积继续扩大。鸦片战争以后，烟草也成为一种重要的出口商品，烟草生产与国际市场密切相连。但是，我国原先种植的都是土种烟草，在色香味方面不宜做卷烟，不能适应外国烟草公司对烟草的质量要求。英美烟草公司为了获取制作卷烟的原料，首先在山东投资推广美种烟草。1913年该公司在位于胶济铁路线上的山东潍县租地试种美国烤烟并获得成功。"为使农民多种烤烟，他们不惜无偿供应烟种，提供贷款解决烟农的种子及资金问题。又对栽培及熏蒸技术进行指导，并负责收购事宜。"③ 据海关十年报告（1912—1921年）反映，起初当地农民很不愿意种烟，但在发现种烟所获远远出于他们意料以

---

① 据我国现代育种专家王绶讲，近代中国农民所用麦种，全为混合种，品质好坏不一。参见王绶：《金陵大学现在采用的小麦改良法》，载《农林新报》，1925-08-01。
② 原颂周：《我国稻麦改良的问题》。
③ 中国农业博物馆编：《中国近代农业科技史稿》，60页。

后，农民很快便纷纷要求与该公司定约承种。几年之后，附近的麦田几乎全部都改为烟田了。1917年，英美烟草公司在当地建造烟厂，将所产烟叶运往上海及其他该公司设有卷烟厂的中国商埠①。

总之，现代工商业的兴起对农产品在数量和质量上都提出新的要求，为了满足这种要求，工商企业往往直接参与同他们利益相关的农业技术改良。由于工商业界投资农业新技术的目的是为了获取工业原料，所以其对农业科技的支持程度与市场密切相关。市场前景好的时候，支持力度大。市场前景不好的时候，就会取消支持。正因为如此，现代工商业的兴起对农业新技术的需求能引发农业技术创新，但不能长期支持农业技术创新。

（三）农业生产者对农业新技术的需求

在中国传统农业社会中，农业生产者主要是小农的家庭农场。一家之长既是农业生产的管理者，又是农业生产的主要劳动力。因此对农业新技术的需求取决于家庭主要劳动力。也可以说，在传统农业社会中，农业生产领域对农业新技术的需求主要取决于农民。到近代，出现了新的农业生产组织形式——农业公司。在农业公司中，农业生产的管理与劳动力分离，对农业新技术的需求取决于公司的管理者。这些管理者大多是政府官员、绅士、商人、华侨、外国资本家等②。家庭农场的主人与农业公司的主人，无论在文化知识水平、社会政治地位等方面都不可同日而语。所以，他们对农业新技术的需求层次和表现形式完全不同。在近代中国的报纸杂志上，经常有农业公司采用国外先进技术（主要是引进外国农业机械）进行垦殖的报道，但是几乎没有农民主动采用西方技术的报道。相反，倒是有向农民推广农业新技术困难重重的报道。这并不能证明在家庭农场的生产中不需要新技术，只是反映出农民对新技术需求的条件和形式不同。因此，在分析近代中国农业生产者对农业新技术的需求时，要区分这两种不同的生产者。

---

① 章有义编：《中国近代农业史资料》第二辑，159～160页。
② 据章有义等根据有关资料统计，1912—1926年创办的新式农垦企业，其创办人的身份主要是：官僚、军阀、商人、侨商、财伐、地主、实业家、工业资本家、买办等。参见《中国近代农业史资料》第二辑，342页。

1. 农业公司经营管理者对农业新技术的需求

就农业公司的经营管理者来说,其学识及社会地位决定了他们对农业新技术的需求取决于理性和现实利益两方面的考虑。从理性上说,由于他们对国内外的农业发展大势有比较全面的了解,通过中西对比,能够从理论上认识到西方农业技术的先进性,并推断出引进西方农业技术对中国的农业发展是有益的。从现实利益来说,如果通过理论分析证明,用西方先进农业技术开发中国农业有利可图,就足以促使他们投资农业。但是公司以追求利润为目标,如果经过实践发现投资农业无利可图,他们会放弃对农业的投资,转而经营其他行业。或者放弃先进技术,转而采用传统的农业经营形式,即招佃经营。据《益闻录》记载,早在1880年,有客民在距离天津150里的地方租地5万亩,采用西方技术,以机器从事生产,事半功倍。但是除《益闻录》所载的这条消息外,未见其他后续报道。所以有学者怀疑此事很可能只是"客民"的一个设想,并未实行。另据文献记载,1907年,原在美国旧金山经营垦殖畜牧业的一位华侨筹集资金十余万元,回国在东北请领荒地,成立兴东垦务公司,拟采用西方技术开荒垦殖。但是这家公司计划的实施情况如何,未见下文,以后也无报道[①]。这些事例说明,投资建立农业公司的人根据其学识或经验推断,用农业新技术经营农业可以获利,但是采取行动后无法实现他们的目标,于是就放弃了。民国时期,创办了许多新式农垦企业。这些企业从组织管理形式上看,具备某些现代企业的特征,如采用股份制等,但是在农业生产上,大多采用招佃形式,由农民一家一户从事生产。当然,这种生产形式与传统的小农生产也有区别。首先,生产什么是由公司决定的,如何销售也由公司决定;其次,生产技术也由公司指导。因此,这些公司对农业生产技术的需求是由公司管理层决定,而不是取决于从事生产劳动的农民。农业公司虽然在近代中国出现了,但是数量很少,对中国农业经济的影响不大。在近代中国,农业生产的主要形式还是家庭农场。农业科学技术最终的服

---

① 王红宜等编著:《中国近代农业改进史略》,86~87页,北京,中国农业科技出版社,2001。

务对象，还是广大农民。因此，分析农民对农业新技术的需求更为重要。

2. 农民对农业新技术的需求

通常认为，中国农民愚昧落后，对新技术持排斥的态度。本书认为，农民排斥新技术，并不能说明农民没有对新技术的需求，而只能说明农民对新技术的需求遇到了障碍。本书把这些障碍分为习俗障碍、知识障碍、经济障碍、社会环境障碍几个方面。

习俗障碍可分为生产习俗和生活习俗两方面。生产习俗是农民世代相传下来的组织生产的规矩、程序，它属于一个农村社区，而不是一家一户农民的事情。据费孝通调查，开弦弓村在长期生产过程中形成了一套排水灌溉的组织管理程序，依靠这套程序解决农民旱涝时的排灌事宜。后来村里有了两台动力抽水泵，承包全年的灌溉，按每亩收费。然而，这种机器在当时并没有被普遍采用，主要是因为使用机械而节约下来的劳动力尚未找到生产性的出路。村民们宁愿使用旧水车，不愿缴纳动力泵费用而自己闲搁数月。有些人告诉费孝通，那些依赖动力泵灌溉的人，自己没有事，便到城镇的赌场去赌博，害了自己[①]。这说明，一个地区的农业生产习俗是经过长期生产实践形成的，它是和当地的社会环境相适应的，改变生产习俗的前提是相关的社会环境必须改变，否则就会带来社会问题。就费孝通所举例子而言，是用机械代替人工后，如何安置闲余的劳动力或劳动时间。如果这个问题不解决，引进现代机械未必是好事。农民经过理性的判断会拒绝新机械的使用。这其中体现的不是农民的愚昧，而是农民的智慧：用劳动来打发时间，总比去赌场赌博要好。提到赌博，就牵涉到生活习俗。据当时人反映，近代中国许多地方的乡村社会赌博成风，很多农民除了在田间劳动，剩余时间大都去进行赌博，没有时间精力考虑提高农业技术水平。喝酒赌博已经成为农民生活的习俗，所以有人在参观金陵大学农民服务社后评论道：

---

① 费孝通著：《江村经济——中国农民的生活》，116页，南京，江苏人民出版社，1986。

农民之无正当娱乐，尽人皆知。每遇秋收之后，或迎神赛会，或邀朋聚赌。工作之暇，尤多喝酒啜茗。欲阻止此种不正当之娱乐，非有相当正当之娱乐代之不可。农民服务社有鉴于此，乃以种种有益身心之游戏代之，对症下药，定能妙手回春。①

这从一个侧面反映了当时农村的社会风气，在这种社会风气下，也就不能指望农民会产生对农业新技术的需求。

知识障碍可分为科学文化知识和社会见识两个方面。如果说近代中国的农民都是文盲，未必准确。据李伯重研究，明清时期江南地区的大众教育已经普及，并深入到农村地区，到了19世纪初期，识字率已达到很高的水平。另有学者估计19世纪初期广东农村男子识字率为40%～50%②。但是识字并不足以引起对新技术的需求，只有当农民掌握了一定的现代科技知识后，才具备产生对农业新技术需求的可能。如果不知道有某种新技术，根本就不可能产生对该项技术的需求。中国农民没有对新技术的需求，主要原因之一是他们根本不知道有新技术的存在。所以，农民产生对新技术需求的条件之一是，有机会接受现代科技知识教育。而近代中国的大多数农民不具备这个条件。如果没有机会接受系统的教育，但能有机会通过耳闻目睹接触到西方的农业新技术，也有产生对这种技术需求的可能。但是，中国传统农业生产的特点、农民的社会生活地位决定了这种机会也很少。政府官员就有这种增长见识的机会，所以清末一些封疆大吏积极从事引进西方农业技术的事业。知识分子也有机会增长见识，所以有些知识分子并不是农科出生，但是也积极鼓吹学习西方农业技术。

经济障碍是影响农民技术需求的一个非常重要的因素。即便农民们知道某种先进技术，如果不具备一定的经济条件，他们也不会主动去采用。经济障碍主要体现在农民接受新技术的经济承受能力上。如果新技术的使用需要花费很大的成本，农民无法承担，他们就只能沿用旧技术。即使将

---

① 顾贞祥：《金大农民服务社参观记》，载《农林新报》，1927-04-21。
② 李伯重著：《江南的早期工业化（1550—1850年）》，443～444页。

新技术免费提供给他们,也会考虑将来的收益是否可靠。在不能确定采用新技术的实际效果之前,农民一般是不会采用新技术的,因为承担不起失败的风险。这与官员、军阀、工商企业家这些有权有钱的人不同。这些人可以引进外国机器从事农业垦殖,即便不能从农业垦殖中获利,于他们自己也无太大的损害。而农民,只有已经通过示范证明是有利可图的新技术,才敢使用。这从南京金陵大学农学院的农业推广实例中可以得到验证:

> 丹徒县上党乡西麓村农友丁鹤松君,曾于民国十五年十月十一日与本科推广系合作栽植小麦表证场,同时又试种本科改良双恩号小麦种四斗。去年收获期间,适值革命军北伐,未能遂往勘察。顷据丁君称该表证场小麦于去年阳历六月七日收穫时,曾邀集邻友参观。兹将结果,列表于后:
>
> | 麦种别 | 七五方尺收获量 | 每亩推算 |
> | --- | --- | --- |
> | 金大九号 | 3斤 | 240斤 |
> | 丁君种甲 | 2斤1两 | 165斤 |
> | 金大二十六号 | 2斤11两 | 215斤 |
> | 丁君种乙 | 1斤9两 | 125斤 |
>
> 邻友观此成绩,遂纷向丁君调换麦种。结果除本村十一家外,尚有四家散居三里六里十里十五里外,亦得交换麦种机会。[1]

推广员在农业推广过程中总结出的经验是:农业推广的成绩与各地领袖或农友的切实辅助成正比例。因为推广员每到一地,常被一般农友视为局外人,不如当地的领袖或农友既深知当地之真情,又与农民有真正的友谊及互相的信赖。所以从事推广最有效的办法是与当地领袖或农友合办"表证场",用以证明农业新技术的有效性,当农民们亲眼目睹新技术的成就时,就会纷纷采用新技术。

---

[1] 唐希贤:《农友辅助推广小麦之实例》,载《农林新报》,1928-05-11。

社会环境障碍。近代中国军阀连年混战，政权更替频繁，社会动荡不安，使得农民没有一个安定的生产、生活环境，一家人朝不保夕，也就谈不上采用新技术，提高农业生产水平了。另外，随着城乡差别的加大，农民的社会地位越来越低下，促使乡村中最有能力、有文化的人都流向城市，而本来最有可能首先采用农业新技术的就是这些人。可以说，近代以来中国现代化的结果是城乡二元结构的扩大，传统乡村精英城居化，人才资金流向城市，农村人口的整体素质下降了，这也影响到新技术的需求。

通过以上分析可以看出，现代化所引起的对农业新技术的需求来自不同的方面，这些需求对农业技术创新的影响也是不同的。由民族危机而引起的国家对农业新技术的需求促成了制度上的创新，使中国建立起专门的农业教育、科研机构。但是这种需求是纯理性的，建立在这种需求之上的现代农业教育、科研机构，与当时中国乡村的农业生产实际有很大的距离，对农业生产的推动作用有限。现代工商业对农业新技术的需求既有理性成分，又有现实利益的成分，因此与农业生产实际联系较密切，对新技术在农业中的应用也切实起到一定的推动作用。其局限性在于同市场需求联系过于紧密，容易受市场波动的影响，而且其对新技术的支持仅限于某个特定的领域。因此近代中国源自工商业需求的农业技术创新不能持久，也不全面。农业生产者对农业新技术的需求分两类，来自农业企业家的需求和来自普通农民的需求。由于近代中国的农业企业发展并不顺利，数量有限，对农业技术创新的影响也有限。而普通农民对新技术的需求则有待农业推广者去开发、引导。创造各种条件激发农民对新技术的需求，是一个亟待解决的课题。基于这种认识，我们认为在农业技术创新的三元结构体系中，最薄弱的环节不是三元结构中的某一环，而是各个环节间的联系。农业新技术供给者、需求者以及应用新技术的农产品价值的实现者之间，应该有一种共同利益为纽带。找到并建立这种纽带是实现农业技术创新的关键。

二、现代农业技术供给源的形成

现代农业技术供给源，因需求对象而异。对农业生产者来说，他们需要的是立竿见影的技术，通常是技术成品，已经通过试验能普遍应用，如化肥、新式农具、优良品种等。这类技术成品通常是由公司、农业推广机构供给。因此，对于农业生产者而言，新技术的供给源是制造、经营农业新技术产品的公司或农业推广部门。对于公司和农业推广部门来说，制造新产品的技术一般是从专业的应用技术研究机构获得，所以其技术供给源是农业技术研究机构。而对于农业技术研究机构来说，其用来进行创新的科学技术知识来自科学技术的不同门类，如生物学、化学、地理学、机械工程学等。因此，只有国家的整体科技水平提高，才能为农业技术创新提供稳定持久的科技知识供给。从这种意义上讲，一个国家的农业科研机构，其技术供给源是整个国家的科学技术体系，包括各种专业的科研机构、大学。这种国家科学技术体系的核心应该是一种能促进科技人员、科研机构之间进行有效信息交流与合作的组织。这种组织是全国性的、涵盖科学各门类的学术研究机构。有了这种组织，科技人员能很快获取国内外的科技进展信息，自己的研究成果也能很快公布于众，同行之间能经常有机会交流思想、进行合作研究。这样，整个国家的科研机构才能成为一个有机的整体，发挥最大的研究效力。

上述这几类技术供给源，从逻辑上讲是有先后顺序的：先有科学研究机构发现科学原理，再由技术研究机构根据科学原理发明新技术，然后由相关的制造单位制出成品，最后由商业或推广机构提供给农业生产者。例如，优良杂交品种的选育，就是先有生物学领域遗传规律的发现，再由农业科研机构根据遗传规律培育新品种，最后由推广部门或公司提供给农业生产者。但是实际上近代以来中国农业新技术的供给源并不是按照这种逻辑上的先后顺序出现的。它们分别在不同的时间、不同的条件下独立产生，相互之间不一定必然的联系。新品种的推广不一定必须先有育种机构的出现，化肥的使用也不一定先要有化肥厂的建立，这些新技术成品都可以由推广机构或公司直接从外国引种或进口。科研机构的建立不一定马上带来科学上的新发现、新发明，技术开发机构也不一定要依赖本国的科研机构提供理论或方法，可以直接到外国去学习。实际上很多农业大学、研究机构的科研人员都是留学回来、直接用其所学为中国的农业技术改良服务。但是，由于农业的地域性很强，一国的农业技术不一定能适应另一国的农业生产条件。因此直接照抄照搬外国的农业技术，并不能解决中国农业的实际问题。只有将西方农业技术本土化，才能在中国得到广泛应用，使中国的传统农业得以改造。从技术上讲，近代以来中国的农业现代化，就是上述几类不同的技术供给源分别出现并建立起内在联系的过程，其最终目标是：中国的科研机构能为农业技术创新提供科学理论、方法，能为农业生产中遇到的问题提供解决方案。换言之，就是实现西方农业科技的本土化。

（一）科学技术研究机构的产生与发展

从农业技术创新系统来看，一个国家农业新技术的根本来源是整个国家现代科学技术所积累的成果。也就是说，农业技术是吸收现代科学技术各门类所取得的研究成果，进行相关的应用研究而产生的。因此，农业技术的供给源从根本上讲是各种门类的科研机构。由于这类供给源很多，我们不可能一一分析，只能抓住关键的环节，即国家科学技术体系的核心。前面已经提到，这种核心应该是一种能促进科技人员、科研机构进行有效信息交流的全国性的学术研究机构。它能帮助科技人员快速便捷地获取国内外的科技进展信息，为科研同行提供相互之间交流思想的机会，从而推动国家整体科研水平的提高。纵观世界科技发展史，这种现代科研学术机构的体制有两种不同的起源，形成两种不同的模式：一种是英国皇家学会的模式；一种是法国皇家科学院的模式。前者是由科学家在相互交流过程中自发形成的民间学术研究机构，通过向社会各界寻求资助获得经费，从事学术活动。后者则是由国家建立的、属于国家机构的一个组成部分，其活动经费由国家财政支出。在近代中国，这两种不同模式的学术机构都出现了。两种模式的代表分别是私立的中国科学社和国立的中央研究院。

1. 中国科学社

中国科学社是在美国康奈尔大学求学的中国留学生于1914年发起，1915年正式成立的①。1916年，社长任鸿隽在中国科学社第一次年会开幕词中，对该社的宗旨及成立原因作了说明：

> 科学社宗旨，自在发达科学于吾国。科学之功用，非仅在富国强兵及其他物质上之幸福之增进而已，而于知识界精神界尤有重要之关系。……然何必组织团体乎？……譬如外国有好花，为吾国所未有，吾人欲享用此花，断非一枝一叶搬运回国所能为力，必得其花之种子及其种植之法而后可。今留学生所学彼此不同，如不组织团体，互相印证，则与一枝一叶运回国中无异。如此则科学精神、科学方法，均无移植之望，而吾人所希望之知识界革命必成虚愿。此科学之所以有社也。②

从这段话中我们可以看出任鸿隽的远见卓识。面对近代以来中国的民族危机，向西方学习、科学救国，成为当时中国有识之士的一种强烈愿望。但是学什么，怎么学，如何引进西方科技才有效，国人考虑的并不多，大多数人热衷于直接引进西方现成的技术成果如良种、机械、化肥等，或者兴办各类西式学校、培养掌握西方技术的专业人才。这种移植西方科学技术的方法只能将西方科技的"枝叶"运入中国，而不能掌握西方科技的"种子和种植方法"——科学精神与科学方法，从而难以将西方科技本土化。若不能实现西方科技的本土化，科学救国就只能是梦想。任鸿隽认识到了这一点，所以提出要把西方科学技术的精华——科学精神与科学方法移入中国，使西方科技本土化。他实现这一目标的途径就是联络同志，成立中国科学社。于是有了十几个中国热血青年在美国康奈尔大学发

---

① 中国科学社1915年在美国成立，1918年搬回中国，社所最初设在南京，1928年决定在上海购入房地三亩多作为总社所。

② 任鸿隽著，樊洪业、张久春选编：《科学救国之梦——任鸿隽文存》，88页，上海，上海科技教育出版社、上海科学技术出版社，2002。

起成立中国科学社的一幕。任鸿隽等构想出未来中国科学社的蓝图：

>……其中有图书馆，有博物馆。其余则分门别科，设了几十个实验室。请了许多本社最有学问的社员，照培根的方法，在实验室研究世界上科学家未经解决的问题。本社所出的期刊书籍，不但为学校的参考书，且为各种科学研究的依据。由现在的中国科学社，到我们想象中的科学社，需经几多岁月，全看我们社员的热力，与社会效公心了。①

从这幅蓝图中我们可以看出，中国科学社的奋斗目标，就是要把科学精神和方法引入中国，使其在中国开花结果，实现西方科技的本土化。

中国科学社是中国最早的专门从事现代科学传播与研究的综合性学术团体，它的成立起了开风气之先的作用。正如樊洪业所言：

>中国在从传统社会向现代社会的变迁中，'学会'是社会结构中的新生事物。但从晚清维新运动以来成立的各种学会，或是目标不明，或是组织涣散，极少有成效且持久者。中国科学社，除了在以科学整体为推进目标这一点上区别于专门学会之外，更以其'规范化'而为中国学术团体发展史树起了一块里程碑。②

作为规范化的学术团体，必须具备三个关键的条件：第一，要有对团体宗旨、会员资格、组织结构、管理办法等做出明确规定的章程；第二，要能定期出版相应的杂志或机关刊物，以保证团体内的沟通，并保持与学术界和社会各界的沟通；第三，需定期召开年会，推动组织内成员进行学术交流，并讨论和决定团体内的重大事务。这三个条件，中国科学社都具备了。从这种意义上说，中国科学社的组织模式，对于以后中国科研机构

---

① 任鸿隽著，樊洪业、张久春选编：《科学救国之梦——任鸿隽文存》，105页。
② 樊洪业：《中国近代科学传播的"开路小工"，"科学救国"的先驱——胡明复先生》，载《文汇报》，1997-07-04。

及各种科学专门学会的成立或发展,起了抛砖引玉的作用。科学社发起人中,有两位在中国农业科技、教育组织的建立和发展过程中发挥了重要作用。中国科学社的发起人之一过探先,回国后历任江苏省第一农校校长、东南大学农科副主任、金陵大学农科科长,是中华农学会的发起人之一。中国科学社另一位发起人,中国科学社章程的起草者之一邹秉文,回国后历任南京高等师范农业专修科和东南大学农科的首任主任,为中央大学农学院的开创者,也是中华农学会的发起人之一。有鉴于此,中国科学社的组织运行机制不能不引起我们的重视。以下从社员、办事机构、经费来源、社务等方面进行分析①。

(1) 社员。中国科学社的社员分为六类:第一,普通社员。凡研究科学或从事科学事业者,经入会程序,均可成为普通社员。普通社员为科学社的基本组织成员,从1914年发起时的35人,发展到1949年的3776人,绝大多数都是国内从事科学工作与工程技术有成绩的人才。第二,永久社员。本社社员一次或三年内分期纳费一百元者,为永久会员。第三,特社员。本社社员有科学上特殊成绩,经年会过半数之选决者,为特社员。至1949年,特社员有十余人,包括蔡元培、马君武等。第四,仲社员。凡在中学五年以上之学生,有志将来从事科学,经理事会选决,为仲社员。第五,赞助社员。凡捐助经费在五百元以上或在其他方面赞助中国科学社,经年会过半数选决者,为赞助社员。赞助社员二十余人,包括徐世昌、黎元洪等。

从中国科学社的社员来看,其主体普通社员,专门从事科学研究或科学事业,但是他们中的绝大多数都分布在全国各地各行业中,科学社本身并不提供一种研究职业,不负责给他们发薪金。相反,会员要向科学社缴纳会费,以维持社务的进行。关于中国科学社的经费,后文将会详述,这里主要分析社员的情况。据中国科学社1920年的统计,其成员503人的学科分布如表3-1:

---

① 史实主要取自任鸿隽:《中国科学社之过去及将来》、《中国科学社社史简述》,载《科学救国之梦——任鸿隽文存》,283~287、724~742页。

表 3-1 中国科学社社员学科分布

Table 3-1　Subject Distributions of Members of Chinese Society of Science

学科	人数	学科	人数
普通	150	化学	32
土木	46	生计	29
矿冶	41	物算	29
机工	39	化工	27
电工	39	医药	24
农林	35	生物	8

从上可知，中国科学社的社员分布在 12 个领域，但是中国科学社的研究所只建成了一个，即中国科学社生物研究所，为当时中国唯一的科学研究机关，其研究员大半为东南大学的教授，在课余时间来研究所从事研究工作。一直到 1949 年，因为经费和人力所限，中国科学社没有成立新的研究所，而社员则发展到 3776 人。由此可见，中国科学社不是一种提供谋生职业的机构，而是一种提供从事科学研究事业机会和条件的机构，其社员在他处谋生，在科学社从事科学传播和研究事业。这与以后成立的，以中央研究院为代表的国立学术研究机构不同。后者既提供事业机会，又提供职业机会。可以说中国科学社的目标和提供的条件比较单一，其成员加入科学社的动机也比较单纯，主要是为了从事科学研究的方便。

（2）办事机构。中国科学社的办事机构分为董事会与理事会，分社与社友会，以及分股。科学社在成立之初，仅设了一个董事会为办事机构。1922 年修改社章，将原有董事会改名为理事会，另设一董事会主持科学社的政策方针并进行募集与保管基金工作。第一任董事九人：张謇、马良、蔡元培、汪兆铭、熊希龄、梁启超、严修、范源濂、胡敦复；第一任理事十一人：竺可桢、胡明复、王琎、任鸿隽、丁文江、秦汾、杨铨、赵元任、孙洪芬、秉志、胡刚复。从上述董事会的组成人员来看，中国科学社的发展与社会贤达的关系密切。科学研究离不开物质基础，主要是资金。科学社建立初期，主要靠社员会费维持，随着事业的扩大，必须依靠全社会的力量举办。而社会贤达在动员社会各界力量，赞助科学社的发展方面，发挥着重要的作用。

为了便利社员联络及组织学术活动，社章规定，凡一地社员在四十人以上者，可设立分社；在二十人以上者，可设立社友会。到1931年止，成立分社的只有美国一处，成立社友会的则有上海、北京、南京、广州、梧州、杭州、苏州、重庆、沈阳、青岛等处。为了方便同一专业的社员讨论学术、处理事务，如征集论文、审查科学名词等，社章规定了分股的办法，使每一个社员均属于一个专门学股。中国科学社按照学科门类分十二股：农林、生物、化学、化工、土木工程、机械工程、电工、矿冶、医药、理算、生计、普通。后来各科学专门学会的成立，也可以说是由这个分股办法开其端。

(3) 经费来源。中国科学社是私立科学团体，从哪里获得经费以维持团体的运行与发展是一个重要问题。科学社的经费来源主要有四：第一，社费，即社员入社时缴纳的入社费及常年费。第二，捐款，包括社员及赞助本社的个人和团体的捐款。第三，事业收入，例如，出售各种刊物的收入及某些业务的盈余。第四，基金的收入。基金的募集分两种：一为永久社员缴纳的社费；一为向社外募集的捐款。

在科学社成立初期，社费为活动经费的主要来源。但是随着事业发展，越来越依靠社会各界的捐款和基金收入来维持。例如，北京大学每月补助两百元，使处境艰难的《科学》杂志得以继续出版。1923年以后，江苏省从国库中每月拨给两千元，作为维持发展科学社的事业费用。1926年前后，中华教育文化基金董事会①补助中国科学社生物研究所经费、建筑费、设备费等四万元，使该所得以维持发展。基金的募集也得到社会上大多数政学界要人的赞助，到1927年，中银部分的基金数目为21 975元。1927年，南京国民政府拨给中国科学社公债票四十万元，作为发展科学之用，是为数较大的一笔基金。基金的管理由董事会的基金监察员蔡元培、范源濂、胡敦复，以及中国银行总经理科学社董事宋汉章负责。科学社在上海建立会所和明复图书馆，以及中国科学图书仪器公司一部分的投资，

---

① 1924年美国第二次退还庚款，指定用于发展中国文化教育事业，在北京成立中华教育文化基金董事会，董事由中美双方人员共同组成，负责管理使用退款。

都从此项基金支拨，数目不下二十万元，但四十万元公债票的价值始终保持或尚有超过。这都得益于宋汉章对基金的保管和经营。

从中国科学社的经费来源我们可以看出，其大部分事业经费是通过向社会募捐获得的，其中数目最大者为江苏省从1923年起每月拨给两千元事业费（1931年"九一八"事变后江苏省财政困难，1935年停发这笔经费），1927年南京国民政府一次性拨给四十万元公债票作为发展基金。这说明在近代中国，私立科学研究机构的发展离不开社会的支持，尤其是政府的支持。发展科学事业不能收到立竿见影的经济效益，却要耗费巨资，这是当时中国任何个人或私人组织无法承担的。只有政府才有可能支付这种费用。江苏省政府无论是在北洋军阀统治时期，还是在国民党统治时期，都能持续地给中国科学社以经济上的支持，说明当时社会，尤其是经济文化发达的江苏，已经逐渐形成尊重科学之风，不论谁掌权，都要尊重、支持科学。中国科学社的发展历史从一个侧面体现了近代以来中国科学事业从无到有、逐渐发达的过程，也体现了社会、包括政府对科技事业支持力度逐渐加大的过程。

（4）社务。在1915年通过的社章中，拟定了中国科学社要举办的九项事业：①发行杂志，传播科学，提倡研究；②著译科学书籍；③编定科学名词，以期划一而便学者；④设立图书馆，以供学者参考；⑤设立各科学研究所，施行实验，以求学术、工业及公益事业之进步；⑥设立博物馆，搜集学术上、工业上、历史上以及自然界各种标本陈列之，以供展览及参考；⑦举行学术讲演，以普及科学知识；⑧组织科学旅行团，为实地之科学调查研究；⑨受公私机关之委托，研究及解决科学上一切问题。对于上述九项事业，任鸿隽于1960年在回顾中国科学社的社史时写道："这样一个包孕宏富的计划，在科学社成立后若干时期中，均或多或少地逐步实现了。"这"或多或少"几个字真是用词良苦。反映了他有心让事业尽善尽美，却无力完全实现自己梦想的心境。其实，在近代中国的社会环境下，以一个私立科学团体而谋整个中国科学之振兴，中国科学社已经做得相当不错了。其事迹已经有人专文详述，不必在此罗列，本文只想从技术创新供给源的形成角度对科学社的作用作些评价。

前面讲过，西方先进技术产生于西方的现代科学精神、科学方法，要想真正将西方技术本土化，必须把现代科学精神、科学方法引入中国，使之深入中国人心。只有当中国人具备科学精神后，西方技术才有可能在中国开花结果。另外，从事科学研究与创新还必须保障科学研究人员之间充分的信息交流。中国科学社在这两个方面做了很多基础性的工作。

首先是发行杂志、译著科学书籍。这是各种科学团体都要做的事，但中国科学社侧重于西方科学理论、科学方法的翻译与传播，探讨的问题甚至涉及目前流行的科学社会学的内容，如科学与文明的关系、科学与教育、科学与工业等。这种科学观念的传播就是要在中国播撒、培育科学的种子。

其次是编定科学名词。要进行科技信息交流，必须有统一的信息传递媒介，在科技交流中最重要的信息媒介就是科学名词或术语，对同一个科学名词、术语必须有同样的理解。在介绍欧美科学的时候，首先遇到的就是如何翻译科学名词的问题。如果学术界对一个科学概念没有统一的名词来表示，就会产生交流上的障碍，而没有达成共识的东西则不能成为科学的内容。可以说，统一的科学名词是进行科学传播与科学研究的前提。中国科学社编定科学名词就是在为西方科学在中国的传播，以及中国自己的科学研究创造前提条件。1922年以后，中国科学社参加了江苏教育会、中华医学会等团体组织的名词审查会，每年开会进行审查工作，各科科学名词的编定多出自科学社社员之手。1934年，教育部设立了国立编译馆，科学名词审查工作才由政府机关来集中管理，但所用材料，大部分都是科学社等团体积累起来的。

再次为科学图书馆建设。图书馆是科学研究者获取信息的主要来源。中国科学社于1920年成立科学图书馆，到1923年藏书就达一万六千余册，其中包括世界各国专门杂志约一百三十余种，为研究科学者不可缺。这些国外专业杂志在中国是不易获得的，中国科学社的科学图书馆则为科学研究者提供了查阅这些杂志的条件。

第四为年会。年会是西方学术团体的惯例，中国科学社自1915年正式成立起，每年召开年会。自1916年到1948年共举行了二十六次年会。年会的任务有三：①报告并讨论社务，联络社员的感情；②宣读论文，交流一年来学术研究的心得及经验；③把科学的新发现或当前的科学问题做成讲题，向当地的公众讲演，以传播科学，开通社会风气。从1935年起，中国科学社的年会每年都与其他科学团体联合举行，其中包括中国物理学会、中国化学会、中国植物学会、中国地理学会、中国动物学会、中国数学会等。这样，年会就成了中国科学界各个领域的科学工作者交流思想的盛会。

中国科学社的以上事业为科学研究创造了必需的条件。要出科研成果，则必须有从事科学研究的机构——研究所。中国科学社原计划至少要建立理化研究所、生物研究所、卫生研究所、矿冶研究所、特别研究所等数种研究所，但是最终只建成生物研究所，并取得举世公认的成绩。这一方面说明中国科学社有能力从事高水平的科学研究；另一方面也说明私立科学研究机构要想办全国的科学事业，实在是力不从心。在中国建立各科研究所的理想只有在国立中央研究院成立后才得以实现。

中国科学社是近代中国民办科研机构的代表，其历史反映了近代中国民办科学团体从无到有、发展壮大的历程，这些民办科研机构与中央研究院为代表的国立科研机构共同构成中国近代科学技术体系的主体。

2. "中央研究院"

"国立中央研究院"的设立，可追溯到1924年冬孙中山先生离粤北上之时。孙中山先生北上，主张召集国民会议以解决国是，并拟设中央学术院为全国最高学术研究机关以立革命建设之基础，命汪兆铭等起草学术院计划①。遗憾的是，孙中山先生抵达北京后，一病不起，此议遂无由实现。

在我国创办综合性的科学研究机构，也是蔡元培先生的夙愿。1924年4月，他在英国伦敦时，曾发表《对英国退还庚款规定用途之意见》，主张以庚款全部办一科学博物院，包括陈列、试验、演讲、研究、编印新图书杂志等事。1926年2月，蔡元培自欧洲返回中国后又致函英国庚款委员

---

① "国立中央研究院"文书处编辑：《"国立中央研究院"总报告》第一册（1928年），45页。

会，重申上述主张，并拟将科学博物院更名为科学院①。

1927年国民政府定都南京，在蔡元培等人的倡议下，召开中央政治会议第九十次会议，决议设立"中央研究院"筹备处，并推定蔡元培等为筹备委员。该年10月中华民国大学院成立，根据其组织条例，聘请中央研究院筹备员三十余人，召集中央研究院筹备会议，通过中华民国大学院中央研究院组织条例，始确定"中央研究院"为中华民国最高科学研究机构，以大学院院长蔡元培兼任研究院院长。决议先设立理化实业研究所、社会科学研究所、地质研究所、观象台四种研究机关。1928年国民政府公布修正国立中央研究院组织条例，改中华民国大学院中央研究院为"国立中央研究院"，并特任蔡元培为院长。根据修正条例分为理化实业研究所、物理研究所、化学研究所、工程研究所、地质研究所，设出版品国际交换处于上海，专理国内外出版品交换事宜。11月，国民政府五院成立，大学院改为教育部。"国立中央研究院"则直接隶属于国民政府，为中华民国最高学术研究机关，并拨定成贤街法制局旧址为"国立中央研究院"总办事处，正式开始办公②。

从以上"中央研究院"的成立经过来看，"设中央学术院为全国最高学术研究机关以立革命建设之基础"是以孙中山先生为首的国民党人的既定国策。因此，南京政府成立以后，设立国家最高学术研究机关——中央研究院，成为政府组织机构建设的重要内容。"国立中央研究院"有完善的组织章程，有比较雄厚的政治经济基础，在发展国家科技事业中起着不可替代的作用。它的成立，标志着以政府为主导的国家科技体系已经基本建立起来。换言之，农业技术创新最基本的技术供给源已经形成。以下从国立中央研究院的组织运行机制来作分析。

"国立中央研究院"的组织运行机制，是通过制定一套研究院法规体系来确立的。从1928年起，国民政府、中央研究院相继公布并核准施行了一系列法规、章程，包括：《"国立中央研究院"组织法》、《"国立中央研

---

① 傅长禄：《蔡元培与"国立中央研究院"》，载《史学集刊》，1982（2），59页。
② "国立中央研究院"文书处编辑：《"国立中央研究院"十七年度总报告》（1928年），45~46页。

究院"研究所组织通则》、《"国立中央研究院"院务会议章程》、《"国立中央研究院"办事通则》、《"国立中央研究院"设置助理员章程》、《"国立中央研究院"设置研究生章程》、《"国立中央研究院"评议会条例》、《"国立中央研究院"基金暂行条例》，以及各研究所章程。

根据《"国立中央研究院"组织法》等法规，全院除院长由国民政府特任外，其余行政及研究人员均由院长聘任。其组织，院长以下分三大部分：

一、行政 以总办事处主持之。设总干事一人，受院长之指挥，执行全院行政事宜。设文书主任、会计主任、庶务主任各一人，分掌全院文书、会计、庶务事宜，另设出版品国际交换处，管理国内外出版品交换事宜。

二、研究 以各研究所及图书馆博物馆主持之，各所设所长一人，总理所内一切行政事宜，兼指导所内研究事宜。设主任及研究员若干人，担任调查及研究工作。设秘书一人，由专任研究员兼任，协助所长，执行所内行政事宜。研究员分专任、兼任及特约三种。专任研究员常年在所工作，兼任研究员于特定时间到所工作，特约研究员于有特殊调查或研究事项时，临时委托到所或在外工作。专任研究员、兼任研究员的任期为一年，经重聘后可连任。另设助理若干人，协助研究员，担任研究工作。设研究生若干人，受研究员之指导，从事研究之训练。

三、评议 中央研究院设评议会，为全国最高学术评议机关，由国民政府聘任之评议员三十人及当然评议员组成。聘任评议员的任期为五年，可以连任。中央研究院院长及其直辖之各研究所所长为当然评议员，院长为评议长①。此评议会之性质与欧美各国之全国研究会议（National Research Council）相等，其职务在联络国内研究机关，讨论一切研究问题，谋国内外研究事业之合作。

---

① "国立中央研究院"文书处编辑：《"国立中央研究院"二十三年度总报告》(1934年)，7、9页。

中央研究院先后建立了十四个研究所，专门从事各学科的理论与应用研究。它们是：物理研究所、化学研究所、工程研究所、地质研究所、天文研究所、气象研究所、历史语言研究所、国文学研究所、考古学研究所、心理学研究所、教育研究所、社会科学研究所、动物研究所、植物研究所。中国科学社没能实现的一大愿望，"国立中央研究院"成立之后得以实现。

依照《国立中央研究院组织法》，"国立中央研究院"的任务有二：第一，实行科学研究；第二，指导联络奖励学术之研究①。第一项任务主要由各研究所承担；第二项任务则由评议会负责。根据南京国民政府1935年公布的《国立中央研究院评议会条例》，评议会的职权主要有：

一、决定中央研究院研究学术之方针。
二、促进国内外学术研究之合作与互助。
三、中央研究院院长辞职或出缺时，推举院长候补人三人，呈请国民政府遴任。
四、选举中央研究院之名誉会员。
五、受国民政府委托之学术研究事项。②

从上可知，评议会的主要职权之一是联络各类科研机构、促进国内外学术研究的合作与互助。从评议会的组成人员来看，评议会本身就起到了联络以及促进合作互助的作用。在第一届聘任评议员的选举会中，所选三十名评议员代表十四种学科，来自全国各地的主要研究机关。正如蔡元培所言：

凡国内重要研究机关，如国立北平研究院、北平地质调查所、中央农业实验所、全国经济委员会、中国科学社、静生生物调查所、黄

---

① "国立中央研究院"文书处编辑：《"国立中央研究院"二十三年度总报告》(1934年)，7页。
② 同上书，9～10页。

海化学工业研究社,设有研究所的著名大学如北京、清华、协和、燕京、中央、中山、浙江、南开、武汉大学等,以及与科学研究有直接间接关系的教育部、交通部,无不网罗在内,本院和各研究机关因之而得到更进一步的联络,这是本院历史中可以'特笔大书'的一件事,兄弟敢说评议会运用得好,他们就找到了中国学术合作的枢纽。①

中央研究院虽然是国家最高学术研究机关,但它并不利用自己的权威控制甚至压制其他学术团体,而是充当联络各科研机关的桥梁,推动各学术团体之间的合作与交流。这一点,中央研究院院长蔡元培先生的态度非常明确:

  我们虽然是最高的研究机关,但决不愿设法统制一切的科学研究。丁先生(丁文江)说得好,国家什么东西都可以统制,唯有科学研究不可以统制,因为科学不知道有权威,不能受权威的支配。中央研究院能利用他的地位,时时刻刻与国内各种机关联络交换,不可以阻止旁人的发展,或是用机械的方法来支配一切研究的题目,这是本院成立以来一贯的方针。②

对于一个国家的科技体系来说,科研机构之间的分工合作至关重要,如果各科研机构彼此隔离,各自为政,就会出现研究内容的重复,浪费大量人力、物力。从这种意义上说,各科研机构之间的合作程度决定了整个国家科学研究的效率。中央研究院在促进国内各种类型的科研机构的合作研究方面发挥了重要作用。例如,在海洋学研究方面,就由中央研究院出面组织北平研究院、中国科学社、静生生物调查所、经济委员会、资源委员会、实业部、海军部海道测量局、第三舰队、中国动物学会、中华海产生物学会、青岛市政府、江浙两省水产试验场等多处单位进行分工合作研

---

  ① 蔡元培著,中国蔡元培研究会编:《蔡元培全集》第八卷,174页,杭州,浙江教育出版社,1997。
  ② 同上书,173页。

究。在生物学方面，中央研究院动植物研究所和中国科学社生物研究所的关系密切，不但书籍、标本经常相互交换，采集研究也时时合作。中央研究院和各方面的合作事业，不胜枚举[①]。

前面曾经提到，一个国家的农业科研机构，其技术供给源是整个国家的科学技术体系，包括各种专业的科研机构、大学。这种国家科学技术体系的核心应该是一种能促进科技人员、科研机构之间进行有效信息交流与合作的组织。这种组织是全国性的、涵盖科学各门类的学术研究机构。有了这种组织，科技人员能很快获取国内外的科技进展信息，自己的研究成果能很快公布于众，同行之间能经常有机会交流思想，进行合作研究。这样，整个国家的科研机构才能成为一个有机的整体，发挥最大的研究效力。在中央研究院成立之前，已经有许多科研机构、学术团体出现，但是没有一个能起到协调全国科研机构的作用，不能形成一个完整的国家科技研究体系。中国科学社在传播科学思想，促进科研机关及人员之间信息交流等方面发挥了重要作用。但作为民办科研学术团体，虽然有社会各界的赞助，有科学社全体社员的无私奉献，其实力仍不足以建立学科门类齐全的研究所，更无力协调全国的各科研机构。中国科学社将西方科学技术本土化的宏伟目标，经过无数有识之士的艰苦努力，直到中央研究院成立才有了实现的可能。中央研究院的建立使国内各个科学研究机构有了一个核心，有了一个建立相互联系的桥梁，从而构成一个国家科学研究体系。从这种意义上讲，中央研究院的成立可作为农业技术基本供给源形成的重要标志。此外，各种学会的普遍设立也可作为一种标志。到20世纪30年代，几乎各门学科都有了自己的学会。例如属于纯粹科学的，就有数理学会、物理学会、化学会、植物学会、动物学会、地质学会、天文学会等。属于应用科学的则有工程师学会、土木工程学会、电机学会、机械工程学会、农学会、医学会等。这些学会都办有自己的刊物，每年都有大量科研成果发表。这些学会与科研机构共同构成国家科技研究体系，形成农业技术最基本的供给源。

---

① 蔡元培著，中国蔡元培研究会编：《蔡元培全集》第八卷，175～177页。

3. 近代中国科研机构、科研人员的地域分布

以中央研究院为核心的国家科学研究体系由国立与私立科学研究机构以及各大学的研究所三部分组成。隶属于中央的国立研究机构主要有："国立中央研究院"、国立北平研究院、实业部北平地质调查所、中央农业实验所、全国经济委员会所属西北畜牧改良场、祁门茶叶改良场、棉产改进所，棉纺织染实验馆、蚕丝改良场、卫生实验处。私立研究机构则有：中国科学社、北平静生生物调查所、塘沽黄海化学工业研究社、重庆中国西部科学院、上海雷斯德药物研究院等。设立大学研究院或研究所的学校则有：清华大学、北京大学、中山大学、中央大学、武汉大学、南开大学、燕京大学和北洋工学院。这些研究机构主要集中在南京、北京、上海等大城市。科研人员的分布虽无准确的统计数字可以说明，但是通过间接方法也能获得一个基本的轮廓。

中华教育文化基金董事会1928年设立科学研究补助金及奖励金，对准备从事科学研究的人员提供资助，对已经取得成就者予以奖励。章程公布后，国内科学家以其未来的计划或既往的成绩来董事会申请者108人。因为章程对于申请者的学历、研究计划及研究地点都有详细的规定，所以有资格提出申请者当为国内科学研究领域有相当能力的人。对这些人的地区分布进行统计，可以了解近代中国科研人员分布状况之一斑[1]。

以下三表的统计数字是根据有限的数据制成的，但是大体能反映出当时中国科研机构和人才的地区分布状况。它表明近代科学技术研究机构都建立在大城市，而且是经济或文化发达地区的城市。只有这样的地方才具备从事科学研究的条件。教育机构也是一样的道理。科研人才多出自江浙地区，固然与该地区的历史文化传统及经济发展水平有关。大学及科研机构多，近水楼台先得月，也是一个重要因素。这反映出现代化的一种趋势，越是经济发达的地区，就越能发展科学文化事业，不但使本地区的人才涌现，而且将落后地区的人才也吸引过来。在经济文化发达的大城市，

---

[1] 任鸿隽对此进行了统计，并对申请时的几种例外情况作了说明，认为其统计基本上能反映当时中国科学界的一般情况。本书引用了他的统计数字。参见《科学救国之梦——任鸿隽文存》，399～402页。

形成了科学技术供给源。

从表 3-2 我们可以发现，近代中国的科研人才主要出自江浙地区。在 108 人中，籍贯为浙江的 24 人，籍贯为江苏的 21 人，其他省份每省不超过 9 人。这说明中国近代的科研人员在地区分布上不平衡。经济发达地区出的科研人员要远远多于其他地区。

表 3-2　申请科学研究补助金及奖励金 108 人的籍贯

Table 3-2　Birth Places of 108 Scientists Applying for Science Research

籍贯	浙江	江苏	广东	福建	直隶	河南	京兆	四川	山东	安徽	湖北	湖南	奉天	不详
人数	24	21	9	6	6	5	4	4	3	3	3	3	3	16

高等教育机构的分布也不平衡。表 3-3 说明，近代中国培养人才的机构主要分布在江苏和北京，全国最著名的大学多集中在这两个地区。

表 3-3　研究员的毕业学校（毕业于国内大学的 42 人的分布）

Table 3-3　Scientists and the Native Universities They Graduated From

毕业学校	人数	毕业学校	人数
东南大学（江苏）	11	北京大学	7
金陵大学（江苏）	6	燕京大学	1
东吴大学（江苏）	3	北京协和医学校	1
沪江大学（上海）	2	北京医学专门学校	1
南洋大学（江苏）	1	天津高等工业学校	1
南京高等师范学校（江苏）	1	南开大学	2
福建飞行学校	1	岭南大学（广东）	2
福建协和大学	1	湘雅医学专门学校（湖南）	1

表 3-4 则说明近代中国最适合科学研究的地点是南京和北京，中国主要科研机构都设在这两个城市，科研人员也主要分布在这两个城市。

表 3-4　研究员拟定之研究地点（国内）

Table 3-4　Native Places chosen for Research by Scientists

研究地点	人数	研究地点	人数
中国科学社生物研究所（南京）	5	北京大学	5
中央大学（南京）	5	中央地质调查所（北京）	5

续表

研究地点	人数	研究地点	人数
金陵大学（南京）	5	北京协和医学校	2
沪江大学（上海）	2	南开大学	2
上海圣约翰大学	1	岭南大学（广州）	1
福建协和大学	1	中州大学	1

（二）农业研究机构（含大学）的产生与发展

现代农业研究机构是利用其他现代科学研究机构的科研成果进行农业应用研究的单位，从逻辑上讲，其出现应该晚于其他研究机构，但是实际上并不一定如此。在近代中国，农业研究机构的萌芽先于其他科学研究机构出现。孙中山先生早在1895年就有在广州建立农学会的计划。甲午战争以后，国人深感亡国的危机，纷纷组织各种学会，探求救亡图存之路。1896年，上海农学会就在这一历史背景下产生了。继上海农学会之后，其他地区也先后成立了一些类似的农业学术机构。虽然这些农业团体举办的事业中都有引进西方农业科技的内容，但是其组织松散，规章制度不健全，大多没有连续性，往往随创办者的兴趣转移而终止。例如，上海农学会就因为其主要领导者罗振玉离去，于创办十来年后解散。这些农业学术团体主要起了开阔国人眼界的作用，其中最典型的是上海农学会，其所办《农学报》是我国最早的农业定期刊物，从1897年到1906年翻译登载了大量东、西洋农学书刊，介绍近代农业科学知识，使中国关心农业的士大夫大开眼界，了解了一些外国农业生产的情况。

真正从事农业研究的机构是农事试验场和农科大学。1898年，上海成立了育蚕试验场，以新法进行养蚕、育种、防病试验，为我国最早成立的农业科学试验机构。1902—1906年，综合性的农事试验场在湖南长沙、河北保定、山东济南、福建福州、北京、奉天（沈阳）等处先后建立[1]。大约在20世纪最初十年中，全国除了西藏、青海、宁夏、内蒙古外，其余各省都有了省立的农事试验场，有一些县也设农事试验场[2]。这些农事试验

---

[1] 中国农业博物馆编：《中国近代农业科技史稿》，12页。
[2] 王红谊等编著：《中国近代农业改进史略》，11页。

场大多流于形式，有研究成果者不多，推广应用的就更少。它们尚不能构成现代农业技术供给源。在南京国民政府中央农业实验所成立之前，从事农业科学研究和推广并取得成绩的主要是农科大学。

从 20 世纪初期开始，一些农科大学逐步开始近代的农业科学研究工作。这种研究工作一般是与国外农科大学合作进行的。在研究工作起步阶段，往往聘请外国专家主持，以后则逐渐由我国专家主持。例如，我国近代作物育种工作就是从南京和广州的几所同美国农业大学有密切联系的农科大学开始的。1914 年，南京金陵大学农科教授芮斯娄开始用科学方法培育小麦新品种，历经 7 年，选育出"金大 26 号"，这是我国最早采用科学方法育成的小麦品种。金陵大学农学院与美国康奈尔大学关系密切。1925 年，两院订立《农作物改良合作办法》，由康奈尔大学派出世界著名作物育种专家洛夫（H. H. Love）来金陵大学农学院讲课，并举办作物育种理论与技术讲习班，把近代作物遗传育种理论与技术，特别是生物统计方法介绍给中国育种界。以后，马雅斯（C. H. Myers）、韦庚（R. G. Wiggans）等相继来华讲学，从而使我国育种工作有了一个统一的方法与制度，进入更加缜密、科学的新时期[①]。

作为国家农业技术供给源组成部分的农业学会、农事试验场、农科大学在近代中国不同地区先后出现。由于农业具有很强的地域性，因此农业科学研究机构通常分散建立于不同地区，针对当地农业生产实际进行研究。但是作为农业科学研究体系，则必须有一个统一的信息交流枢纽。本书将这样一个信息枢纽的出现作为农业技术供给源形成的一种主要标志。在近代中国，就农业科技体系而言，这样的信息交流中枢有三个：一个是中华农学会，一个是中央农业实验所，再就是农科大学系统。农科大学的建立与发展前人已经作了较充分的研究，本书不再重复。以下只对中华农学会和中央农业实验所进行分析。

1. 中华农学会

中华农学会成立于 1917 年。建会初期，内战连绵，会务活动主要限于

[①] 周邦任、费旭主编：《中国近代高等农业教育史》，43~45 页。

江、浙一带。以后由于北京农学会、留日农科学生组织的产植协会、留美农科学生组织的中国农业会，先后并入，会务逐渐扩展。中华农学会的会章，随着客观条件的改变而时有修订，但其基本组织框架和事业都是在 1917 年章程中奠定的。下面我们就以中华农学会 1917 年建会时所订《中华农学会简章》① 和 1928 年修订的《中华农学会章程》② 为主要依据，分析其在近代中国农业科技体系中的作用。

《中华农学会简章》分总则、会员、组织、职员、会费、事业、会期、会规八章，对农学会的宗旨、会员组成及入会条件、组织机构及人员、会员义务、开会日期等都作了具体的规定。从这些条款可以看出，中华农学会已经具备了一个典型的现代学术团体的各项条件。现代学术团体的组织机构具有共性，前面已经以中国科学社为典型作了具体分析。这里主要分析中华农学会与以往农业学术团体根本不同的地方。概括起来，主要有以下两点：

第一，规定了职员的任期及选举的办法。在农学会的职员中，会长、副会长及各部部长，"由全体基本会员分举之；各部干事编辑及主任，由会长各部长于基本会员中推举之。"上述职员任期均为一年，于每年常会中选举，连举连任。

这一规定确保农学会组织机构能持续稳定地运行，不会向上海农学会那样，只有罗振玉一人主持，最后因为学会的领导人兴趣转移而导致农学会解散。

第二，规定了会期，分常会、临时会、职员会三种。常会一年一次，每年八月举行。临时会是在遇到重要研究问题，需全体会员公决的时候，由会长临时择期召集。职员会分全体职员会和各部职员会两种。前者每季度举行一次，后者视需要而定。"在 1917 年到 1942 年的 25 年中，一年一度的学术年会，纵然干戈遍地，始终弦歌未缀。而且都是自费与会，殊为

---

① 载《中华农学会丛刊》第二期。
② 载《中华农学会丛刊》第六十四、五期合刊。

难得。"① 每届年会除报告和讨论会务、选举领导人外,都要宣读学术论文,进行专题讨论。

年会不仅保证了中华农学会组织的运行,而且使全国农业科研人员之间的学术交流成为制度。会章总则中确定中华农学会的宗旨是:"研究学术,图农业之发挥;普及智识,求农事之改进。"年会就是推动这一宗旨实现的发动机,其成效则通过中华农学会刊行的杂志及报告表现出来。从1918年开始,中华农学会编辑出版刊物,曾用"中华农学会丛刊"、"中华农林会报"、"中华农学会报"等名称。到1948年停刊,前后30年共出版190期,为近代中国最重要的农业刊物之一。中华农学会还协助国内外相关单位交换农业科研文献,将国内科研成果报告寄送国外,将国外资料寄送国内农业机关和学校,以达到国际农业科研信息交流之目的。

中华农学会是全国性的农业学术团体,其会员分布在全国各地各个与农业有关的行业。农学会就是一个枢纽,把这些会员联系起来,通过交流,促进农业的发展。通过对中华农学会会员人数、地区分布、学科分布和职业分布的考察,我们能更进一步认识它在中国农业科技体系中的地位和作用。

表 3-5 中华农学会历年会员增加状况 (1916—1928 年)
Table 3-5 Members of Chinese Agricultural Society from 1916 to 1928

年代	1916	1917	1918	1919	1920	1921	1922	1923	1924	1925	1926	1927	1928
人数	50	110	197	299	436	770	926	1089	1178	1251	1323	1424	1558

资料来源:《中华农学会丛刊》第六十六期,116 页

从表 3-5 可以看出,中华农学会从 1917 年至 1928 年的十二年间,其会员人数平均每年增加 100 多人,呈现出长期稳定的增长趋势。说明中华农学会自成立之后,事业蒸蒸日上,影响不断扩大。

表 3-6 则说明中华农学会的会员遍布全国除西藏、新疆等地之外的所有地区。当然,会员在各地分布的数量有很大的差异,间接反映出地区之

---

① 中国农学会编:《中国农学会 66 周年纪念刊——我国农业学术团体之沿革与现状》,北京,农学会,1985。

间农业科技教育发展的不平衡。农学会会员一般都受过农业专门教育。会员中江浙籍占总数的近三分之一，这与该地区经济发达、人民受教育机会多有关。经济、教育欠发达地区，会员则很少。从会员省籍与所在地之间的数量关系来看，江苏籍会员370人，而在江苏服务的会员则为380人，多出10人。这说明江苏不但本身人才济济，而且能吸引外地人才来江苏服务，当时江苏的上海、南京、苏州等地农业教育机关较多，培养和吸引了中国大部分农业人才。河北籍15人，而在河北服务者45人，多出30人。

表 3-6 中华农学会会员地域分布（1928年）
Table 3-6 The Distribution of Members of Chinese Agricultural Society（1928）

地别	省籍	所在地	地别	省籍	所在地
江苏省	370	380	陕西省	11	6
浙江省	271	144	贵州省	11	3
安徽省	115	53	吉林省	8	4
江西省	111	90	广西省	4	6
湖南省	88	33	甘肃省	4	2
四川省	83	34	黑龙江省	2	2
广东省	70	29	热河区	2	—
河南省	61	40	绥远区	1	1
山东省	49	26	察哈尔区	1	1
福建省	42	26	日本	12	51
山西省	33	12	美国	1	3
湖北省	30	15	德国	—	1
奉天	25	22	法国	—	2
云南省	22	10	已故	—	27
河北省	15	45	未明	113	420
			总计	1558	1558

资料来源：《中华农学会丛刊》第六十六期，117页

这主要是因为北京为中国首都，政治、文化与教育发达，吸引了大量人才。其他省区则大多为人才流出地区。例如，安徽籍会员115人，而在安徽服务的则仅仅53人。这种现象反映出农业人才主要集中于经济、文化发达的大城市。农学会会员的职业分布就是更进一步的证明。

表 3-7　中华农学会会员职业状况（1928 年统计）
Table 3-7　Occupations of Members of Chinese Agricultural Society（1928）

职业类别	人数	职业类别	人数
党务机关	5	自己经营	8
农业行政机关	58	公司	20
其他行政机关	28	外国留学	85
教育机关	308	新闻界	1
实业机关	51	其他	250
研究机关	10	未明	731
		总计	1558

资料来源：《中华农学会丛刊》第六十六期，118 页

从表 3-7 可以看出，中华农学会的会员主要集中在教育机关，主要是农科大学和农业学校。农科大学的绝大多数无疑设在南京、广州、北京等大城市，农业学校办出成绩的也主要在江浙地区，如位于南京的江苏省立第一农业学校和位于苏州的江苏省立第二农业学校等。

农学会会员地区分布的不平衡，是由中国的地区经济、文化发展不平衡造成的，这种分布并不影响中华农学会作为全国农业学术及信息交流中枢的地位。

表 3-8 是 1928 年统计的中华农学会会员研究学科概况，它说明中华农学会会员研究的学科涵盖了农业的各个领域，农学会将各个领域的人才整合在一起，构成中国农业科技的主要供给源。

表 3-8　中华农学会会员研究学科概况（1928 年按会章之规定分股统计之各股所占人数）
Table 3-8　Subjects of Members of Chinese Agricultural Society（1928）

股别	人数	股别	人数
农业经济	50	作物园艺	347
农业生物	47	蚕桑	73
畜牧兽医	43	农村社会	12
农业教育	20	农业推广	15
农林工学	4	水产	20
森林	162	其他	26
农艺化学	35	未明	706
		总计	1558

资料来源：《中华农学会丛刊》第六十六期，117 页

有了研究人才，还必须从事农业科研活动，才能产生技术成果。从中华农学会会员职业分布表中我们可以看出，就职于教育部门者为308人，就职于各类行政机关者为91人，实业机关和公司为71人，而专门的研究机关则仅仅10人。中华农学会在其章程中设立农业研究机构的条款，1926年还提出设立中华农业研究院的详细计划①，但是由于财力和时局的关系，除发行会报外，其他所预定之事业，都未能进行。南京国民政府统一全国后，中华农学会才得以根据其会章第二章第四条第八项之规定（筹设高等农学机关）在上海创办农学研究所，附设农事试验场。农学研究所主要事务先从试验着手，再进而为学理的研究。试验项目暂定为肥料分析、土壤分析、农产物之分析及制造以及试验场事务等。农学研究所内设所长一人、主任一人、研究员二人、助理二人、庶务会计二人，其附属试验场内设技术一人、助理一人②。这个研究所与中华农学会希望建成的中华农学研究院相差很远。1932年，南京国民政府实业部正式设立中央农业实验所，中华农学会的愿望才由政府的力量得以实现。

2. 中央农业实验所

南京国民政府成立之后，邹秉文多次向孔祥熙建议，政府应该尽早设立一个中央农业试验所，各省分别设立农业改进所，以便与各农科大学之研究、试验、推广工作相辅相成，以求尽快改进中国农业，促使农民生活早日改善③。1931年4月，实业部部长孔祥熙下令组织中央农业改进所。该年10月，国民政府行政院指令将中央农业改进所改称中央农业实验所，简称"中农所"。1932年1月该所正式成立于南京中山门外之孝陵卫。中农所是近代中国最高的农业科研机构，主管全国农业研究改良与推广事宜，以建立中国农业科学化之初步基础为己任。在1943年举行的中农所年

---

① 1926年英国国会通过退还中国《庚子赔款》议案，特派威灵顿爵士及胡适博士、丁文江博士等六人为英国庚款委员会代表团，赴国内各处征集各界人士意见。中华农学会推举邹秉文等起草了利用英庚款设立中华农业研究院的计划书。详见《中华农学会报》第五十一期，101~104页。

② 《中华农学会丛刊》第六十六期，118~119页。

③ 恽宝润：《邹秉文对谈录》，载华恕主编：《邹秉文纪念集》，158~159页，北京，农业出版社，1993。

会上,该所将其使命进一步明确为:以科学方法研究实验农业改进之理论与实施,以增进生产,而利运销①。

中农所实现其使命的方法主要有六种:调查统计(包括农业调查,农情调查,乡村物价调查,农产运销调查,农业资料之收集与统计等);基本研究(包括农业生物研究,农业化学研究,食物营养研究等);实验示范(包括育种,栽培,病虫防治,土壤改良,肥料施用,水土保持,引用机械,产品加工,分级检验等);生产指导(包括合理经营,纯种保持,良种美法的应用等);人才培训(主要为培养农业工作干部人员);计划设计(对于各种农业改进问题之设计与指导)。从这些方法可以看出,作为一个研究与实验并重的全国最高农业科研机构,中农所执掌的范围极广。"举凡农作物之培育与改良、农村物价、农村金融、农林副业、病虫害之研究等,均包括在内。对作物面积、收获量等,皆有详细调查。又发行《农报》(旬刊),刊载农业调查报告,农情报告及国内外农业发展概况,颇为中外农学界所重视。"②

中农所之所以能实施广泛的农业研究,得益于其完善的组织机构。据中农所1944年公布的组织条例,中农所设所长一人,承农林部部长之命,综理全所事务。副所长一人,辅助所长处理事务。设秘书一人,综理文书及其他行政事宜。设稻作系、棉作系、麦作系、杂粮及特用作物系、园艺系、蚕桑系、土壤肥料系、植物病虫害系、农业经济系、农具系、农业化学系等十一系,分掌各种技术研究事项。又设附属单位,油桐实验场、湄潭茶场等。此外,还设出纳、庶务、农场管理、文书、图书馆等五课,会计、统计、人事三室。为了鼓励科研人员终生从事农业科研工作,中农所自成立以后,对于高级和中级技术人员,更动很少。每年都分别考核,酌予升迁,以资鼓励。

---

① 本书对中农所的分析主要依据王聿均《抗战时期中农所之发展和贡献》中的史料,见中史研究院近代史研究所编:《近代中国农村经济史论文集》,台北,"中央研究院"近代史研究所,1989。

② 王聿均:《抗战时期中农所之发展和贡献》,载《近代中国农村经济史论文集》,89页。

建立如此完备的科研组织机构,从事农业各个领域的科学研究与实验,没有政府财力、物力上的支撑是不可能的。1933 年到 1938 年,中农所每年的经费基本上在五六十万元上下浮动,以后则逐年增加,这些经费都是由中农所做出的预算,经国民政府核查后由政府财政支出。1933 年至 1947 年经费见表 3-9。

表 3-9 中农所专用经费数额统计简表(1933—1947)
Table 3-9 Outlay of The Central Institution for Agricultural Experimentation (1933—1947)

年 度	经费总额（以国币千元为单位）	年 度	经费总额（以国币千元为单位）
1933	628	1941	1 544
1934	600	1942	4 154
1935	600	1943	5 585
1936	500	1944	14 731
1937	500	1945	34 730
1938	454	1946	261 780
1939	893	1947	1 494 565
1940	907	1948（1～6月）	1 046 460

资料来源：王聿均：《抗战时期中农所之发展和贡献》

除了政府根据预算拨给的经费外,中农所还有其他经费来源。主要有两项:中农所基金和洛氏基金(Rockefeller Foundation)。1931 年国民政府发行江浙丝业长期公债八百万元,其中两百万元拨给中农所备用,这是中农所基金的主要来源。基金所得收益,每年约二三十万元,用于改良农业。美国洛氏基金会 1935 年至 1936 年补助中农所经费三万四千三百元(国币),专作研制防治植物病虫害药剂、机械及推广之用。后来鉴于中农所植物病虫害系工作成效突出,继续补助经费,每年国币四万元或五万余元。

从上可知,中农所作为国家最高农业科研机构,其经费与其他农业机构相比,要充足得多,因此它有能力进行各种农业科学研究,并将研究成果向全国推广。例如，从1935年起，一直到抗战爆发，中农所与各省农业机关合作，在江苏、安徽、湖南、四川、广西、贵州、云南等七省，进行稻作育种试验，从不同的品种中，选育出良种。抗战进入中期以后，在后方各省积极推广良种和双季稻，取得显著成效。1932—1940年，中农所从事小麦生产区域分布及育种研究，选育出小麦良种"中农28"，在四川大面积推广，提高了粮食产量。此外，在棉花育种栽培与推广、病虫害防治等方面都取得突出成绩，为抗战胜利提供了物质支持。中农所在抗战期间取得的成绩，足以证明它是当时中国最重要的农业技术供给源。

中农所的成立和发展，奠定了中国农业科学化以及农业推广制度的基础，发挥了全国农业科学研究中枢的作用。它同全国各级、各地的农业机构建立了密切联系，协助地方农业机构进行农业研究。与美国的机构，如洛氏基金会、美国农业部、美国对外经济事务局等，订有合作计划。与国内大学的农学院，如金陵大学、四川大学、中山大学的农学院及中国蚕桑研究所也都订有不同的合作计划。可以说，全国的农业研究机构，以中农所为核心，构成了一个国家农业科学研究体系，为农业发展提供了技术资源。

(三) 农业新技术产品制造与推广机构的产生与发展

中国近代农业生产中使用的西方农业新技术产品，如良种、化肥、农业机械等，最初都是直接从外国进口。直到中国自己的农业技术创新体系逐步建立起来之后，才有能力自己生产。农业新技术产品的自主生产能力大小，因技术种类不同而有差异。良种的选育属于生物技术，只要建立起农业研究机构，配备了掌握现代生物技术的科研人员，就可以直接从农业内部获得原材料，进行选育和推广。由于生物技术成本低、收效大，所以中国最早具备自主生产能力的是良种选育，良种推广成效也较大。化肥的制造属于化工技术，即便掌握了生产方法，也不能轻易地生产出化肥。要生产出化肥，必须建立化工厂，还需要从农业外部获得原材料。无论是建造工厂、还是购买原材料，都需要花费巨额成本。可以说，化肥的生产能力，取决于整个国家的工业化水平。中国近代工业发展水平较低，因此，化肥的自主生产在中国起步较晚，在20世纪的前五十年，成就不明显。一些简单新式农具，传统的农具制造部门就能仿制或改良甚至根据西方机械原理有所创新。但是拖拉机等大型农业机械的生产，则需要有整个国家机械制造业和能源工业的发展作后盾。因此，同化肥一样，在20世纪的前五十年，中国的现代农业机械自主制造能力有限。以下分别对良种和化肥的制造推广机构进行分析。

1. 良种制造与推广机构

中国最早利用西方近代作物育种技术选育新品种的机构，为金陵大学。1914年，该校美籍教授芮斯娄（J. H. Reisner）采用科学方法选育小麦品种，历经七八年，育成"金大26号"小麦良种。这是近代科学育种方法在我国的最早运用。20世纪20年代，一些出国留学的农科学生陆续学成回国。他们用所学的科学育种理论和技术，致力于农业教育和改良，制定出严格的育种程序和试验制度，使育种工作科学化。此外，中国的科研机构还聘请外国专家来华讲学或直接担任顾问，指导我国的育种试验，对于我国科学育种方法的产生和发展发挥了重要作用。

中国近代的作物育种，主要集中在稻、麦、棉三种作物上。

表 3-10 近代主要稻作育种机关[①]

Table 3-10 Main Institutions for Rice Breeding in Modern China

中央大学农学院	湖南农事试验场	浙江农林局稻麦改进所
中山大学农学院	中央农业实验所	四川稻麦改进所
岭南大学农学院	江西农院	福建农事试验场
金陵大学农学院	广西沙塘农事试验场	贵州农业改进所
江苏稻作试验场		

（中央大学农学院在1928年前先后名为南京高等师范农科、东南大学农科）

---

① 根据中国农业博物馆编：《中国近代农业科技史稿》，45、54～55、58页的表格编制。

表 3-11 近代主要小麦育种机关

Table 3-11　Main Institutions for Wheat Breeding in Modern China

金陵大学农学院	安徽宿县农业试验场
中央大学农学院	河南开封农事试验场
浙江大学农学院	陕西省农业改进所
西北农学院	河北定县教育促进会农事试验场
中央农业实验所	浙江省稻麦改良场
无锡小麦试验场	山东农事试验场
江苏铜山麦作试验场	四川大学

从表 3-10、表 3-11、表 3-12 中可以看出，中国近代作物育种的主要机构为农科大学、中央农业实验所、各省县农业试验场或改良场等。其中农科大学，尤其是中央大学和金陵大学的农学院，是主要的作物育种机构。它们的作物育种涵盖了稻、麦、棉，而且面向全国。20 世纪 30 年代成立的中央农业实验所、全国稻麦改进所，则起到了统一协调全国作物育种事业的作用。中农所成立后，从国内外征集了丰富的育种材料，主持大规模的有全国各育种单位参加的联合试验，有力地推动了中国作物育种事业的发展。例如，1936 年中农所举行"全国各地著名稻种比较试验"，分别在 12 个省 28 个合作试验场进行。试验连续 3 年，评选出不少有示范推广价值的优良品种。其中成绩最显著的是"南特号"，从 1938 年起在江西、湖南示范推广，1948 年推广面积达 100 万亩，是新中国成立以前全国分布最广、成效十分显著的改良稻种[①]。

表 3-12 近代主要棉作育种机关

Table 3-12　Main Institutions for Cotton Breeding in Modern China

金陵大学农学院	南通农业学校
中央大学农学院	中央棉产改进所
北京农业专门学校	各省棉产改进所

---

① 中国农业博物馆编：《中国近代农业科技史稿》，47 页。

良种的选育和推广机关是合为一体的,选育机关通常都附设推广机构。例如,中央大学、金陵大学、中山大学、岭南大学的农学院,其组织机构可能略有差异,但是都设有农业推广部门①。而各农事试验场本身就具有示范推广作用。良种的选育推广机构,最初可以免费为农户提供良种试用,获得农户信任以后,一般以较低价格向农户出售。金陵大学农学院就经常在其农业推广部门所办的《农林新报》上登载良种广告:

  种棉花和玉蜀黍的农友请注意:本校农艺系经育种专家之精密选种,历数年连续之正确试验,育成大批改良棉花及玉蜀黍优良种子,从事推广,供给各地农友采种。零购整买取价均极低廉。除改良华棉百万种刻已售尽外,兹将美棉及玉蜀黍种价分列于后,如承购买,请向该系接洽,无不竭诚欢迎。
  爱子棉 每斤大洋一角 五十斤以上八折 百斤以上七折
  脱子棉 同上
  玉蜀黍 每斤大洋五分 百斤以上九折
  邮寄运费在外②

从上可知,良种的选育和推广通常是由农业科研机构完成的。作物育种技术的特点决定了该项技术的研究以及良种的选育与推广,可以由同一个机构来完成。化肥则不同,化肥成分的效用和施用方法由科学研究机构进行研究,化肥的制造者为化工企业,推广则主要是通过商业公司的市场销售来实现。

2. 化肥制造与推广机构

化学肥料20世纪初引进中国,1925年以后在广东、福建、浙江、江苏等沿海、沿江省市逐步推广。但是在20世纪30年代以前,我国的化学

---

① 参见费旭、周邦任编:《南京农业大学史志》,8、119页;国立中山大学农学院1938年编:《国立中山大学农学院概览》,《岭南大学农科章程》(1924—1925)布告第八号。
② 《农林新报》,1928-02-01。

肥料完全依赖进口，化学肥料的销售也被生产国设在中国的洋行所垄断，其中英国的卜内门洋行和德国的爱礼司洋行销量最多。

化学肥料对中国农民来说是一种新肥料，以前从来没有使用过，必须要由研究机构对化肥的性状、施用时期、施用方法和施用技术展开一系列试验研究，用科学研究得出的结论指导农民合理使用化肥，才能达到增产、增收的目的，从而获得农民对化肥的信任。因此，洋行为了推销自己的产品必须对化肥进行研究①，而中国农业机构为了利用新技术增产、增收，也必须对化肥进行研究。研究目的都是为了在中国推广化肥。

20世纪30年代，国立中山大学农学院对化肥输入广东的历史及数量、化肥输入广东的种类及价格、化肥在广东各地销售概况、各地农民对化肥的施用方法，以及施用化肥之后对于农作物和土壤的影响等作了详细的调查②，为农业科研机构进一步对化肥进行试验研究打下了基础。1933年，中央农业实验所开始从事土壤肥料方面的研究，其主要目的在于明了土壤性质及其所缺少的养分，确定补充各种养分所需肥料的最适当分量，比较各种肥料的效果，然后对农民进行施肥指导，以使农民施肥能够合理经济③。

可以说，中国近代农业生产中施用的化肥主要是由外国化工企业供给，由外国企业在中国开办的洋行和中国的农业机构推广。南京国民政府成立之后，曾经试图筹办中国自己的化肥供给源——中国淡气公司，但是中国没有这方面技术能力，建立化肥工业必须仰仗外国公司的技术支持。国民政府一度与英、德公司商谈合作办厂，因为英、德两国的公司所提条件苛刻，令中国政府无法接受而搁浅。后来在邹秉文等人的努力下，由中国近代民族企业家范旭东的永利公司于1937年建成中国第一个化肥厂——南京卸甲甸硫酸亚厂。虽然是中国人自己办厂，但是"不管是永利主办，或

---

① 中国最早的化肥施用试验研究，就是由卜内门和爱礼司两家洋行组织的。
② 苏旭光：《广东化学肥料营业施用概况调查报告书》，国立中山大学农学院印行，1933。
③ 中国农业博物馆编：《中国近代农业科技史稿》，119页。

是由其他厂商主办，终须请一个外国公司代为设计并帮助技术问题"①。南京卸甲甸硫酸亚厂最终是在美国淡气公司的帮助下建成的。范旭东说："美国淡气公司所绘全厂设计图样有700余种，该公司为设计分别发出询价及工作说明信件不下3万封，事之繁复可想而知。"1935年春，设计绘图工作陆续完成，就开始向欧美各专业厂家定购各种机件，并运至南京。同时，美国淡气公司还先后派来技师3人驻厂指导建筑厂屋安装机件。1937年，卸甲甸硫酸亚厂出产了第一批硫酸亚成品，实现了中国人自己建立化肥工业的梦想。

从中国第一个化肥厂的诞生经过可以看出，近代中国并不具备自行设计建造化肥厂的技术条件，要建立化肥厂，必须寻求外国公司的技术帮助。从工厂的设计，到建厂的各种部件，都来自外国公司。另外，建立一座化肥厂需巨额投资。20世纪30年代永利公司在中国建设一个年产5万吨硫酸亚厂的预算为银洋1200万元，而同一时期整个中央农业实验所每年的经费预算大约为国币50~60万元。农业科研机构是不可能成为化肥供给源的，化肥源自化学工业。永利公司能够筹集到1200万元建厂资金，说明这个民族化学工业公司已经具备建立中国自己的化肥供给源的经济实力。只是限于中国化工技术的落后，尚需外国公司设计建厂并提供部件。

通过以良种和化肥为代表的中国近代农业新技术产品供给源的分析，我们可以得出以下结论：中国近代农业新技术产品的供给源主要为农业研究机构（含农科大学）和企业。农业研究机构主要提供生物技术产品，而企业则提供用于农业的工业技术产品。两类产品的生产均需要外国的技术支持，但是前者较快获得自主生产能力，后者的自主性要弱一些。在中国近代农业技术创新中，生物技术产品的供给远远优于工业技术产品的供给，主要原因之一是生物技术产品的成本较低、易于开发。

---

① 邹秉文：《永利硫酸亚厂建厂经过》，载华恕主编：《邹秉文纪念集》，111页。

三、本章小结

中国近代农业技术创新三元结构是在中国传统农业基础上增加新的环节而形成的。其中全国性农产品市场在明清时期就已经初步形成，1840年以后则进一步与国际市场接轨。可以说，三元结构中的这一环是从传统农业中分离出来的。而只有现代农业技术供给源，即农业科学技术研究机构、教育机构是近代以来从国外引进的，是中国现代化的产物。因此本书把现代农业技术供给源的产生作为中国近代农业技术创新三元结构形成的标志。各种现代农业技术供给源在20世纪30年代基本成形，这些技术供给源可以分为两类：一类是国家科学技术研究机构，它为农业技术发明提供最基本的科学原理和方法；一类是农业研究机构，它利用科学技术成果从事农业应用研究。

表 3-13 民国时期主要科研机关及成立时间
Table 3-13 Main Scientific Research Institutions of the Republic of China

机关名称	成立时间
中国科学社	1915 年
中央地质调查所	1916 年
黄海化学工业研究社	1922 年
静生生物研究所	1928 年
中央研究院	1928 年
北平研究院	1929 年
中央农业实验所	1931 年
各大学的研究所	1934 年以后陆续成立
中国地理学研究所	1940 年
生理心理学研究所	1943 年

据国民政府教育部1935年的调查，当时中国各主要研究团体与机关，共有124个，属于科学方面者73个，占总数的66.4%，其中属于自然科学者，占总数的30.9%。

各门科学研究事业，成绩最显著者为地质学与生物学。生物学"首倡研究者，为中国科学社之设立生物研究所"，该所在秉志和胡先骕领导下，动物学、植物学同时发展，取得突出成绩。继中国科学社生物研究所之后，有北平静生生物调查所、广东中山大学农林植物研究所、中央研究院动植物研究所，均以主持得人，工作努力而成绩显著①。生物学与农业关系密切，其发展无疑为农业技术创新提供了最基本的技术资源。

民国时期的科学研究、农业研究团体和机构繁多，属于学会类的主要见表3-14、表3-15。各种科技专门学会的成立，从一个侧面反映出中国近代科技事业的发展已经具有相当的规模，为农业科学技术研究和开发奠定了基础。各种农业专门学会的出现则将分布在全国各地的农业研究机关、从事本专业研究的科研人员，按照相关专业，以年会等形式组织起来进行学术交流，以会刊等形式发表会员的研究成果。但是，学会本身大多不提供具体的科学研究设备，具体的农业科研主要由农事试验场和高等农业院校等机关举办。

表 3-14　民国时期主要科技专门学会及成立时间
Table 3-14　Main Academies of Science and Technology of the Republic of China

学会名称	成立时间	学会名称	成立时间
中国工程师学会	1912年	中国地理学会	1934年
中国化工学会	1922年	中国动物学会	1934年
中国地质学会	1922年	中国数学会	1935年
中国水利工程学会	1931年	中国纺织学会	1930年
中国气象学会	1924年	中国电机工程师学会	1936年
中华海产生物学会	1929年	中国化学工程学会	1935年
中国化学会	1932年	中国机械工程学会	1936年
中国物理学会	1932年	中国土木工程师学会	1936年
中华地学会	1931年	中国昆虫学会	1944年
		中国地球物理学会	1947年

---

①　刘咸：《科学史上最近二十年》，载刘咸主编：《中国科学二十年》，13～17页，中国科学社发行，1937。

表 3-15　民国时期主要农业学术团体

Table 3-15　Main Academies for Agricultural Science of the Republic of China

名　称	成立时间	名　称	成立时间
中华农学会	1917 年	中国农业经济学社	1937 年
中华林学会	1917 年	中华稻作学会	1937 年
新中国农学会	1926 年	中国农业推广协会	1939 年
中国植物病理学会	1929 年	中国畜牧兽医学会	1940 年
中国园艺学会	1930 年	中国农具学会	
中华作物改良学会	1932 年	中国水土保持协会	1945 年

根据中国农学会编《中国农学会 66 周年纪念刊——我国农业学术团体之沿革与现状》中材料编制

至 1926 年，全国各地共建成农事试验场 230 个，数量发展颇为可观。但是由于各地的农业试验场人才奇缺、人员变动频繁、经费不足、设备不全等原因，并无多少成绩可言。不少农事机构，由于种种原因，刚刚创办不久即告解散[①]。那时的农业科研活动，主要是由几所著名的高等农业院校，如金陵大学农学院、中央大学农学院（南京国民政府成立前，先后为南京高师农科、东南大学农科）、中山大学农学院等举办。南京国民政府成立之后，各类各级农业科研试验机构不仅数量有较大增加，而且人才、经费、各项研究事业也都有了较大改善。尤其是中央农业实验所等国立农业研究机构的建立，使全国的农业科研试验有了统一的协调指导机关，推动了农业科研的发展，在作物育种、病虫害防治等方面都取得了大量成果。中国近代作物育种成就突出的科研机构如表 3-16。

表 3-16　民国时期作物育种成就突出的农业研究机关（截至 1938 年）

Table 3-16　Leading Agricultural Institution for Crop Breeding (up to 1938)

中央大学农学院	中央农业实验所
金陵大学农学院	浙江省稻麦改良场
中山大学农学院	江苏铜山麦作试验场

---

① 曹幸穗等编著：《民国时期的农业》，101～102 页，南京，《江苏文史资料》编辑部，1993。

续表

浙江大学农学院	湖南农事试验场
江西农业院	四川稻麦改进所
河南大学农学院	湖北省农业改进所
北平大学农学院	山东农事试验场
南通农业学校	广西农事试验场
西北农学院	云南稻麦改进所

主要根据中国农业博物馆编《中国近代农业科技史稿》中的相关表格编制

总之，到20世纪30年代，中国的科学技术研究已形成体系，农业科研机构也逐渐形成由中央到地方、多形式、多类型的科研体系。农业科研活动由简单的农事试验发展到用科学理论、方法进行多方面的，理论与实际应用相结合的研究，取得了一定的成果。其中一些成果在农业生产中推广，产生了较为明显的经济效益。这些事实表明，中国近代农业技术创新的技术供给源已经形成。

第四章 中国近代农业技术创新三元结构的特点与问题

农业技术创新是农业新技术从产生、应用到实现其社会经济价值（应用新技术所生产的农产品通过市场或其他途径实现社会分配）的过程。在中国传统农业社会，这一过程基本上是在农业内部完成的。农业技术发明者就是在农业生产中应用技术的劳动者。不管这个劳动者是农民，还是经营地主，新技术都是在他们从事农业生产的实践过程中发明的。农产品除缴纳租赋外，主要是生产者自己消费。因此，传统农业社会中的农业技术创新可以看作是一种一元结构体系。从明清时期开始，随着社会分工的发展，农业生产与市场的联系越来越密切，农产品逐渐通过市场实现社会分配。到了近代，农产品进一步市场化，并与国际市场接轨。特别是近代科学技术研究机构的出现使农业新技术的发明专业化，农业技术的供给逐渐由农业外部的机构提供。这样，农业新技术的发明、应用和社会价值的实现，开始由三个不同的部门来完成，形成农业技术创新的三元结构：农业技术供给方主要为设在大城市的农业科研机构；农业技术需求方，或者说农业技术应用者主要为生活在农村的农民；应用新技术生产的产品主要通过商业组织供应市场，满足城市工业和市民生活的需要。这种新型的农业技术创新三元结构与传统的农业技术创新一元结构有着不同的特点，也面临着不同的问题。

一、中国近代农业技术创新三元结构的特点

民国时期，农业技术创新的三元结构具有以下特点：
（一）创新体系的三个环节之间发展不平衡
中国近代农业技术创新体系的三个环节之间发展不平衡，主要体现在技术供给方和技术需求方发展的不平衡。技术供给方是在农业之外、在经

济文化发达的大城市中产生的,其成员主要由受过现代科学文化熏陶的新式知识分子组成,其发展主要与现代城市社会发展的规律相适应。而技术需求方则主要是由延续了上千年的传统农业生产者组成,深厚的历史文化沉淀使他们较难适应现代社会的发展。城乡社会政治、经济、文化环境的差距使得农业技术供给与需求双方产生了巨大鸿沟,从而影响到农业新技术的应用推广,使农业技术创新较难实现。

在技术创新过程中,无论是技术发明、还是技术传播与推广,信息的传递都发挥着至关重要的作用。城乡差距对技术创新的影响,最主要的就是对信息传递的影响。以下从职业特点、社会文化环境、生活条件等方面,就城乡差距及其对信息传递的影响略作分析。

1. 职业特点

农业起初并不是一种职业,而是一种生存方式。只有当农业生产力发展到一定程度,生产有了剩余,出现社会分工之后,它才逐渐演变为众多职业中的一种。农业是利用土地,以及动植物的生长获得维持人类生存的物质资料的行业,具有与其他职业显著不同的特点。

从农业生产组织形式来看,中国传统农业以家庭为主要生产单位。这种生产组织形式是由血缘关系自然形成的。从工作地点来看,中国历代土地制度有所变迁,但是农业生产者大多祖祖辈辈生活在同一片土地上,以家庭为单位,在土地上利用动植物从事生产。虽然中国古代或近代农民的生存目标、生活意义,历史上几乎没有文字记载,但是有学者对当代中国农民的生活目标作过调查,从中折射出中国历代农民的生活价值观:"一图温饱、二替儿子盖房娶亲。"① 这说明中国传统农民的生活目标也很单纯。

农业以土地和动植物为劳动对象的特点,经过历史的沉淀,使它成为劳动者在固定的地点,采用固定的生产方式,习惯于固定的生活方式的一个传统行业。这种固定性质,加上以家庭为单位的个体劳动,使农业成为一个相对封闭的行业,不同地区的乡村社区之间是彼此孤立、隔离的,几

---

① 曹锦清:《黄河边的中国——一个学者对乡村社会的观察与思考》,216 页。

乎没有信息交流。农业与外界其他行业也缺少基本的信息交流。长期的封闭,以及传统的习惯使农民形成固定的思维模式,很难接受外界的信息,也很难再出现生产或生活方面的变化。

20世纪40年代,费孝通遇到一位从内蒙古旅行回来的美国朋友,很奇怪地问费孝通:"你们中原去的人,到了这最适宜于放牧的草原上,依旧锄地播种,一家家划着小小的一方地,种植起来;真像是向土里一钻,看不到其他利用这片土地的方法了。"费孝通的老师史禄国先生也曾告诉他,远在西伯利亚,中国人住下了,不管天气如何,还是要下些种子,试试看能不能种地①。这就是中国传统农业中的农民。

现代科学技术研究部门是一种新兴的行业,是人类文明进化到一定阶段才出现的。它与现代城市文明中的其他行业有共性,但是与传统农业则完全不同。科研机构是通过成文法或规章制度建立的。例如,中国最早的科学研究机构中国科学社,就有社章作为立社之依据,对科学社的宗旨、社员资格、入社条件、组织机构、社务、经费等作明确的规定②。中国近代全国性农业学术团体中华农学会,也有章程对其组织机构及运行方式作明确的规定③。国立中央研究院则有一系列法规、章程作为立院根据,主要有《国立中央研究院组织法》、《国立中央研究院研究所组织通则》、《国立中央研究院院务会议章程》、《国立中央研究院办事通则》、《国立中央研究院设置助理员章程》、《国立中央研究院设置研究生章程》,以及各研究所章程等。中央研究院的一切工作都是依据法规、章程开展的④。

作为提供职业机会的科研机构,一般实行聘任制。以国立中央研究院为例,根据《国立中央研究院组织法》、《国立中央研究院研究所组织通则》和各研究所章程,除院长一人由国民政府特任外,其余行政及研究人

---

① 费孝通:《乡土中国,生育制度》,6页,北京,北京大学出版社,1998。
② 任鸿隽:《中国科学社社史简述》,转引自樊洪业、张久春选编:《科学救国之梦——任鸿隽文存》。
③ 《中华农学会简章》(1917年),载《中华农学会丛刊》第二期,1919-03。
④ "国立中央研究院"文书处编辑:《"国立中央研究院"十八年度总报告》,1929。

员均由院长聘任。研究人员的聘任期为一年，经重聘可连任。各大学也实行聘任制。在聘任制下，从业人员没有固定不变的工作单位，人员流动性很强。科研人员不但在各单位之间流动，而且在各地区之间甚至各国之间流动，与农业生产者几乎终身不出远门，世世代代在同一片土地上劳作，最终老死于故土形成鲜明对比。我们举出两位农业专家的履历，从中可看出科研人员的流动性。

过探先（1866—1929），1915年从美国康奈尔大学留学回国后，历任江苏省立第一农业学校校长、东南大学农科教授，兼农艺系主任、农科副主任、推广系主任，金陵大学农林科主任，兼任江苏省农民银行总经理、教育部大学委员会委员、农矿部设计委员、中山陵园计划委员、国府禁烟会委员、江苏农矿厅农林事业推广委员会委员、中国科学社理事、中华农学会干事等职。过探先主要在江苏省不同农业机构之间流动，沈宗瀚则在不同地区的不同农业机关之间流动。沈宗瀚（1895—1980），1918年毕业于北京农专，1920年离开北京赴湖南任常德棉场场长。1922年任安徽芜湖农事试验场农艺科主任。1923年赴美国乔治亚农业大学攻读研究生，主修棉作学。1924年转入康奈尔大学研究院，主修作物育种。1927年获博士学位，回国任教金陵大学农学院。1934年转任中央农业实验所总技师兼农艺系主任。1937年抗战爆发，举家西迁，初到贵阳，后来转至重庆。1938年升任中农所所长兼麦作杂粮系主任。1943年赴美出席联合国战后世界粮农会议。会后被聘为该会技术顾问，在美各州参观访问。1947年兼任国民政府农林部烟产改进处处长①。

中国近代的科研人员，多有类似的流动经历。越是优秀的人才，流动性越大，从事的工作越多，获得信息的渠道也多，而信息则是现代农业技术创新的源泉。这与中国传统农民终身固定在一个地方，从事单一的农业劳动，缺乏现代技术创新源泉，形成鲜明的对比。

中国近代的科研机构不仅人才流动性强，而且对人才的聘任条件也

---

① 中国科学技术协会编：《中国科学技术专家传略，农学编，综合卷》，北京，中国农业出版社，1999。

高。大学和研究机构的应聘者通常需要有大学学历,应聘高级职位大多需要有国外大学的学历。根据 1941—1942 年国民政府教育部审查合格的农业专科以上学校教师名单统计①,全国的教授、副教授,农艺门合计 26 人,有出国留学经历者 24 人。园艺门合计 17 人,全都有出国留学经历。森林门合计 20 人,有出国留学经历者 18 人。蚕桑门合计 4 人,都有出国留学经历。畜牧兽医门合计 15 人,有出国留学经历者 13 人。植物病虫害门合计 26 人,有出国留学经历者 25 人。农业化学门合计 23 人,有出国留学经历者 22 人。农业经济门合计 18 人,有出国留学经历者 17 人。可以说,中国近代科研机构中的科研人员,几乎全都受过西方科学文化的熏陶,掌握了先进的科技知识。这就决定了他们的思想和行为方式与普通国人不同,与传统中国农民差别更大。农民生长的地方,就是其工作的地方,长大成人自动成为农业劳动者,不必去应聘,也不需要应聘的条件。中国近代的农业劳动者,不要说接受大学教育,就是中学教育也很少。而中国近代的知识分子、科学工作者大多以天下为己任,抱定科学救国、教育救国的理想。许多人还远渡重洋去寻求真理,寻求救国良方。传统农民则只是为维持温饱、生儿育女,在一块固定的土地上终日操劳。这并不是说农民和知识分子的理想或品德有高下之分,仅仅表明两种不同职业的性质,决定了他们之间在获取信息方面有巨大差别。

2. 社会文化环境

位于乡村的农业生产部门和位于城市的农业科研部门处在两种完全不同的社会文化环境之中。费孝通认为,中国乡村社会的基本结构是一种"差序格局",是一个"根根私人联系所构成的网络"。它与现代西方的"团体格局"是不同的。在团体格局中个人间的联系依靠一个共同的架子,每个人结上这架子,而互相发生关联②。

费孝通所说的这个架子,其基础是现代法律和契约制度。现代社会由原本互不相识的人为了实现某一目标而组成的各种团体构成,团体依照法

---

① 周邦任、费旭主编:《中国近代高等农业教育史》,269~276 页。
② 费孝通:《乡土中国,生育制度》,31 页。

律、章程等建立。这些法律、章程以文字形式规定了团体的宗旨、组成形式、团体成员的权利和义务等。社会全体成员依照法律和契约行事，人与人之间的关系是对等的，信息流通渠道是开放的。在现代城市社会中，信息交流除了面对面的直接交谈外，还有其他渠道。人们可以通过报纸、杂志、广播、图书馆、学校等途径获取信息。这些信息供给源是公开的，是面向全国、甚至是全世界的。以国立中山大学农学院推广部为例，其发行的传播农林科技知识的各类《农林浅说》以及报刊《农声》，遍布全国20个省。现仅举《农林浅说》的地区分布如下。

表 4-1 《农林浅说》1933—1935 年赠阅册数的地区分布

Table 4-1 Distribution of *Elementary Introduction for Agriculture* Given Free by the Publisher during 1933—1935

省别	1933年	1934年	1935年	省别	1933年	1934年	1935年
广 东	13 262	13 958	16 058	河 北	435	763	1438
广 西	1528	1880	4301	河 南	141	180	405
江 苏	538	725	1066	山 东	185	322	766
安 徽	235	362	385	山 西	300	198	404
浙 江	1450	2160	2183	甘 肃		82	122
福 建	708	1004	1863	陕 西		27	180
湖 南	320	351	583	江 西	240	452	676
湖 北	10	126	196	绥 远		37	72
云 南	160	195	280	察哈尔	210	235	304
贵 州	21	82	124	国 外		102	456
四 川	551	588	988	合 计	20 294	23 830	32 848

资料来源：《国立中山大学农学院推广部概况》，1935年11月11日刊。

从上表可以看出，国立中山大学农学院推广部的农业科技信息传播是面向全国的。《农林浅说》赠阅册数地区分布不平衡，主要是地理位置和各地农业发达程度造成的。国立中山大学农学院位于广东省，所以《农林浅说》赠阅册数在广东最多，其次为与广东邻近的省份广西、浙江、福建、江苏等。河北、四川等省虽距广东比较远，但是经济文化比较发达，赠阅数目也较其他省份多一些。尽管受空间距离和交通状况等因素的制约，同一个信息源发出的信息，在不同地区的覆盖面和信息强度有差异，但信息本身是开放的。

现代城市中的各个科研机关之间，信息是互相开放和流动的，这是现代社会的一个特点。它与传统乡村社会的信息封闭状态形成鲜明对比。乡村社会以血缘关系为纽带，信息的交流主要限于宗族成员之间，这些成员天天见面，生活在同样的环境下，重复着祖祖辈辈相沿的农业生产活动，没有新的信息可言。因此，这种乡村社会成员之间的信息交流对于技术创新几乎没有意义。只有当外界信息介入之后，乡村社会成员之间的信息交流才有创新的可能。例如，在良种推广的过程中，只要有一位农民采用良种获得好收成，第二年这种良种就会在邻近地区推广。有关良种的农业技术新信息的引进，使得乡村社会成员之间的信息交流有了新内容，从而促成作物品种改良这一技术创新活动的实现。

3. 生活条件

乡村社会不可能产生新的农业技术信息，新信息来自城市，主要靠城市的人带到乡村来。要使农民具备接受新知识、新信息的能力，还需要在农村建立学校，提高农民的文化水平。但是，由于城乡之间的生活条件、发展机会有天壤之别，使得城乡之间的人才主要是单向流动。城市，尤其是大城市，有现代化的市政设施、公共管理机构、学校、娱乐场所，以及其他服务行业为市民提供各项生活服务和事业发展机会。与乡村比较，城市环境干净整洁、秩序井然、生活便利。在中国近代兵荒马乱的局势下，城市要相对安全一些。因此农村中有文化、有能力、有钱财的人都流向城市。城乡工作和生活环境的差距决定了习惯于城市优越生活的人，通常不会主动到生活艰苦的农村去。即便由于工作要求，必须到农村，也是不情愿的，不会安心工作下去。一位乡村小学教师曾以自己的亲身经历比较了城乡小学教员之间生活条件的巨大差距：

> 我是生长乡间的，是做惯乡村小学教员的，把所见的，所经历的，一一述之如下：

一、吃得苦。城市的小学教员，虽然也没有山珍海味吃，但是每天总有一两样清清洁洁的荤菜。至于乡村呢？所常吃的是粗米青菜饭，间有一两次的荤腥，非是弄得不清洁，就是烹饪得不可口，并且有时候碗和筷子肮脏不堪，使人食不下咽。

二、穿得苦。城市小学教员，大多数穿的衣服如哔叽啦，直贡呢啦，西装啦，皮鞋啦，一跑出来，神气活现。那乡村小学教员，穿的黑布鞋，青布长衫，倘若换了一件竹布长衫，那么是他的客套衣了。所以到了人面前谈话，多少总带些寒酸气。

三、住得苦。城市小学的校舍，是新式的，欧化的。光线充足，住得非常之舒畅。乡村小学的校舍，非是庙宇，即是祠堂，墙壁上似黑漆，光线是不足。到了亢旱时嫌干燥，下雨时嫌湿。

四、做得苦。城市小学经费充足，教员多，因此各教员每天所担的课，与教员数成反比例；若乡村教员，适得其反。故在校里，走前走后，上课下课，差不多整天没有歇。所以常州有句俗话说："宁讨饭，不要进师范。"此句话，就是因为进了师范，做了乡村小学教师，做得苦啊！

五、所得的苦。城市的小学教员，每月可得薪金二十、三十、或四十、五十、六十元不等，至于乡村呢？至多十余元，甚至六七元亦有。当此薪贵米珠，生活程度日高的时候，得此几块钱，怎么叫他可以仰事俯蓄呢？①

普通农民由于祖祖辈辈生活在农村，体会不到这种城乡之间的巨大差距，感觉不到生活的清苦，或者说早已经习惯了过清贫的生活。即便有人偶尔到过城市，知道外面的世界很精彩，也不会认为是自己的世界。但是受过西式教育、体会到城市生活优越性的人，即便是来自农村，也往往不会再回到农村。因为他们的思想与生活习惯已经城市化了，即便由于种种原因不得不回到农村，去做乡村教育工作，也不会安心。因为思想既然已经觉悟，自然不甘心一辈子与贫困落后为伍。城市市民到农村去当乡村教

---

① 王统：《乡村小学教员待遇问题》，载《农林新报》，1929-01-11。

员,那就更不可能了。中国近代有一些知识分子,抱定改造中国农村的决心,远离繁华的大城市,到乡村去搞建设。但是在他们内心深处,与农民还是有距离的。这种距离主要是由城乡之间的生活环境造成的。李景汉在《独立评论》174号发表的《深入民间的一些经验与感想》一文中指出:"与农民打成一片,话是很容易立的,志愿也是很容易立的,等到实行的时候,问题可就发生了。起初你愿意和他打成一片,他却躲避不愿和你打成一片。等到后来他愿意和你打成一片时,你又受不了。因为他本人的气味使你不舒服,家内炕上的不洁净使你坐不住,食品的粗劣使你难下咽。其他种种不卫生的状态,和拿时间不算回事和你应酬,都是使你不大受得了的。就是能够居然做下去,也免不了是很勉强的、痛苦的①。"

中国近代的一批知识分子,认定中国农村社会的主要问题是愚、穷、弱、私,试图用市民的思维、用城市的标准去改造农村,从事乡村建设运动,结果只是乡建派的知识分子在运动,农民却不动。这说明来自两个不同世界的人进行交流,难度很大。正是由于城乡差距造成农业技术信息传播上的困难,这一国情使中国近代农业技术创新选择了一条农业教育、科研、推广相结合的路径。

(二) 创新过程中教育、科研、推广三结合

中国近代农业技术创新过程中的教育、科研、推广三结合,有两个层面。从宏观层面看,国家、社会对中国传统农业的改造是教育、科研、推广并行,具体表现为在全国各地建立从中央到地方的各级农业学校、农事试验场,引进、推广外国农业技术,如良种等。教育、科研和推广三项事业基本是同时并举。尽管由于经费、人才等因素的制约,大多数地方农业学校、农事试验场只是流于形式,但是毕竟已经为近代中国建立起农业教育、科研、推广三结合的框架奠定了基础。

从微观层面看,一个农业创新机关内部通常是教学、科研、推广三结合,这在高等农业院校尤为突出。因为"高等农业教育,必须加强研究工作,则教学始可日新月异,推广始有实际材料。在教学方面,因有针对当地农业实况研究所得之材料与方法,其培养之人才始可趋于实际。在推广

---

① 中央研究院近代史研究所编:《近代中国农村经济史论文集》,555页注。

方面,有研究所得之材料,交付经过严格训练之推广人员,推广始可顺利推行而适合当地农业之需要。其在推广工作所遭遇之困难与问题,即以为进行研究之材料,复以研究所得而施于教学,则研究与教学,亦可不致落于空虚。"①

高等农业院校是中国近代农业技术创新的主体,它不但培养创新人才,还直接从事创新活动。中国近代的良种选育及推广成就,大部分就是由当时的几所著名农科大学取得的。这些创新成就突出的学校,都实行教学、科研、推广三一体制,即一所大学内的组织机构,主要由教学、科研、推广三部分组成。三个部门分工协作,共同完成农业技术创新的任务。除了高等农业院校,政府举办的农业机构中,也有实行三一体制的,江西农业院就是一个成功的典型。现以私立南京金陵大学农学院、国立广州中山大学农学院和地方政府农业机构江西农业院为例,来说明这一体制。

1. 金陵大学农学院

金陵大学农学院的前身是金陵大学农科,成立于1914年,是国内最早的4年制农科大学。1930年春,金陵大学遵照当时教育部颁发的"大学规程",改科设院,称私立金陵大学农学院②。

金陵大学农学院是一所美国教会创办的农科大学。1916年,毕业于康奈尔大学农学院的芮斯娄担任农科科长之后,将美国高等农业教育的办学经验——建立州立农学院统一领导的农业教学、科研、推广三结合的体制,引入金陵大学农科。在这一体制下的学院组织机构,院长和院务会议以下主要设置有教务委员会、研究委员会、推广委员会,以及农业经济系、农艺系、乡村教育系、植物系、园艺系、森林系、蚕桑系等系科。教务委员会负责课程编制,新生招收;研究委员会负责审核研究设计,编印研究报告;推广委员会下设出版部和推广部,负责组织协调全院的农业推广;各系科则负责本专业的教学、研究和推广工作。各系科的教师通常身兼教学、科研、推广方面2~3个职务,与社会保持密切联系,为农民提供

---

① 章之汶:《金陵大学农学院之成就》,转引自李扬汉主编:《章之汶纪念文集》,43页,南京,南京农业大学金陵研究院,1998。

② 费旭、周邦任编撰:《南京农业大学史志》,1页,南京,南京农业大学,1994。

服务。

金陵大学农学院重视科学研究工作,历年科研工作经费占全部经费的40%~50%左右。各系的农业科学研究都取得相当成果,尤以农艺系改良和培育品种的成果最为突出。对此,曾任中央农业实验所副所长、国民政府农林部次长的钱天鹤先生说过:"若无金大农学院农业改良成绩可资利用,则中农所实验工作,至少要展缓6年之久。"①

农业推广工作是金陵大学农学院的重要职能,由推广委员会负责。院长与各系主任为推广委员会的当然委员,并指定各系2~3人参加。农业推广系为推广委员会的秘书处,负责征集各系全年推广计划及工作报告,发行各系农业推广的刊物,举办农民演讲会等。推广委员会每月举行一次常会,开会时以院长为主席,各系有关教职员为出席委员。推广经费由各系编制,全年推广所需的经费预算表、年末决算表,都要送推广委员会审核。金大农学院除了设立农业推广试验区外,还与校外机构签订推广合同,合作推广改良品种。

金陵大学农学院农业推广事业的成就在当时全国的农科大学中相当突出,为中国近代农业技术创新作出了较大的贡献。

2. 中山大学农学院

"国立中山大学"农学院的前身为广东农林专门学校,1924年该校归并广东大学,成为广东大学之农科。1926年随广东大学改名,为中山大学农科,1931年改称农学院。中山大学农学院在院长及院务会议之下,设置教务、研究、生产、推广四部。

教务部掌理一切教务事宜,设有农学、林学、农林化学和蚕桑四系;研究部掌理实验研究事宜,除各系在实验室、研究室、农林场从事研究试验外,并设有农林植物研究所、稻作试验场、土壤调查所,进行各种专门研究,由教授及技师共同组成的农林研究委员会负责各单位研究工作的组织与协调;生产部掌理农林生产事宜,设有大规模之农场、林场,除供师生实习、试验和研究外,大部分注意生产经营,以期增加收入,充作农学院部分基金;推广部掌理农业推广一切事宜,负责将学院研究实验所得之

---

① 费旭、周邦任编撰:《南京农业大学史志》,22页。

良法良种，向农民推广，以收农事改良之效，并编印各种农林浅说、报告、丛书、定期刊物，向农民灌输农业知识①。

"国立中山大学"农学院在水稻育种、蚕业改良等方面的科研工作取得突出成就，研究成果通过农业推广部得以及时推广。该推广部创设于1923年。当时的院长邓植仪认为，农学院的使命，除造就农业专门人才外，还负有解决地方上农林问题与改进农业事业之责，而要推行这一任务，一方面固然有赖于研究试验，以求改良农业之途径；一方面尤须灌输农业新知识于农民，并随时将研究试验所得力行推广，使农民耕作技术方法科学化、合理化，于是请准校长设立推广部，专司其事。推广部除了进行蚕业、稻作和其他各种农林优良种苗的推广外，还设有农民夜校、农民问询处，并出版《农声》月刊和各种农林浅说，向农民灌输农业知识、解决农民疑难问题②。

3. 江西农业院

江西省农业院正式成立于1923年，直属江西省政府，为学术行政合一的农事机关。其宗旨在谋求江西全省农业技术之改进，与农村生活之改善；主管全省农业试验，农业推广和农业教育。

江西农业院的组织系统由总务处、植物生产部、动物生产部、农业经济部、农业教育部、农业推广部构成。其中植物生产部、动物生产部、农业经济部及其下属的各试验场负责农业研究；农业教育部管辖全省各农林学校，学校不设校长，技术事项由院内技师技士直接指导监督，事务由院内总务处直接管理，学校课程多由院内职员担任；农业推广部在全省各地分设农村服务区、乡村师范区、家事指导所，指导各地的农业推广工作。

江西农业院成立之后，在动植物品种改良、土壤肥料试验、农具制造、病虫害防治、农业教育和农业推广方面都取得可观的成绩。江西省政府这一农业组织制度上的创新，"造成江西农业近代化的成果，引起了其他各省的注意和仿效。抗战前许多省份农业改进所的设置，实际上都曾或

---

① 《"国立中山大学"农学院概览》，"国立中山大学"农学院编印，1928-08。
② 《"国立中山大学"农学院推广部概况》，"国立中山大学"农学院，1935年11月刊行。

多或少的取法了江西农业院的模式。"①

历史证明，中国近代的农业教育科研机构繁多，取得显著技术创新成效的，多为实行教育、科研、推广三结合体制的机构。而作为国家的农业技术创新体制，也只有建立教育、科研、推广三结合的框架，才有可能填补因城乡差距而产生的农业技术供给者与需求者之间的鸿沟，使农业技术创新得以实现。其中教育起着关键的作用，它不仅肩负着培养各级各类农业专门人才的使命，更承担着提高农民素质的重任。农业技术创新能否实现，实现的速度如何，最终有赖于农民科学文化素质的提高。从这种意义上说，农业技术创新成败的关键，在于教育、科研、推广这三个环节是否能紧密有效地配合。从实际来看，中国近代农业技术创新体制中微观层面的"三结合"，在部分农业科研机构中取得良好的成效。宏观层面的"三结合"，南京政府在抗战胜利后曾有过详细的计划，但是没有机会实现。这一点将在"中国近代农业技术创新制约因素"一节中详细讨论。

（三）民间科研机构在农业技术创新中占重要地位

中国近代农业技术创新体系由民间科研机构和政府所属科研机构共同组成，农科大学有私立的、也有国立或省立的，可分属于这两类科研机构。近代中国军阀割据、战乱不断、政权更替频繁，国家的财力、物力、人力大多消耗在政治、军事斗争中，科学技术虽然逐渐获得国人的尊重，但是政府对科技的投入有限，使得绝大多数政府所属农业科研机构成了装饰政府政绩的门面，并无实际科研内容。有鉴于此，我们评价各类农业科研机构在中国近代农业技术创新体系中的地位和作用，不能仅看某类科研机构的数量，而要看其取得的成绩。在南京国民政府成立之前，农业科研主要是在高等农业院校进行，成果也多出自农业院校。其中私立农科大学——金陵大学农科与国立东南大学和中山大学农科的成绩，最为突出。南京国民政府成立之后，随着中央研究院、中央农业实验所等国家科研机构的建立，政府所属专门的科研机构才在农业技术创新体系中逐渐发挥主导作用，但是民间科研机构，尤其是金陵大学农学院仍然占有重要地位。

金陵大学农学院在中国近代农业技术创新体系中的重要地位，表现在以下几个方面：

---

① 吕芳上：《抗战前江西的农业改良与农村改进事业》，载《近代中国农村经济史论文集》，533页。

1. 引进和应用西方现代农业科研方法，并取得突出成就

中国近代农业科学技术的发展，在1911年之前主要是以引进和搬用西方现成的农业科技成果为主，还谈不上自主创新。自1911年后，中国农业科技从完全照搬外国转向结合中国实际，从单纯传播外国书本知识转向田间试验，开始了作物育种的试验并取得了初步成果①。金陵大学农科于1914年最先利用现代科学育种方法展开小麦育种研究，并获得成功。此后，金陵大学在麦稻棉育种方面多有建树，其作物育种成就在近代中国农业科研机构中名列前茅。利用西方现代科学理论与方法研究，解决中国农业的实际问题，可视为中国近代农业开始自主创新的标志，金陵大学农科在这方面作出了自己的贡献。

2. 培养出大批农业科研人才，在全国各种农业机构中发挥重要作用

据1936年的统计，当时中国的农业高等院校共有20余所，在校人数2590人，当年毕业418人。以20所学校计算，每校学生平均不足130人，毕业人数不到21人。可见当时的农业教育发展水平仍然很低。比较而言，金陵大学的农业教育和农业人才培养，在当时的农业院校中位居前列。自1914年设立农科到1937年抗战爆发的20年中，金大农学院共有本科、农业专修科及各种训练班毕业生1200余人，每年平均毕业60人，约占全国高等农业教育毕业生总数的1/3。同期金陵大学派往欧美的农科留学生112人，接近全国总数的一半②。据院长章之汶介绍，金陵大学农学院毕业生中，从事农业教育及农业改进工作的，占全国高等农业院校毕业生总数的95％，"曾无一个失业的学生，且有时还有供不应求的时候"，"因此全国各农事机关，几无不有本院毕业生服务其中"③。

金陵大学农学院以办学质量高而闻名，为国家培养了大批优秀人才，其中许多成为著名学者、科学家和各项事业的骨干。仅以1985年出版的《中国现代农学家传》为例，书中收录了58名农学家，其中毕业于金陵大学农学院者18人，占总数的32.2％。他们对中国小麦、大豆、柑橘等品种改良，病虫害的防治，作物产量的增加，质量的提高，以及农业科研管

---

① 中国农业博物馆编：《中国近代农业科技史稿》，433页。
② 曹幸穗等编：《民国时期的农业》，135～136页。
③ 张宪文主编：《金陵大学史》，317页，南京，南京大学出版社，2002。

理与农业发展规划等都作出了杰出的贡献①。

3. 在技术创新过程中重视与相关单位的合作

农业技术创新是一个系统工程，涉及农业的各个环节、各个部门。科研部门的研究成果要实现创新，离不开社会各相关单位的支持。金陵大学农学院非常重视利用自己的科技实力，与社会各个部门合作，共同完成农业技术创新。

金大农学院从1922年开始，与基督教北长老会卜凯创办的安徽南宿州农场合作，改良皖北小麦、大麦、高粱、大豆、小米等作物，到1939年育成各个优良品系，产量均比当地农家品种高，受到当地农民欢迎。1923年与开封南浸礼会合作办理"金陵大学开封合作农场"，育成金大124号小麦，在开封附近推广，八年平均产量比农家品种高17.7%。此外，该合作农场育成的大麦、高粱、粟改良品种也都比当地农家品种优越，推广后受到当地农民欢迎。1930年与山西铭贤农校合作举办铭贤农事试验场，从事棉花、小麦、高粱、玉米、马铃薯育种。1933年与西北农工改进会合作创办西北农事试验场，进行棉花、小麦、小米等作物的育种、栽培、肥料试验。与河北定县平民教育促进会合作举办定县农事试验合作场，进行棉花、小麦、高粱、玉米等作物的育种、栽培和肥料试验。1935年与山东邹平乡村建设研究院和华洋义赈会山东分会签订了合办济南农事试验场组织大纲和合同，合同有效期为5年，后因抗战爆发而中止。

表4-2 历年与金陵大学农学院合作之国内外机关一览表（抗战前）②

Table 4-2 Institutions Cooperated with Agricultural College of Nanking University（Before 1937）

合作机关	备 注	合作机关	备 注
美国康奈尔大学农学院作物育种系	辅助作物改良	上海银行	合作办理乌江经济事业、设置合作讲座及奖学金

---

① 《金陵大学建校一百周年纪念册》，131～132页，南京，南京大学出版社，1988。

② 根据南京大学出版社2002年出版的《南大百年实录》中卷《金陵大学史料选》259～261页内容编制。

续表

合作机关	备注	合作机关	备注
美国洛氏世界教育局	负担辅助作物改良薪金	棉业统制委员会	合作办理乌江棉业改进工作及代办棉业合作训练班
美国国家博物院	交换植物标本	国民政府救济水灾委员会	委托调查灾区情况
美国纽约市立植物园	资助植物标本采集	淞沪战区善后筹备委员会	委托调查灾区情况
美国丝业公会	捐建第一蚕业院	国民政府内政部卫生署	委托调查卫生实验区
美国哈佛大学	交换植物标本	中华平民教育促进会	合作改革该区农业
北平华洋义赈救灾总会	委托代办信用合作社	河北通县潞河乡村服务部	合作农业推广
上海合众蚕桑改良会	合作改良蚕业	山东齐鲁大学农事试验场	
上海林务委员会	在本院设立森林贷款	山东齐鲁大学农事试验场青州分场	
上海华洋义赈会	合作研究淮河水利	山东齐鲁大学农事试验场周村分场	
中国东方基督教教育联合会	合办暑期学校	徐州麦作试验场	
无锡民丰模范缫丝厂	捐款制造蚕种及建筑房屋	河南开封农事试验场	本校分场
江苏农矿厅	补助果树母本调查、合作推广碳酸铜粉、合办新春农业研究会	安徽宿州农事试验场	
中央农业推广委员会	合办乌江农业推广实验区	陕西农事试验场	本校分场

续 表

合作机关	备 注	合作机关	备 注
山东齐鲁大学	合作龙山推广工作	山西太谷农事试验场	
上海中华职业教育社	合作推广改良农具	河北定县农事试验场	
山东省建设厅	合作推广碳酸铜粉	北平燕京农事试验场	本校分场
安徽省建设厅	合作推广改良小麦	乌江农场	本校分场
四省农民银行	合作举办农场及四省农村经济调查	常州农场	
国防设计委员会	资助办理西北农业试验	黄墟农场	
陕西省政府	委托代办陕西籍学生训练班	黄渡农场	
无锡农场		苏州农场	

在众多的合作创新中，金大农学院与中央农业推广委员会、安徽和县县政府合作举办的乌江农业推广实验区最为成功。该实验区1930年由金大农学院与中央农业推广委员会合作创办。1931年因长江流域发生重大水灾，政府停发每月补贴。1933年，实验区改由金大农学院推广委员会独家主持。1934年，金陵大学与和县县政府签订合同，扩大合作范围：从农业生产、农村经济、农村教育、农村卫生、农村组织及地方自治等方面推进试验区的乡村建设；将实验区作为金陵大学农学院农业推广工作的实验基地，将大学研究成果推广到该区农家；将实验区作为金陵大学农学院学生及其他机关研究乡村问题的实习基地。合同有效期为3年①。

乌江农业推广实验区的工作取得很大成功，至合同期满时该区常年经费已经达到8000元，全部由生产事业收入提供，实现了自给自足。1937

---

① 张宪文主编：《金陵大学史》，384、387页。

年实验区移交当地合作社联合社继续举办，从而实现了金大农学院由倡办到合办，最终达到农民自办的推广目标，农业技术创新也就在实现这一目标的过程中得以实现。

二、中国近代农业技术创新的制约因素

中国近代农业技术创新体系中三个环节之间发展不平衡，是中国现代化进程中出现的、难以避免的客观现实，直到今天，城乡差距仍然无法缩小。在这种现实条件下，要实现农业技术创新，实行教育、科研、推广三结合的创新体制为最佳选择。在近代中国，虽然引进了这种体制，并在个别科研机构取得良好成效，但在全国范围内，这种体制没能有效建立起来。虽然兴办了许多农业学校、农业试验场等机构，但是大多数都不能在农业技术创新中发挥其应有的作用。其中的原因，主要是当时的社会环境存在问题。战乱和军阀割据当然是影响农业技术创新的重要社会因素，但是这种因素只在某一特殊历史时期存在，并非常态。我们关心的是，假设在国家统一、社会安定的前提下，会有哪些因素制约中国近代的农业技术创新。对这些制约因素的分析，更具有现实的借鉴意义。本书认为，中国近代农业技术创新的制约因素，最主要的是制度与管理水平。以下分两个方面来分析：

（一）革命先驱创造了中国现代化的形式，但是缺乏现代化的内容

自辛亥革命以后，中国从形式上确立了现代政治体制，封建专制变成民主共和，皇帝、大臣变成总统、总理和部长，衙门变成政府，诸如此类。但是这种现代政治体制仅仅体现在文字上，大多数从事行政管理的人，其思想行为依然秉承旧时代的传统。各种现代组织机构从形式上出现了，但是大多并没有与之相应的现代管理思想和管理制度。争权夺利是从政者的主要目标，任人唯亲是选用人才的主要标准。尽管有先进分子努力，但是从整体上讲，不管是谁掌权，都不能体现现代政府的服务、公平与效率，都未能给农业现代化提供良好的政治经济条件。具体表现在以下几个方面：

1. 行政机关并不能按现代行政规则运行,办事效率低下

行政机关的效率主要取决于组织的合理性和人员的素质。在近代中国,这两个方面都存在问题,而且互相关联。民国时期的一些先进知识分子已经看到了这一点:

> 现在中央以及地方政府的普遍现象,似乎每办一事,设一机关,必有大批不相干的人,如蚁附膻,随之而至。于是不到几时,这个机关便为这些不相干的人所充满,使你感觉到所谓新机关的设立,并不是为要办一点新事业而是为这一班人添饭碗似的。①

1946年,中美农业技术合作团在对中国农业进行实地调查后也指出:

> 有些政府推广活动,与推广制度毫无联系,致使经费与人才皆未能做有效之利用。②

中国各级政府所属农业科研和推广机构,由政府行政命令设立,机构的主要负责人多由其上级政府部门领导任命。科研机构的组织与人事安排,经费的筹措与使用,基本上都听命于其上级行政领导。因此政府行政人员的素质直接影响到农业科研与推广事业的发展。中美农业技术合作团报告书就指出:

> 过去县农业推广工作人员完全由县政府任用,并由县长委派。结果所趋,往往资格不符之人亦被任用。此种人员自非以服务为目的,图使推广工作对于良好人才失其吸引力,且即有良好之人才可供任用,亦无安插余地也。③

---

① 樊洪业、张久春编:《科学救国之梦——任鸿隽文存》,477、478页。
② 周开庆主编:《中美农业技术合作团报告书(全)》,《农业推广》,7页,台北,华文书局,1967。
③ 同上书,26页。

中国近代的行政官员，其素质大多不能胜任振兴国家的重任。因为行政官员大多不是通过公平合理的选官制度选任，而主要是靠裙带关系安置。人们从政的目的并不是为社会服务，而是为了升官发财。许多机构是因人设岗而不是因事设岗。任人唯亲不仅使机关内充斥大量庸才，而且即使有英才，也会随上级领导的人事变动而进退，不能持续做一项工作。一旦主管机构的领导因为政治斗争失利或因为其他原因离职，其所辖科研机构领导也会换人。科研机构的存废，经费的分配，也因为当政者的兴趣或人事变动而变化。例如，"在若干省内，一纸行政命令，省内每县须即设立一农业推广所；无何，又一命令，所有县农业推广所需立即撤销。"①

这种政治因素对中国近代的科研事业，尤其对农业科研及推广事业的发展影响很大。因为农业科研的周期长，如果主持农业科研的人经常随政府人事更迭而变动，或随政府某个领导的喜好而变动，农业科研经费也因行政官员的兴趣而增减，农业科研活动就不可能持续进行。没有长期的科研，也就不可能开发出农业新技术，更谈不上农业技术创新。有鉴于此，关心中国农业发展的有识之士在20世纪30年代初期就提出，"中央农业改进总机关之组织与经费，必力求其稳固，务期避免政治人事等种种之变动。"②

但是中国的政治现代化不会因为个别先进人物的倡导一蹴而就，政治对农业技术创新的消极影响在近代中国一直存在。尽管随着中国的现代化进程出现了很多现代农政机构和农业科学研究机构，由于政治因素的干扰，这些机构对农业发展并没有发挥出应有的作用。直到1948年，成立中国农村复兴联合委员会，才有了一个不受中国政治因素影响的振兴中国农业的机构。这个机构之所以不受中国政治因素影响，并不是因为到1948年中国的政治已经现代化了，而是因为该机构是由中美两国联合设立，委员会的委员由中美两国专家组成，分别由中美两国总统直接任命，权力超过

---

① 周开庆主编：《中美农业技术合作团报告书（全）》，《农业金融》，26页。
② 《改进中国农业计划草案》，17页，行政农村复兴委员会秘书处，1933。

了中国政府各部。据《中国农村复兴联合委员会工作报告》记载，由于"联合"之特质，使中国农村复兴联合委员会足以抵抗外界的影响。例如，农林水利两部曾希望委员会的中国籍委员由这两部委派，但是未能如愿。然而在总统任命发表以后，两部部长都积极协同参加委员会的工作，并希望随时获知委员会方案进行的状况。"本会中国籍委员之能致其全力于真正农村复兴工作而不受任何阻碍者，与其所享权力关系甚大。"① 假设当初委员会的中国籍委员由农林和水利两部委派，则委员会的工作就会受这两部制约，而丧失其独立性，从而影响农村复兴工作的开展。

中国农村复兴联合委员会这一特例，从反面印证了当时的中国政府行政机构，其作用主要是阻碍农村复兴，而不是为农村复兴服务。中国近代缺乏一个高效廉洁的政府。当时的各级政府部门，大多数不但不能为农业技术创新提供政治经济保障，而且成为农业技术创新的干扰因素。因此，任鸿隽指出：

> 中国目下的问题，不是一两件事的兴办或改良问题，而是整个行政机关的现代化问题。中国的一切事业都不免为旧社会的腐败习惯所浸染支配，而在政府里面为尤甚。这些腐化根子，若不设法铲除，什么交通计划、实业计划，都难有成功的希望。②

2. 农业金融制度尚未健全，农业技术创新没有资金保障

农业技术创新是农业新技术从发明到应用的一个过程。新技术的发明需要对农业科研投资，而新技术的应用程度则在很大程度上取决于农民的经济条件。近代以来中国对于农业科研的投入虽然有限，但毕竟有投入，而且逐渐增长，到1948年已经有很多农业新技术可供推广。例如，已经育成许多作物的改良品种，以适应不同地区种植。也已经完成肥料的要素试验和病虫害防除试验，各地区主要作物已有肥料使用量和重要病虫害用药

---

① 黄俊杰著：《中国农村复兴联合委员会史料汇编》，38页，台北，三民书局，1991。

② 樊洪业、张久春编：《科学救国之梦——任鸿隽文存》，477页。

之建议。但"除改良品种只要点滴在农村，即能自行扩散外，其余种种均尚无法普及"①。这其中的原因之一就是受农民经济条件的制约，主要是资金的制约。

据中美农业技术合作团 1946 年报告，中国三分之二以上农业生产与消费资金，都是就地从地主、亲友、商人或其他债主获得。由于这类资金的供应不充裕，利率高昂，远非农民所能偿付，以至无法实行有效的经济生产。在这种情况下，不法之徒乘机用不公平的手段盘剥农民。如商人高利贷款，将利息预先在贷款内扣除，并迫使农民以其产品低价售予债主等。如此势必使资金集中于高利贷债主之手，而他们的资本，大都为非生产性。真正的生产者，却得不到必需的资金来发展生产。中国农村的贫困加上高利贷的盘剥，使农民的负债者超过 50%，而所负之债，又多用于短期生产与消费。因此，"非俟至资金之供给及成本，更能切合农业之需要时，中国农业鲜能有所进展"②。

发展农业的资金，必须由政府建立完善的农业金融制度才能得到保证。但是，这种农业金融制度，一直到 1946 年尚处于草创时期③，还不能发挥其促进全国农业生产的作用。

据张宪秋回忆，农业贷款在抗日战争以前，已经由中国银行、上海银行与中国农民银行等在沿海各省贷放。对象主要为农民不能自用及不能在一般市场上出售的加工农产品，如棉花和烟叶等。银行本身并无足够分支行与人员办理直接贷放，一般通过纺织业与制烟业的收购系统办理生产贷款。农业试验机构也通过这一系统推广改良棉种、烟种、肥料与病虫害防治。在此范围内，农、工、金融建立了良好关系。但是面积最大的粮食作物，因为到处可以销售，农民也自家食用，农业贷款回收较无把握，所以办理很少。农贷不能普及的另一原因是，除保甲外，农民尚无经济性组织。合作事业虽然已经推动，但还没有达到有效服务农民的阶段。银行无法遍设分支行，雇用足够人员，以办理大量而每笔微小的贷款。总而言

---

① 黄俊杰著：《中国农村复兴联合委员会史料汇编》，10 页。
② 周开庆主编：《中美农业技术合作团报告书（全）》，《农业金融》，1 页。
③ 同上书，3 页。

之，到1948年时，农民主要仍须向私人借贷①。中美农业技术合作团报告也指出，"一般农人智识浅陋，对于利用金融组织获得农贷之办法，尚不甚了然"②。

一般农民既然无法通过正规的金融渠道获得借贷，只好忍受高利贷的盘剥，其结果是使农民负债累累，无力改进农业生产条件。农民缺乏发展农业生产的资金，成为制约农业技术创新的原因之一。

3. 农产品市场组织不健全，农民从事农业生产难以获利

现代农业的主要特点之一为市场生产，在市场上获利是农民从事商品农业生产的主要动机。如果从事农业生产不能获利，那么任何农业改良都没有动力，也就谈不上农业技术创新。

中国近代农业与市场的关系越来越密切，但是现代市场组织并没有建立起来。中美农业技术合作团在其报告中指出：

> 中国目前之农产品运销方法，通行悠久，但未合现代化。农人出售农产品须经市场中间商，或当地流动性商贩之手。在农产品运销过程中，中间商人人数过多，致使农民收益减少，消费者负担增加。原产地之市场，其制度常对农民不利，实际上系一种购买者之市场。这种市场，实系一种买卖及中间商三方面之无组织交易集散场所，市场一切交易行为皆循惯例行之。此种无组织之市场，足招致欺伪等不良行为之流行。③

理想的市场组织，应该由农产品的买卖双方直接管理，避免中间人从中把持。但是由于中国农民对于新式运销方法不熟悉，商贩又多流动性，这种理想的市场组织在中国乡村市场不容易实现。在这种情况下，理应由各地政府出面组织市场。这类市场组织应提供农产品交易所需要的土地、房屋、储藏设施，还应该提供农产品分级、度量、商情指导、纠纷调解等

---

① 黄俊杰著：《中国农村复兴联合委员会史料汇编》，12页。
② 周开庆主编：《中美农业技术合作团报告书（全）》，《农业金融》，7页。
③ 周开庆主编：《中美农业技术合作团报告书（全）》，《农产运销》，1、4页。

服务。但是中国各级行政机关及其从政人员的素质决定了各地政府没有能力或根本就没有想到要承担这一重任。政府建立农产品市场组织，要具备一些基本条件，诸如市场管理、农产品分级检验的专业知识等。最重要的是，政府要具备服务意识——建立市场组织是为农产品的买卖双方提供服务。如果不具备这一条件，其他条件就无法发挥作用。但是，在近代中国，要政府及其官员具备为公众服务的意识只是一种奢求。传统的治民思想根深蒂固，要使政府的职能由治民转变为服务于民，可能需要上百年的历程。如果政府不具备为民服务的意识，或者说没有一个现代化的政府，那么由政府建立农产品市场，其利用政治权利对农民的盘剥，可能要甚于普通商人对农民的欺诈。

由于没有健全的农产品市场组织为农民的商品生产服务，所以普通农民与市场的联系越密切，其从事农业生产遭受损失的可能性就越大。

4. 土地问题限制了农业的现代化

中国普通农民的农场面积太小，不足以构成经济经营的单位，并且不足以维持农家优裕的生活。农场面积过小是多方面的因素造成的。除人地关系紧张这一客观因素外，更重要的是土地私有制与多子继承制这种制度上的结合。在土地私有制与多子继承制下，农场经过不断分割，田块分散，最终造成不合经济之生产单位。这种不经济的生产单位不仅使普通农民的生活处于糊口水平，没有力量改进农业生产，而且也限制了农业新技术的使用。对于不经济的小农场来说，大型机械固然无法使用，即便小型机械也属多余。就连传统农业中长期使用的牛和犁，在近代中国的小农场中都是多余的。

舆论一般认为，应该增加农场面积，这虽属必要，但其后果也不容忽视。在农村土地、人口比例不变的情况下，增加农场面积只能通过合并土地来实现，其结果必然使大多数农民被挤出农场，处于失业地位。而中国的城市化、工业化不可能一蹴而就，消化从农业中分离出来的人口。

有一种在中国近现代流行的观点认为，地主土地所有制是造成中国近代农业问题的主要原因。地主占有大量土地，从而使普通农民无地或少地，成为佃农或半自耕农，他们受地主的残酷剥削，过着饥寒交迫的生活。封建地主土地所有制严重影响了农业生产的发展。废除地主土地所有制，实现耕者有其田，是解决中国农业问题的关键。这是一个原因，但中国各地区的差异很大，不能一概而论。实现耕者有其田也不一定能彻底解决农业问题。

中国近代有不少地区自耕农占绝对多数。另一方面，也有广大地域为一个或少数地主所有，而所有耕作者皆为佃农。据较为可靠的估计，全中国的农地大约有30%属于出佃者。以产麦区域一般情形而言，出佃之地或不足15%，产米区约为40%，某些纯产米区则高达50%。许多调查结果显示，自耕农在全国农户中约占半数，半自耕农与纯粹佃农数目相当①。

一些学者的研究表明，自耕农和佃农的经营规模、生产力并没有多大差别。卜凯通过对中国七省15处2583个田场的调查研究证明，自耕农、半自耕农、佃农的田场大小、家庭规模、作物产量都没有太大的区别②。曹幸穗利用满铁资料对苏南农家所作的比较研究也证明，佃农农场和自耕农农场在生产力方面并无明显差别③。

因此，土地所有权、租佃制度本身并不必然造成农业发展的障碍。"中国多数公正地主，常能协助其佃农从事良好之耕作制度，并与佃农公允分摊其开支与收入。反之，亦有不少地主专事剥削其佃农，或造成种种环境容许他人加以欺诈。即此后者及其不良行为，致使租佃制度卒为世人多所指摘，并造成政府有实行适当措施之必要。"④ 解决租佃制度弊端的途径有二：一为改善租佃方式；二为协助佃农成为自耕农。但是，不管哪种方式，农场规模都不会有大的改变。农场面积过小的问题都无法解决。

中国近代农村的土地问题，从长远来讲，关键还是农业人口与土地的比例问题。这一问题的解决有赖于城市化、工业化和人口控制，不是农业系统内部能够解决的。从近期来讲，改善租佃制度有可能解决一部分问

---

① 周开庆主编：《中美农业技术合作团报告书（全）》，《租佃制度》，1页。
② 卜凯著，张履鸾译：《中国农家经济》，201、209页，上海，商务印书馆，1936。
③ 曹幸穗著：《旧中国苏南农家经济研究》，82、83页。
④ 周开庆主编：《中美农业技术合作团报告书（全）》，《农业计划》，17页。

题。中国近代政府在这两个方面的作为都不大。

(二) 政府缺乏组织管理能力，造成人力、物力浪费

如前所述，中国自辛亥革命后虽然建立起现代化的国家形式，但是缺少现代化国家的具体内容。中国的现代化建设主要是由政府来推动，政府的管理能力决定了现代化所能达到的程度。中国近代的历届政府，缺乏管理现代国家的能力。具体到农业上，主要体现在以下几个方面：

1. 没有全国统一的农业发展规划，力量分散，政府部门缺乏效率

南京国民政府行政院农村复兴委员会在其1933年发表的《改进中国农业计划草案》序言中指出：

> 农业改良之计划，中外专家，常有发表，然或则囿于一隅，或则语焉不详，社会人士有志研究及实行，每苦无所参证。政府方面亦迄未颁布方案，以至各项农政进行，类多枝枝节节，未能统筹全局，按程计功。然按诸吾国现状，亟须由国家规定纲目，促成朝野合作，集中人力与经济，以赴事功，始克有济；否则旷日持久，河清难俟，吾国农业之前途将何以堪。

正因为政府没有全国性的农业发展规划，所以"各省莫不有农事试验场，然细观其工作，或应尽有，而不切实际，或则甲方有此机关，乙方亦设一同样之机关，工作性质与目标虽同，而各不相谋"[1]。由于缺少中央的协调管理，各省农业科研机构缺乏联络，本来就稀缺的农业科技人才，分散各处，无法形成科研氛围，而且容易造成各省工作重复，浪费人力、物力。以稻麦改良为例，中国近代从中央到各省乃至各县都做种子改良工作。然而"作物育种之组织涣散，各处一隅，收效甚小"。收效之所以小，是因为"凡关于稻麦改良之调查、研究、育种及推广等工作，须打成一片，若调查者仅是调查，研究者只管研究，育种者唯知育种，推广者专门推广，则全队失其联络，各自为政，势必调查之材料无用，研究者不悉农

---

[1] 《改进中国农业计划草案》，14页，行政院农村复兴委员会秘书处，1933。

情，育种者不知其品种是否适合，推广者推而不广，此过去之弊也。"我国农业专门人才本来就不多，"大都集中在各大学农学院，而各农学院亦复各自为政，不事联络，其对稻麦改良，虽有相当研究与成绩，然为经费所限，多为局部工作，即有少数改良品种，亦推而不广"①。有鉴于此，南京国民政府行政院农村复兴委员会才组织专家，制定了详细的《改进中国农业计划草案》，试图用中央政府的力量，来统一管理、指导全国的农业发展。

但是，由于中国近代的政府并没有实现现代化，所以，政府的"一切事务只有行文而无实事"②。"世界各国若比较发表计划的多少，恐怕要数我国第一，可是若问实行的程度，那么我国非考最末不可。"③ 直到1946年，中美农业技术合作团在其报告书中依然指出："本团深感目前农民环境之艰难，欲谋解决，必须有完善之计划，配以合理健全之组织"，"于各分区内之农学院与农事试验场之联系，当由农林部与教育部切实合作，力求实现。"④ 政府1933年已经制订了改进中国农业计划，1946年中美农业技术合作团依然指出中国需要由政府制订通盘计划，才能使中国农业得以改进，可见原先的计划并未得到有效的执行。其中原因，实在是因为政府的能力有限。

1948年10月，中美两国成立中国农村联合复兴委员会（简称农复会），中国才有了一个真正高效的解决农业、农村、农民问题的机构。农复会为中美两国政府联合设置的机构，委员五人，中方三人，美方两人，均由两国总统分别任命。1948年援华法案规定以美国对华经济援助资金总额之10％作为复兴农村专款。首任委员中国为蒋梦麟、晏阳初与沈宗瀚，美方为穆懿尔（Raymod T. Moyer）与贝克（John Earl Baker）。蒋梦麟曾任国民政府教育部长、国立北京大学校长、行政院秘书长、国民政府委员等职，兼任中华文化教育基金会主席。晏阳初曾致力于中国平民教育之实

---

① 《改进中国农业计划草案》，63～65页，行政院农村复兴委员会秘书处，1933。
② 樊洪业、张久春编：《科学救国之梦——任鸿隽文存》，479页。
③ 同上书，492页。
④ 周开庆主编：《中美农业技术合作团报告书（全）》，《提要》，1、2页。

验达三十年。沈宗瀚曾任国民政府农林部中央农业实验所总技师及所长前后达十七年,并曾任中美农业技术合作团中国代表团副团长①。这三位中国籍委员,可谓当时中国行政、教育及科研人员中的顶尖人物,学识与人品都出类拔萃。美籍委员对中国国情也比较了解。穆懿尔先生曾在中国从事农业工作达十五年,曾参加美国农业部所主持的中美农业合作方案,并曾任美国农业部国外农业关系处远东组主任,中美农业技术合作团美国代表团副团长。贝克曾任华洋义赈会总干事及国民政府铁道部顾问等职。农复会的职权,在中美两国政府换文中规定为:

> 制定并经由中国各级政府或其他机构团体推行一综合性之农村建设,建议两国政府拨给为推行该方案所需之款项并运用一九四八年援华法案第 407 款乙项所拨经援百分之十之经费②。

农复会的人员素质高,机构运转灵活,办事效率高。由于是中美两国联合设立,其权力超脱于中国各级政府,不受政府腐败因素的影响。又由于它掌握着支配美国援华农业建设资金的支配权,各级政府和其他机关团体为获得资金,都愿意与农复会积极配合。但是,农复会成立时,国民党政府大势已去,已经没有机会在大陆实行农村复兴计划了。不过农复会在台湾经济起飞中的作用已经被历史所证明。这也从反面证明,中国近代政府机构的低能。国民政府要想有效地推行农村复兴计划,尚需要在美国的帮助下成立一个不受中国各级政府干扰的机构,才能实现。

2. 农业教育存在问题,不能适应农业技术创新的需要

邹秉文认为,农业教育的宗旨有二:

> 一种为人才教育,专以造成农业中之各种专门人才,担负国家农业上之一切研究,及教授与行政事业。司其事者,为农业专门学校,

---

① 黄俊杰著:《中国农村复兴联合委员会史料汇编》,22、24 页。
② 同上书,27 页。

或农科大学。一种为职业教育，专以造成良好之农工，使能运用新知识，以改良农业，增裕生计。司其事者，就吾国情形而言，似应为乙种农业学校，或较之乙种农校程度更为低下之学校。①

农业教育在中国近代农业技术创新中起着举足轻重的作用，担负着培养农业科研、教育和行政人才，以及提高农民素质，为农业推广奠定基础的任务。但是，整个民国时期，中国的农业教育始终存在问题，不能适应农业技术创新的需要。其中，高等农业教育有成绩，也有问题。中等农业职业教育，除少数学校外，毫无成绩可言②。

高等农业教育所取得的成就还是比较明显的。到1946年，全国35省内设有大学农学院或独立农学院者，有17省，历年毕业生累计共有6000余人。这些毕业生服务于中央或地方与农业有关的机关，成绩颇为优良③。另外，高等农业教育在农业技术研究与发明方面也取得很大成就。但是高等农业教育存在的缺点也不容忽视。最主要的是"农业教育制度及农业建设制度之分离"，即中央与省方之农学院隶属于教育部，农业研究机关则隶属于农林部。因分立之关系，使教育与研究分为两部，所有同一种科学之人才即分散在两部机构。全国有25个国立及私立农学院，9个农业专科学校，及一百余个国立及省立农业试验场。整个国家用于农业的财力、人力有限，有限的资源一分散，使得大部分农业教育科研机构人才、图书、设备不足。尤其是科研人员散处各地，终不免孤陋寡闻，"此对于研究工作之损失，难以补偿"④。如果能有一个计划，使两部所属同种人才能合作从事同一种事业，则对于教育科研人才的利用更为经济，效果也会更好。另外，教育与研究相分离，农学院教授所研究的问题，每视其个人兴趣而定，常与实际问题不发生多大关系。如果将教授们的研究成果拿去推广，

---

① 邹秉文编：《中国农业教育问题》，9页，上海，商务印书馆，1923。
② 周开庆主编：《中美农业技术合作团报告书（全）》，《农业教育与研究》，9页。
③ 同上书，2页。
④ 周开庆主编：《中美农业技术合作团报告书（全）》，《农业教育与研究》，3页。

就会产生一个基本的问题："我们有真正的材料给农民吗？"① 如果教育与研究互相联系，则农学院教授将负责研究实际问题，其所教的课程及其研究之工作，当更切合实用，这对于中国农业的改良，将有重大影响。

中等农业职业教育大多无成绩可言。事实上，大多数中等农校的毕业生，不能回乡务农，而初步的农业训练，也不能使其在农业改进方面担负责任，以至于中美农业技术合作团怀疑：对于中等农业职业教育，是否尚需维持②。其实，邹秉文在 20 世纪 20 年代就指出：

> 农校毕业生，仅有百分之五十五经营农事，其余毕业生所就事业，均与设立乙种农校之宗旨相反。是全国虽名为有六千一百零三之乙种农校学生，其实不过三千余人。因其他之三千人，毕业后既不从事农业，则不得目之为农校学生也。以吾国四千七十三万七千八百八十六之农家户数，而仅有三千农家子弟肄习农学，是每一万农户中，尚不能有一人受农业教育。吾国农业所得乙种农校之利益，亦可谓至微至末矣。③

据一位曾在北京黄村京兆甲种农业学校读书的学生回忆：

> 农业学校毕业后出路很窄，没有人愿意念，所以创办后招生困难。校长与京兆尹公署和京兆农林总局联系，初步决定，学生毕业后派充京兆各县农林分局技术员，或者回县办乙种农业学校。校长以此号召，因此，才有人报考。但农科第一班毕业就没有兑现，毕业分配成了问题。校长竭力向京兆尹公署与农林总局交涉，才勉强把六名同学分配出去，其他同学就不管分配了，有的考入高等学校，有的当了小学教员，有的就失了业。等到第二班毕业，根本就不管了。自谋出

---

① 章之汶著：《迈进中的亚洲农村》，189 页，台北，台湾商务印书馆，1976。
② 周开庆主编：《中美农业技术合作团报告书（全）》，《农业教育与研究》，9 页。
③ 邹秉文编：《中国农业教育问题》，13 页。

路也没有本行工作可找，除当小学教员就是失业。①

邹秉文也指出：

> 至于今日所谓甲种农校毕业生，除少数在农界服务外，投考法政文科或体育者有之，就文官考试希得一官以养身者有之，执役于学校图书馆及书记室者有之，为电灯局之庶物者亦有之。尚有一部分人，则并此种而亦无之，唯居家坐食而已。②

在 20 世纪 20 年代前后，因为农业学校的毕业生大多数都不从事农业，人们已经对兴办农业学校的意义产生了怀疑。到了 40 年代，中美农业技术合作团仍然怀疑中等农业职业教育存在的意义，可见中国的中等农业职业教育问题不少，而且在民国时期一直没有很好地解决。这些问题根源在于"不能确定各种农校对于吾国农业究负何种责任，但知根据部章，将得之于东西洋之普通农业知识，全盘托出，用演讲式在教室读一遍了事。至于学生已否明了，及此种知识授于学生后将来出而服务农界，究有何功用，则均不在计较之列。"③

由于没有对中国农业教育有一个结合中国农业实际的通盘考虑，只是简单地将外国农业教育体制引进中国。结果，各级农业学校兴建了不少，但是对于中国农业发展的贡献却不大。尤其是理应对培养现代农民负有责任的中等农业教育，不切合中国实际④。需要接受教育的普通农民，大多因贫困上不起学。城市子弟或农村富裕地主的子弟有条件接受教育，但不

---

① 张今生：《京兆甲种农业学校的回忆》，转引自全国政协文史资料委员会编：《文史资料存稿选编（教育）》，613～620 页，北京，中国文史出版社，2002。

② 邹秉文编：《中国农业教育问题》，23 页。

③ 同上书，45～46 页。

④ 据邹秉文研究，近代中国的乙种农业学校 84% 设在城中，入学资格有限制，需在国民学校四年后，方可入学。入学又须三年才能毕业，普通农家没有财力供养子弟求学如此之久。而且所设课程太普通，不合农民实际需要。详见《中国农业教育问题》，14、18 页。

可能毕业后到农村去务农。

3. 没有建立起全国统一的农业推广体系，科研成果难以普及

中国的农业推广工作，发轫于北京中央农事试验场、金陵大学及东南大学，时间大约在1915年左右。从1920年到1927年，相继兴建了改良棉花、稻、麦、玉米、生丝及防治病虫害等设施，农业推广工作逐渐为国人所注意。南京国民政府成立后，农矿、内政、教育三部于1929年会同公布《农业推广规程》，随后设立中央农业推广委员会，有16个省开始设立农业推广机构。但是因为经费与人才问题，没有显著成效。中央农业推广委员会的经费，只能维持少数示范县或试验区的工作。尽管在这些局部地区也取得一些成绩，但是抗日战争爆发后，因为经费无着落，工作陷于停顿。抗战胜利后，仍然因为经费困难，农业推广委员会不得不紧缩其工作范围[①]。即便已经在一些地区设立了推广机构，但因中国各部分行政机构各自独立，不相联系。多数的行政人员，以及更多的地方推广人员，对于他们正在从事的工作，甚少有适当的准备，或竟全无准备[②]。

由于没有建立起全国范围的有效的农业推广机构，农业科研成果难以向全国农村推广。例如，中国小麦、水稻、小米、棉花、甘薯、苹果、柑橘等已经有改良品种及苗木，其产量品质远较土种为高。只是因为没有健全的繁殖推广机构，所以尚未能普遍推广[③]。中央农业实验所植物病虫害系对于病虫药械制造的研究示范，也已有相当成就，但是需要建立全国性推广体系才能加以推广。

全国性农业推广体系难以建立的原因主要有二：一是经费不足。据中美农业技术合作团的调查，不论是省级推广机构，还是掌管全国农业推广的农业推广委员会，经费都不足。各级推广机构人员的薪金过低，不足以维持其家庭的生活，难以吸引受过良好训练的人才。二是受政治与行政组织关系的制约。农业推广深受政治与行政组织关系的制约，若干从事推广工作的人员，多随行政官而进退，不足以言经验与训练。在县级推广人员

---

① 周开庆主编：《中美农业技术合作团报告书（全）》，《农业推广》，4页。
② 同上书，32页。
③ 同上书，22页。

中，很多是年轻的中学毕业生，见解幼稚，经验未丰，难以担负坚实的工作，也难获得老农的尊重与信仰。推广工作人员调动频繁，地位缺乏保障，不能在其工作的县份对于该县农民从事实际而长久的计划。各推广机构之间工作脱节，各自为政，彼此间缺少密切联系及合作，导致经费不能集中使用，人力陷于浪费，计划难期统一，使得农民无所适从①。有鉴于此，中美农业技术合作团在其报告中指出：

> 中国农业能否进步，端视农民能否利用科学之成果。因此如何依据健全而公认之原则树立机构，以从事各种农业推广活动，实属当务之急。②

综上所述，本书认为中国近代农业技术创新的制约因素主要是制度和管理因素。必须建立一个现代化的政府，建立一套现代化的政治经济体制，培养一批具备现代管理素质的行政人员，中国农业才可能有重大的技术创新，中国农业的现代化才有可能实现。

三、本章小结

中国古代社会的传统农业是一种自给性农业，农业生产的全过程基本上在农业内部完成，农业技术创新也是在农业内部完成的，从整体上看不存在农业技术创新的三元结构。近代以来，由现代化而引起的社会结构的变化，使得农业本身发生分化，即农业技术发明、应用，农产品社会经济价值的实现由三个不同性质的部门完成。三个部门处在农业生产的同一条产业链上，但是各自独立实现自己的功能，追求自身的利益。现代农业新技术的生产，主要是由科研单位和企业进行；新技术的应用，则由家庭农场实现；应用新技术生产的农产品，则主要通过市场实现其社会价值。这

---

① 周开庆主编：《中美农业技术合作团报告书（全）》，《农业推广》，4、5页。
② 同上书，7页。

样,就形成了农业技术创新的三元结构。

农业技术创新由社会需求引发,中国现代化所引起的对农业新技术的需求来自不同的方面。由民族危机而引起的国家对农业新技术的需求促成了制度上的创新,使中国建立起专门的农业教育、科研机构,但是这种建立在纯理性需求之上的现代农业技术创新机构,与当时中国乡村的农业生产实际有很大的距离,对农业生产的推动作用有限。现代工商业对农业新技术的需求既有理性成分,又有现实利益的成分,因此与农业生产实际联系较密切,对新技术在农业中的应用也切实起到一定的推动作用。由于企业同市场需求联系过于紧密,因此其对农业技术创新的支持容易受市场波动的影响,而且其支持仅限于某个特定的领域。来自农业企业家的需求由于近代中国的农业企业数量有限,对农业技术创新的影响不大。而普通农民对新技术的需求则有待农业推广者去开发。创造各种条件激发农民对新技术的需求,是一个亟待解决的课题。

中国近代农业技术创新三元结构在20世纪30年代基本形成,主要标志为各种农业技术供给源的产生。这些技术供给源分为两类:一类是由民间科研团体、国立科研机构,以及大学中的科研机构所构成的国家科学技术研究体系,它为农业技术发明提供最基本的科学原理和方法;一类是由农科大学、民间农业研究团体,以及政府所属农业研究机构所构成的农业技术研究体系,它利用科学技术成果从事农业应用研究。

在中国近代的农业技术创新机构中,取得显著成效的,多为实行教育、科研、推广三结合体制的机构。作为国家的农业技术创新体制,也只有建立教育、科研、推广三结合的框架,才有可能填补因城乡差距而产生的农业技术供给者与需求者之间的鸿沟,使农业技术创新得以实现。农业技术创新成败的关键,在于教育、科研、推广这三个环节是否能紧密有效地配合。中国近代农业技术创新体制中微观层面的"三结合",在部分农业科研机构中取得良好成效。宏观层面的"三结合",曾有过详细的计划,但是没有机会实现。主要原因是中国近代没有一个现代化的政府,没有一批具备现代管理素质的行政人员,不能建立一套现代化的政治经济体制,因此也就谈不上建立国家农业技术创新体系。

第五章　中国近代农业技术创新的体制选择
——以金陵大学农学院为例

农业技术创新是农业新技术从引进或发明到应用的一个过程,一项农业技术发明如果不能在农业生产实践中应用,就不能算作农业技术创新。在中国近代的农业技术创新过程中,技术的供给者和技术的需求者是两个完全不同的群体,文化背景以及经济、政治地位的巨大差距,使得他们之间的技术传递比较困难,换言之,农业新技术要从城市的发明机构推广到广大农村的各个农户,难度较大,农业技术创新较难实现。为了解决这一困难,中国近代农业技术创新在实践中选择了一种农业教学、科研、推广三结合的创新体制,并在个别机构、局部地区取得显著成就。本章通过金陵大学农学院这一典型机构的研究,说明教学、科研、推广三结合的这种农业创新体制是如何运作的。

一、选择金陵大学农学院作为个案的理由

本书认为,作为中国近代农业技术创新机构的个案研究代表,其典型性取决于机构的延续性、创新的持久性,以及成就的突出性。机构的延续性主要是指机构存在的时间长,尽量能够涵盖整个中国近代时期。创新的持久性是指该机构能够不受外界环境的影响,而始终从事农业技术创新活动,是一个稳定的、名副其实的农业技术创新机构。成就的突出性是指该机构的农业创新活动能够影响整个中国近代的农业发展,能代表中国近代农业技术创新的方向。除此之外,作为个案,还应有比较丰富的资料可供研究,其经验对现实也应该有较大的借鉴意义。金陵大学农学院基本符合上述标准,可作为个案研究对象。

(一) 具有代表性

中国近代以来兴办了许多农业教育、科研机构，但是由于时局动荡、政权更迭频繁，社会经济环境恶劣，不论国立农业机构还是民办农业机构，均受时局的影响，不能正常运行。多数机构或有名无实，或半途而废，能够延续下来的不多，真正从事农业技术创新并取得成就的就更少。正如章之汶所言：

> 综计自清末至民国十五年间，适值政局靡定，内战迭起，所有各省县农会皆渐失真相，形同虚设，徒为绅董所把持。官立之农校农场，数目虽日见增多，然非经费时起恐慌，即人员常有更调，且计划无整个系统，事业多枝节重复。私人之农业学校团体，既苦于经费人才时局等之限制，而又各自为政，互不相谋。故研究试验之有美满成绩者，殊不多见。推广之材料既少，范围又窄，而推广方法亦不尽合理。其唯一成绩，犹在文字鼓吹与口头宣传，使全国上下，知衰退之农业，必须用科学方法以挽救改良而已。[1]

由于农业技术创新是从技术发明到推广应用的一个过程，有发明无推广尚不能算作创新，因此本书将农业科研机构开始从事农业推广作为农业技术创新开始的标志，时间大约在1915年左右。这一时期，北京中央农事试验场、南京金陵大学及东南大学都开始进行农业推广[2]。北京中央农事试验场的前身为清政府农工商部于1906年设立的农事试验场，辛亥革命后定名为"中央农事试验场"，该场进行科研试验，成绩不多，后来因为政局动荡，经费窘困，更是每况愈下。尽管该试验场成立时间比较早，但是在中国近代农业技术创新过程中没有起到多大作用，因此不能作为近代农业技术创新的代表。而南京国民政府实业部于1932年成立的中央农业实验所，虽然居于全国农业科研试验的领导地位，在农业技术创新中取得了比

---

[1] 章之汶、李醒愚著：《农业推广》，24、25页，上海，商务印书馆，1926。
[2] 周开庆主编：《中美农业技术合作团报告书（全）》，《农业推广》，2页。

较突出的成绩,但是该实验所成立于1932年,显然在时间上不能代表整个近代时期。南京金陵大学及东南大学的农业技术创新活动,无论从时间上还是从成绩上都不相上下,在中国近代农业技术创新活动中有着举足轻重的地位,可作为中国近代农业技术创新机构的代表。不过从研究角度来说,金陵大学的史料要丰富一些。而且由于金陵大学是一所外国教会学校,在民国时期政局动荡的条件下,不像其他机构那样容易受时局的影响。其经费来源稳定,组织机构变化较少,人员比较稳定,从事农业技术创新工作的环境也相对好些。因此,金陵大学农学院的农业技术创新活动,从该机构成立开始一直到1949年以后被撤销合并,是持续不断的。而其他农业机构则容易受经费和时局的影响,创新活动时断时续。例如,1905年设立的京师大学堂农科,1914年独立为北京农业专门学校,1923年改组为北京农业大学,1927年又改名为北平大学农学院。北京农业专门学校和北京农业大学时期,校长调换极为频繁,政治形势混乱。1924年3月到1927年8月,3年半内竟然连换7任校长[①]。在政治动荡的形势下,学生自然无法安心读书,教师也不可能安心教学和科研。在北平大学农学院时期,曾一度没有办学经费,发不出工资。这与金陵大学农学院形成鲜明对比。

总之,比较而言,南京金陵大学农学院能够作为中国近代农业技术创新的代表机构。

(二) 有系统而丰富的资料

近代中国的各个农业科研教育机构几乎都出版过刊物,但是影响大、存在时间长的不多。大部分刊物只维持一年就停刊,少数能维持两年到五年,极个别能维持十年左右。金陵大学农学院创办的刊物《农林新报》,从1924年到1946年,连续出版二十多年,没有间断。其连续出版刊物持续时间之长是其他农业教育机构所没有的。而且《农林新报》的内容丰富,包括农林浅说、通论、农艺、园艺、森林、蚕桑、农业经济、农业教育、农村社会、病虫害、畜牧、土壤肥料、农情报告、农业推广、南京气

---

① 周邦任、费旭主编:《中国近代高等农业教育史》,56~57页。

象月报、歌谣、戏剧等，详细记录了金陵大学农学院及其他有关机构的农业科研、教育和推广活动，对于《农林新报》创刊前的活动也有追溯性的文字记载。其中对于研究金陵大学农学院的创新体制与创新实践有较大价值的是各个年度的"本校农林科"进行概况，"本校农林科"推广系计划，以及金陵大学农林科成立的各种农业研究会、专修班的组织章程、会议纪要，农业推广人员的回忆录、经验谈，记者对金陵大学农学院各种推广活动的报道等。金陵大学农学院除了《农林新报》外，还办有《金大农学院通讯》（1935—1938，1946—1948）、《金大农专》（1930—1937）等刊物，也记录了金大农学院的活动，可作为《农林新报》的补充。

除了上述这些资料外，还有一批已经成书的研究成果可供利用。例如，费旭与周邦任编撰的《南京农业大学史志》，对金陵大学农学院的沿革，各个历史发展阶段的组织机构情况，各系科的教学、科研、农业推广工作等都做了系统的介绍。南京大学高教研究所编的《金陵大学史料集》、张宪文主编的《金陵大学史》、周邦任与费旭主编的《中国高等农业教育史》等，也有关于金大农学院的内容。这些研究成果对于金陵大学农学院的基本史实已经交代清楚，对于其在中国近代农业技术创新中的地位也有了比较一致的结论，可以作为本书进行理论分析的基础。

金陵大学南京校友会编的《金陵大学建校一百周年纪念册（1888—1988)》收录了校友们回忆金陵大学农学院的文章，内容涉及农学院简史，农学院的推广事业，乌江实验区成立经过，农业教育系、专修科和推广部的任务、教学方法、课程设置等，还有关于农学院创办人裴义理先生及其他农学院老前辈事迹的回忆文章。金陵大学农学院农业经济系在宁系友联谊会编的《金陵大学农学院农业经济系建系70周年纪念册》，也收录了系友们对农业经济系科研、教学、推广工作的回忆文章。这些当代人的回忆可以和前述史料互相应证。

金陵大学农学院一些著名教育活动家的纪念文集，也有助于我们了解金大农学院农业技术创新活动的细节。例如，金大校友、南京农业大学李扬汉教授主编的《章之汶纪念文集》，即收录了担任金大农学院院长达十年之久的章之汶先生的论文，以及校友回忆章之汶先生事迹的文章。章之汶先生一直从事农业推广和农业教育事业，积累了丰富的经验。章之汶先生的事迹，有助于我们更深刻地了解金大农学院的农业技术创新活动。

(三) 经验的有效性

金陵大学农学院农业技术创新经验的有效性体现在两个方面：一是它的教学、科研、推广三结合体制在当时中国农业技术创新活动中的显著效果；二是院长章之汶于20世纪六、七十年代将金大农学院的经验运用到菲律宾等东南亚国家也取得显著成效。

金陵大学农学院的办学经费在当时的高等农业院校中并不多。例如金陵大学农林科时期，其办学经费每年为五万元，同时期岭南大学农科每年经费约十万元左右，东南大学农科每年十七万元，北京农业专门学校每年约十万元。[①] 尽管办学经费不多，但是金陵大学农学院的办学成绩却是高等农业院校中非常突出的。鉴于其在农业教育方面的贡献，国民政府教育部曾颁令褒奖：

> 查该校农学院在国内高等农业教育机关中，历史最为悠久，历来培养农业人才，倡导农业改进，增加农业生产，裨益民生，功效昭著。兹值该院成立三十周年纪念，应予褒奖，以资激劝。[②]

金陵大学农学院之所以能以较少的经费，办成较大的事业，得益于其有效的创新机制——教学、科研、推广三结合。优秀的组织管理机制能大大提高农业技术创新的效率，这不但已经为金陵大学农学院的历史所证明，而且至今仍有借鉴意义。

中国近代农业技术创新以新技术在农业生产实际中广泛应用并增进大多数农民的福利为最终目的。金陵大学农学院在乌江实验区取得了这种农业技术创新的成功：一方面使优良棉种"爱字棉"在乌江地区得以普及；另一方面通过组织运销合作社销售棉花，免去了中间商人的剥削，增加了

---

① 邹秉文：《中国农业教育问题》，27页。
② 张宪文主编：《金陵大学史》，293页。

农民的经济收入。抗日战争期间，金陵大学农学院疏散至四川成都，选定成都附近温江县作为农业推广示范县，"以其在乌江所获得的经验，使温江的工作异常顺利，事半功倍。"①

1939 年，兼任中国农村联合复兴委员会自力启发组组长的章之汶院长应台湾省主席陈诚之邀，赴台湾调查研究台湾农民组织。章之汶院长"本其在乌江农业推广实验区推行农会之经验，建议将办理供给、运销、信用业务之合作社与办理生产指导事业之农会予以改组合并，树立多目标功能之农会体制。此议陈主席欣然接纳，将农会与合作社两个分离之组织合并于同一体制之下，而形成现制之台湾农会，并为开发中国家树立楷模。"②

章之汶先生 1966 年在联合国粮农组织退休以后，应菲律宾大学之聘，担任农学院客座教授。在此期间，他在菲律宾积极推行"社会实验区计划"。该计划系章之汶先生根据其长期主持金陵大学农学院行政与执行国际援助所积累的经验，"并融合乌江农业推广实验区之基本思想，将高等农业教育引出学院式与课本式的象牙之塔，使与国家政策与农民需要打成一片。其推行之基本方针，系采组织之进路，协助农民获得团结、训练与激励，使之通过其自有之组织自力推行工作。而其终极目标为动员人力资源，充分开发地力及水利资源，转变传统式农作而为现代式商品化农业，以增加农业生产并提高生活水平。"③ 章之汶的"社会实验区计划"在菲律宾获得成功，并推广到泰国、马来西亚和印度尼西亚，为改造当地农村的落后面貌作出了贡献。

综上所述，选择金陵大学农学院作为中国近代农业技术创新的个案研究，是有价值、有意义的。

---

① 章之汶著，吕学仪译：《迈进中的亚洲农村》，326 页。
② 李扬汉主编：《章之汶纪念文集》，58 页，南京，南京农业大学金陵研究院，1998。
③ 同上。

二、金陵大学农学院教学、科研、推广三结合的创新体制

农业技术创新是指应用于农业的某项新技术或技术组合从发明（或引进、改造）到应用的一个过程。一项农业技术发明如果不能在农业生产实践中应用，就不能算作农业技术创新。在中国近代的农业技术创新过程中，技术的供给者和技术的需求者是两个完全不同的群体。由于文化背景、经济状况和社会地位的巨大差距，使得他们之间在技术传递中常常会出现信息缺失、误解甚至误用的情况。换言之，农业新技术要从发明者或拥有者推广到广大农村的各个农户之中，实现其潜在的生产力，存在着一个曲折复杂的历程。本书通过对原金陵大学农学院所采取的农业教学、科研、推广三结合创新体制的研究，以揭示在小农经济体制下农业技术创新获得成功的运作模式和实践意义。

（一）金陵大学农学院的办学宗旨

作为农业技术创新机构，必须要有自己明确的创新目标及实现目标的手段，它们构成创新体制的主要内容。创新目标与手段适应社会需要，是一个创新机构立足社会、获得社会认可、实现其价值目标的前提，这已经为金陵大学农学院[①]的历史所证明。1921年北京教育部派员到金陵大学视察，视察后的报告指出：金陵大学农林科"较吾国现有之农业专门学校似实为翘楚，其所胜者不仅在经费之丰富，而在宗旨办法之适应与否。"[②]

金陵大学农学院的办学宗旨与金陵大学的办校宗旨一脉相承，并具有自己的特色。

金陵大学校长陈裕光在回忆文章中写道：金大的办校宗旨是培养学生

[①] 金陵大学于1914年创办农科，1915年成立林科，1916年两科合并，称农林科。1930年改科设院，称私立金陵大学农学院。为行文方便，本书对金陵大学农学院的称呼不做时间上的严格区分。

[②] 《教育部视察金陵大学报告》，载南京大学高教研究所编：《金陵大学史料集》，21~22页，南京，南京大学出版社，1989。

的"基督化人格",亦即培养"牺牲与服务精神",以"造就健全国民,发展博爱精神,养成职业技能的根本"①。另据校友回忆,当年在金陵大学鼓楼北校园里耸立的大标语是"人生以服务为目的,不以夺取为目的"②。这都说明金陵大学作为美国教会办的大学,其所推行的是基督化的教育。基督教的牺牲与服务、诚实与守信等精神在现代社会中仍有其积极意义,而这些精神在金大的学校教育中都有所体现。

与之相应,金大教学的主导思想是"理论与实际并重,知识与力行合一"。不管做什么学问,都强调学与用的一致。学校的教学、科研、人才培养均注重社会实践,要求学生不仅能在学校中求知识、做学问,更能走入社会、服务人群。"劳作教育"和"服务社会"可以说是金大办学最鲜明的特色。"能做事,不取巧"在当时几乎成为金大师生的群体特征,师生多以此为荣,社会各界人士也颇为敬佩。

据金大校刊记载,一次冯玉祥先生到金大演说,见炎热的夏日沈宗瀚先生赤足短衣做工,初以为是学生,岂知是教授。他把大拇指一举,说他真佩服,因为真心佩服,大拇指差点儿卷不下来。这就是吃苦耐劳能做事的金大农学院教师。在金大的教师中,难见攀龙附凤、追名逐利之徒。学生中也极少有以学问为敲门砖,以文凭谋官求职的人。其他学校的教职员都在外面兼官兼差,奔走钻营,而金大教职员不在教室就在办公室,不在图书馆就在实验室。而学生除了读书就是运动,或是外出采集标本,或是在实验室中,或是在农场上实习。在金大,投机取巧,弄虚作假绝无市场③。言传身教使金大学生都能恪守校训,在校勤奋学习,毕业为社会,为国家作贡献。

金大的服务精神不仅体现在对学生的品格培养上,还体现在学校自身的工作中。金大不仅培养服务于社会的人才,而且利用自己的资源优势直接为社会服务,解决现实问题。这在农学院表现得最为突出。

---

① 陈裕光:《回忆金陵大学》,载《金陵大学建校一百周年纪念册》,10页,南京,南京大学出版社,1988。
② 张宪文主编:《金陵大学史》,407页。
③ 同上书,403~406页。

农业科学是一门应用科学，农业教育的根本目的是解决农业生产的实际问题，提高农业生产水平。应用科学方法，研究农业技术，培养农业人才，则是实现目的的手段。如果根本目的不明确，农业教育就容易脱离实际，无法满足社会的需要，从而得不到社会的认可。中国近代许多农业学校都存在脱离实际，不能为中国农业发展作贡献的问题，造成学农的学生毕业即失业，以至于人们一度怀疑办农业教育有没有必要。金陵大学农学院建校的目的非常明确，而且能始终如一地坚持其办学方向，所以能在众多农业院校中独树一帜，为人敬仰。例如金陵大学农学院农业专修科的毕业生就非常受社会的欢迎，人们赞扬专修科的学生"不怕苦、不怕累、工作踏实、会说能做"。专修科的学生也自豪地说："农专的好汉遍全国！"专修科学生之所以深受社会欢迎，就是因为其培养目标非常明确：造就"具有先进农业科学知识和农民身手，热心农村建设的青年农业工作者"。与培养目标相应的教学方法则是："理论与实践并重，强调'做'字。农事操作中注意手脑并用，要理论联系实际，要用理论指导操作，用实践验证理论。"① 因为专修科的毕业生既掌握了现代农业科技知识，又"不怕苦、不怕累、工作踏实、会说能做"，能够长期深入条件艰苦的农村去工作，所以成为全国各地从事农业推广工作的骨干。

　　理论联系实际不是农业专修科特有的教学原则，而是整个农学院的教学原则，就连农业经济系也特别强调这一原则。学生的毕业论文从论题的选定、论点的确立、论据的寻索，都是在有关教师的指导下，根据当时、当地的农业生产情况而定。教学内容也结合当时的农业实际情况作相应调整。例如1943年春，成都平原遭受黑霜灾害，小春作物几乎无收。农业经济系的调查方法课立即结合实习课进行收成估产调查，并把这项调查的分析结果提供给当时的政府，作为农业课税的参考②。这充分体现了金陵大学农学院的办学宗旨。

---

　　① 章元玮：《农业教育学系、专修科和推广部》，载《金陵大学建校一百周年纪念册》，85页。

　　② 毛学江：《对母系教育的回忆》，载《金陵大学农学院农业经济系建系70周年纪念册》，171~172页，南京，金陵大学农学院农业经济系在宁系友会，1991。

金陵大学农学院的办学宗旨，在它创立时候就非常明确：造就实用人才，解决农业发展中的实际问题。

1911年，美国传教士裴义理先生承办我国北部以工代赈工作，常在农村和灾民相处，看到我国农民生活贫困，认为要改善人民的生活，必须先从改良农林事业着手。于是发起组织义农会，呼吁各方集资救济灾民，得到孙中山、黄兴、张謇等人的赞助，由政府拨给南京紫金山官荒地4000亩，召集灾民垦荒造林，以工代赈。这需要大量农业指导人员，当时却无处聘请。于是金陵大学适应这种需要，由裴义理先生于1914年创办农科，采用半工半读制度，造就实用人才。"创建金大农林科的宗旨，是要解决当时的实际困难。"因此学校注重实际教材，学以致用，用有所本。裴义理先生认为，把书本上学来的理论，在实际中体验，求得真知，只有这样，学与做不致陷于空虚，才与国计民生发生直接利益①。后来担任农学院院长的章之汶先生，对于解决实际问题这一办学宗旨说得更为具体：

有了好的种子，还要推广到农家去，使农家普遍种植优良种子，增加作物的产量，这是办农业学校的最终目的。②

金陵大学农学院的教师，也不忘裴义理先生建农林科的初衷：

金陵大学农林科是私立学校，是专为改良农业而设立的。在十四年前，有一位裴义理先生，他平素专为穷人打算的。他自己不怕吃苦，努力工作。那时候南京遭了张勋的扰乱，他看见无数穷人穷极可惨。他向各方面募捐，创办义农会，造路造林垦田建屋以工代赈，养活了无数穷人。裴先生自己不是一个农业的内行，他看中国的灾荒，应该用改良农业的方法去解决。要改良农业，必须造就人才，他就创办农林科。直到今日，人才方面、建筑方面、事业方面，很可对于农

---

① 墨尼：《农学院创办人裴义理先生》，载《金陵大学建校一百周年纪念册》，56页。
② 章之汶：《本院过去现在与将来》，载《农林新报》，1941-08-21。

业有一点贡献。我们的希望，就是有了各种研究心得，各种好方法，和各种好种子，要介绍到农友那方面去，才算是尽我们的责任。①

为了解决实际问题，金大农学院设立了各种服务农民的机构。例如农民服务社即为金大农学院各系协作所设立。其目的在求改良附近农民之生活。其工作，简言之，即直接为农民服务。金陵大学农学院的办校宗旨，在农民服务社体现得更为系统和明确：

> 我国农民的生活，可以说是困苦到极点了。我们置身农业界的人，眼看他们的这样苦况，岂能袖手旁观。敝校同人愿本历年研究来的一点结果，报定牺牲服务社会的精神，认清解决农民的困难问题，帮助他们脱离困苦的生活，是我们应尽的义务。因之联络同志多人，商承学校当局，利用本校农村师范学校的校舍，创设农民服务社。目的，有直接、间接和试验的三种。
>
> 1. 直接的目的，是要拿了本校农林科历年研究的结果和经验，直接去帮助农民，在可能范围内，设法启发他们的知识，尽力解决他们的困难问题。关于教育、经济、组织、卫生、娱乐等重要事项，都要用相当的方法，以谋改进。
>
> 2. 间接的目的，是要希望农业界的同人，照样仿行。因为我们的力量很是有限，所以达到的地方，非常狭小。所以用表演的方式，先自试办。关于办理的程序方法和发生的困难问题，以及解决的方法，我们时时要在敝校农林新报上发表，请大家指正和采纳。这样推行下去，才能使得多数农民得到好处。
>
> 3. 试验的目的。因为我们虽然本了研究结果和经验去做事，但是此次所办，恐怕有的地方，不能尽合地方的情形，必须经过几度的试验，把随时发生的困难问题，设法解决，以期收完满的结果。②

---

① 周明懋：《欢送辞》（1928年新春农业研究会），载《农林新报》，1928-03-01。
② 李映惠：《本校农林科农民服务社的缘起和目的》，载《农林新报》，1927-10-21。

可以说，解决中国近代农业发展中面临的实际问题，改善农民的生活，是金陵大学农学院的基本宗旨。这一宗旨贯穿于农学院发展的始终。而实现这一宗旨的手段则是建立一套教学、科研和推广三结合的创新体制。

（二）金陵大学农学院的"三一体制"

1914年11月，毕业于美国康奈尔大学农学院的农学士、农艺教师芮斯娄到金大农科任教，1916年担任科长。他将美国康奈尔大学农学院教学、科研、推广相辅相成的经验引入，使金大农科初步建立起教学、科研、推广三结合的"三一体制"。① 1932年，金大农学院教师章之汶在美国康奈尔大学研究院获硕士学位返国，接掌农学院。章之汶先生任农学院院长16年，"致力于研究、教学、推广三方面，齐头并进，相辅相成，更以行政力量，为之推动，充分发挥领导才能，成绩斐然可观"，使"三一体制"更加完善。"金大农学院毕业学生在社会服务，其所以能理论与实际并重，知识与力行合一，即系在此项综合体制下所培养而成者。"②

1. "三一体制"的基本内容

所谓"三一体制"就是在高等农业院校中教学、研究、推广三项工作同时并举，相辅相成，共同完成服务农业这一目标。就金陵大学农学院而言，其历年经费支出用于研究工作的占50%，用于教学工作的占30%，用于推广工作的占20%。这三项工作是一环套一环，彼此紧密相连，不可分割。其中农业科学研究是基础，它为教学提供新内容、为推广提供实际材料。

由于金陵大学农学院以解决中国农业发展中的实际问题、提高农民生活水平为办学的基本目标，所以其研究工作都紧密结合中国农村和农业发展的实际需要。例如，农业经济系为查明中国全国的农村经济状况，以供政府施政参考，曾先后举行多次调查，包括中国农家经济调查、中国土地利用调查等。其目的在于汇集中国农业资料，作为将来改良农业的借鉴和

---

① 费旭、周邦任主编：《南京农业大学史志》，3页。
② 张毓麟、郭敏学：《章故院长之汶先生事略》，载李扬汉主编：《章之汶纪念文集》，57~58页。

决定全国农业政策的根据。农艺系为提高农业产量、改善农民生活，则致力于品种改良工作。其历年改良的作物，计有小麦、棉花、水稻、大豆、小米、高粱、大麦、马铃薯、玉蜀黍等。育成优良品种达四十种以上，其中曾经大面积推广种植者有二十余种。此外，农学院还对中国的植物、森林资源、昆虫等做了调查，采集了大量标本。调查成果印有《中国树木志》、《中国树木分类学》、《中国真菌录》，以及部分省区的林况调查报告、森林资源报告等。①

中国的农业教育在兴办之初完全采用外国教材。由于农业的地域性很强，外国农业教材中的许多内容完全不适合中国农业的实际，用这种教材培养的人才难以解决中国农业的实际问题。金陵大学农学院的科研工作，为解决中国农业教育脱离中国农业实际这一问题打下了基础，使教学有了符合中国国情的内容，使推广有了切合当地农业生产实际的材料。其重要科研成果见表5-1、表5-2。

表5-1 金陵大学农学院农业经济类重要科研成果（截至1940年）
Table 5-1 Achievements of Agricultural Economics Gotten by Agricultural College of Nanking University（Up to 1940）

项目名称	备注
农家经济调查	共调查7省，17个地区，2866户农家
中国土地利用调查	共调查22省，168地区
乡村人口问题之研究	分析中国农村人口之结构及其消长
豫、鄂、皖、赣四省农村经济调查	分农村金融、农产运销、土地分类等项
四川省土地分类调查研究	绘制各县土壤分类图及土壤分区图
成都市附近7县米谷生产与运销研究	供政府统制食粮参考
四川农产物价及成都市生活费用研究	自1938年起，按周编制生活指数

---

① 章之汶：《金陵大学农学院之成就》，载李杨汉主编：《章之汶纪念文集》，43~47页。

表 5-2 金陵大学农学院植物生产类重要科研成果（截至 1940 年）

Table 5-2 Achievements of Plant Production Research Gotten by Agricultural College of Nanking University（Up to 1940）

作 物	改良品种	作 物	改良品种
小 麦	金大 2905 号、金大 26 号、金大开封 124 号、金大南宿州 61 号、金大南宿州 1419 号、金大燕京白芒标准小麦等共 14 余种	高 粱	金大开封 2612 号、金大南宿州 2624 号、定县 33 号
棉 花	金大脱字棉、金大百万华棉、金大爱字棉 481 号、金大爱字棉 949 号、斯字棉 4 号、德字棉 531 号	大 麦	金大 99 号裸麦、金大开封 313 号大麦、金大南宿州 1963 号、金大南宿州 718 号裸麦
水 稻	金大 1386 号	玉蜀黍	铭贤金皇后
大 豆	金大 332 号	柑 橘	江津甜橙 26 号、24 号、18 号、金堂大形甜橙 17 号、江津红橘 11 号
粟	金大燕京 811 号、金大南宿州 373 号、金大开封 48 号、金大泾宿号、定县燕京 22 号、济南金大植物组 8 号	蔬 菜	甘蓝金陵 10 号、榨菜金陵 2 号、番茄金陵 20 号

注：以上两表根据南京大学出版社 2002 年出版的《南大百年实录》中卷，《金陵大学史料选》309～310 页内容编制。

在教学方面，因为有针对当地农业实况研究所得的材料和方法，所以其培养的人才也能趋于实际。在推广方面，有研究所得适合当地农业需要的材料，交付经过严格训练的推广人员，推广可以顺利推行。在推广工作中遇到的困难和问题，又可以作为研究材料，拿回学校进行研究，再以研究所得新成果、新技术施于教学。这样，研究、教学与推广互相促进，从而实现服务农业的目的。

综上所述，"三一体制"中的研究、教学与推广，实为三位一体，互相连环而缺一不可。

2. "三一体制"的组织结构特点

"三一体制"的基本组织结构是在院长和院务会议之下设立教务委员会、研究委员会、推广委员会以及农业经济系、农艺系、乡村教育系等各专业系。这些单位之间不是各自为政，而是紧密联系、互相配合，教学、科研、推广三位一体，共同完成学校解决农业实际问题的目标。这种三位一体通过以下途径实现：

(1) 同一机构由不同专业的人员组成。

这一方面体现在教务委员会、研究委员会、推广委员会等负责组织协调全院工作的机构的人员组成上；另一方面也体现在直接服务农村、服务农民的机构人员的组成上。以农业推广委员会为例，该委员会负责全校农业推广的组织协调工作，设行政组和学艺组。行政组由农林科科长、农林科各系主任、金陵大学校长和推广系主任组成，讨论推广事业属于行政上的各种问题及推广计划等。学艺组由推广系主任、推广员、本科农林专家、校外农林专家和农林科科长组成，凡推广事业属于学艺上的各种问题由此组负责解决①。再如，农业推广系虽然有自己的专任教员，但是它所举办的增进农民知识的寒期农业研究会，则请本科各系教授担任讲授②。又如，农林科成立农业研究会，其筹备委员会由科长敦请农林科各系代表组织成立，此外有推广系全体职员为当然委员③。

(2) 同一事业由不同组织机构参与完成。

农学院的一些直接面向农业服务的机构通常有多个系、部参与。例如为改良乡村组织、增进农民生活而成立的农民服务社，是由推广部与乡村教育系、农业经济系共同组织。"所举办之事项，为儿童作物竞进会，儿童养畜竞赛会，农民消费合作会，妇女手工，家庭卫生，乡村教育等。"④又如，以造就习苦耐劳、能工能读的服务农村人才和真实乡村领袖为目的的农村服务专修科，"非乡村教育系单独所办，故对于办理进行，乡村教育系仅处主领地位，其他各系皆处辅导地位"。而专修科的指导机构"专修科委员会"，则由"农林科科长商同各系主任对于专修科有浓厚兴趣之

---

① 周明懿、唐希贤：《本科推广系之新计划》，载《农林新报》，1927-05-01。
② 《本校农林科推广系所设寒期农业研究会近状》，载《农林新报》，1927-02-11。
③ 《农业研究会筹备处报告》，载《农林新报》，1928-03-01。
④ 周惕：《本校农林科十六年度进行概况》，载《农林新报》，1928-01-01。

各专家组成之"。①

(3) 同一人承担两项到三项不同的任务。

金陵大学农学院所有专任教授，都参与研究工作，高年级学生也以研究工作为其设计实习及编著论文的资料。在共同参与的研究过程中，教师可以达到教学相长的目的，学生也可从中获取开展研究工作的技能。② 有些教授还兼任多项组织协调工作。以1927年为例，当年选定的各委员会委员如下：

行政委员会 主任：过探先、芮斯娄。委员：徐澄，郝钦铭，章元玮，叶雅谷，周明懿，张巨伯，陈宗义，顾嵘，范得盛。

教务委员会 主任：过探先、张心一。委员：戴观亭，孙文郁，卜凯，焦启源，林刚。

推广委员会 主任：周名懿、张心一。委员：过探先，芮斯娄，乔启明，唐希贤，章元玮，郝钦铭，陈嵘，马进，俞大绂，李积新。

研究委员会 主任：沈宗瀚、芮斯娄。委员：戴观亭，张巨伯，陈嵘，叶雅谷，过探先，郑庚，俞大绂，乔启明，卜凯。

合作委员会 主任：张心一、李得毅。委员：陈嵘，徐澄，周名懿，顾嵘，张巨伯，叶雅谷，过探先，章元玮，李积新，郝钦铭，章文才。③

从各委员会的组成人员可以看出，许多教授都在两个到三个委员会中任职。教师身兼教学、科研、推广方面2~3个职务，是"三一体制"的重要特点④。

通过上述三条途径，农学院的教学、科研、推广各机构被有机地联系

---

① 章元玮、李映惠：《本校农林科特设农村服务专修科实施计划草案》，载《农林新报》，1927-04-21。
② 张宪文主编：《金陵大学史》，348页。
③ 新闻：《本校农林科各委员会选定委员》，载《农林新报》，1927-10-11。
④ 费旭、周邦任：《南京农业大学史志》，3页。

起来，既有专业分工，又能团结协作，共同实现学校服务农业、农村和农民的目标。

(三)"三一体制"下的创新实践

农业技术创新是农业新技术从引进或发明到实际应用于农业生产，并产生社会或经济效益的过程，以下我们就按这个过程来分析金陵大学农学院的农业技术创新活动。

1. 技术引进与研究

现代农业技术是通过国际间的技术转移从发达国家引入发展中国家的。速水佑次郎和弗农·拉坦把这种技术引进过程分为三个阶段：第一，物质转移阶段；第二，设计转移阶段；第三，能力转移阶段。第一阶段的特征是诸如种子、动植物、机器等物资的简单转移或进口，缺乏系统、有组织的适应性研究。在第二阶段，外来植物和设备的进口，是为了得到新植物物资或仿造设备的设计，而不是在生产中直接使用。新的动植物经过有序实验，通过系统繁殖进行推广。第三阶段，技术转移是通过转移科学知识、转移根据国外原型技术生产本地适应性技术的能力实现的。在能力转移过程中，农业科学家的流动是一个重要的因素，农业科学观念和技巧的传播严重依赖个人接触和联系范围的扩大[①]。

中国近代农业技术引进也大体经历过这三个阶段。这三个阶段并没有明确的时间界限，但有一点是肯定的，即只有到了第三阶段才能实现西方农业技术的本土化，为中国近代农业技术创新奠定可靠的基础。而这第三阶段，至少在作物育种方面是开始于金陵大学农学院。金陵大学从1914年起，采用近代育种技术育成了中国第一个用新法育成的小麦良种[②]。此后又从美国聘请著名作物育种专家来中国讲学，培训育种人才、指导育种试验，使我国的作物育种工作走上科学的轨道。

金陵大学农学院之所以能在西方现代农业技术本土化过程中发挥重要

---

① 速水佑次郎、弗农·拉坦著，郭熙保、张进铭等译：《农业发展的国际分析》，309~310页。

② 中国农业博物馆编：《中国近代农业科技史稿》，42页。

作用，得益于它与美国农业科研机构，尤其是康奈尔大学的合作。其合作经费，主要来自美国捐助救济 1920 年华北旱灾的赈灾余款。

1920 年淮河流域发生大灾荒，美国威尔逊总统设立百人委员会救济中国，救济工作完毕后，委员会尚有相当多的未动用款项（大约一百万美元），金陵大学农林科科长芮斯娄建议将此款专门用于中国的农林改良事业，委员会接受了这一建议，由金陵大学和美国纽约洛氏基金世界教育会以及康奈尔大学合作，制订并执行在中国的作物改良计划和人才训练计划，合作期限为 1925—1931 年。在合作期间，康奈尔大学每年派遣作物育种系教授一名前往金陵大学，协助发展此两项计划。1925 年 4 月，康奈尔大学教授、世界著名作物育种专家洛夫博士来到金陵大学，举办作物育种理论与技术讲习班，将近代作物遗传理论和技术，以及生物统计方法介绍到中国，同时开展小麦、大麦、高粱、大豆、水稻等作物的改良。此后，马雅斯、魏更斯等育种专家相继来到金陵大学农学院任教，进行人才培训和作物育种指导。作物育种改良工作在十六个试验场进行，包括位于中国中部和北部的十三所合作试验场。这些合作试验场分别属于各地的教育机构、教会团体或政府机关。起初由于中国缺少受过良好训练的作物育种专家，所以在与合作试验场的合同书上写明所有的工作必须由金陵大学农艺系视察和指导。到 1937 年抗战爆发时，主要作物有三十七个品种改良成功，其中二十八种业已推广，由农民大量种植①。

"在能力转移过程中，农业科学家的流动是一个重要的因素"，为金陵大学与康奈尔大学的合作所证实。康奈尔大学作物育种专家到中国来，主要是将最新的作物育种原理、方法介绍到中国，培养具有作物改良能力的中国专家。

当然，农学院的科研工作以作物育种最突出，但是不限于作物育种，各系都根据自身的学科优势和中国农业的实际开展研究工作。

例如，1927 年园艺系的科研事业进展如下：

---

① 参见章之汶著，吕学仪译：《迈进中的亚洲农村》，405～407 页。沈志忠：《近代中美农业科技交流与合作初探》，载《中国农史》，2002（4）。

罗致各地著名之花卉，为品种之试验。对于蔬菜一项，则按照康奈尔大学育种专家美安斯博士指导之方法，应用育种原理，以品种试验与单本选择为基本之方法，近更采集国内外关于经济上有价值之各种果树，植于园内外，以备设立永定果园。各地以本科所出苗木优良，种子纯粹，乐为购用。①

森林系研究的内容相当广泛，大致有如下项目：

1. 实地考察各处森林之状况。已进行者，有山西、江苏、安徽等省。详为考查，然后分析归纳，为解决各种问题之根据。
2. 采集各地树木标本，研究其特性与分布，以为造林选种之目标。
3. 研究造林指南。如研究各种本地及外来树木生长之表现，考查庙宇森林之实况，寻求荒山上植物进化之系统。
4. 造林方法之研究。如收采佳种，培植幼苗，以及荒山造林之选种，直接播种栽植树木插条等。本系对于此项问题，在本校特设苗圃。
5. 森林管理法之考究。
6. 测量树林之生长率。
7. 考定森林保护法。如研究防止火灾，人畜滋扰等。
8. 发展森林之利用。如研究改进木材之运输，调查各主要区域之木价及薪值。
9. 研究森林之出产。
10. 考查森林之影响。如研究各处森林之减少水患，森林之防止冲刷与调和气候。
11. 研究森林工程事业。如防止冲刷垦荒造林等。
12. 改进牧畜事业。如研究牧畜与造林之影响，及保存牧草。

----

① 周惕：《本校农林科十六年度进行概况》，载《农林新报》，1928-01-01。

13. 拟定森林法及林业政策。
14. 搜集森林参考书，规定林业上应用之各科学名词。①

　　该系研究事业以森林防灾计划为重点，力求能对解决中国的水患有所贡献。例如该系曾于1924年及1925两年的暑假，由教授罗德民协同助教、学生等，赴山西南、北、中三大森林区域，考查森林与水患之影响。所得记录及心得，著有专册刊布。1926年又承上海华洋义赈会之合作，研究淮河流域冲刷及淤塞之原因。受战乱影响，未能照原定计划，全部调查。已经考察的区域，编有报告，送呈上海华洋义赈会，作为防灾之参考。

　　蚕桑系成立于1918年，历年进行的研究主要有：

　　1. 无毒蚕种之制造。1920年以前，育蚕仅为试验之用，至1921年始制种分售乡间，当年计选得无毒蚕种两千八百张。伺后出产逐年增加。至1924年计产无毒蚕种一万五千三百二十八张。1925年计得无毒种三万余张。1926年所制与1925年同。

　　2. 蚕病之研究。本系研究蚕病事宜，与生物系细菌学组合作，现方从事研究微粒子病之预防法，试验养氧杀菌，以略有成效。

　　3. 实用品及技术之改良。实用品改良已有成效者，如催青器，升汞消毒器，制种烤种器具等。技术之经改良者，如采种法，扫蚁法，蒸汽消毒法等。

　　4. 桑树品种。自1918年起，即着手采集。先由国内，次及日美等国。采集之后，随时比较其形质之异同，为之分类。更选优良品种，分别繁殖。现在选得之良种，计十四种。

　　5. 桑苗之繁殖。历年繁殖桑苗，除少数用搭接芽接舌接割接等法外，大部用插接法繁殖。每年培育之桑苗，常有两三万株。

　　6. 桑园之扩充。历年扩充桑园，迄今成林者，即有九十二亩二分一厘，种桑凡一万八千二百四十九株。去年夏承美国丝业公会，特拨

---

① 周惕：《本校农林科森林系之组织及事业》，载《农林新报》，1927-10-11。

美金四千五百元，补助本校为扩充桑园之用，即在太平门外购地一百五十亩为种植桑树之地。①

生物系1927年时分为四组：细菌学组、植物病理学组、植物学组、动物学组。各组进行概况如下：

1. 细菌学组。成立于1921年，其工作除了课程方面的教授外，更从事于下列各种问题之研究：牛瘟病之研究；牛畜传染性流产病之调查；羊胃寄生虫之研究；高压养氧抗治微粒子病之方法；豆料科植物与施肥之关系；细菌标本之采集；制造牛瘟苗之疑问；中国酒药中之细菌类植物。

2. 植物病理学组。本组对于农作物病虫害之防除，悉心研究，积极提倡。直接足以增加农民之收入。除防治病虫害之研究外，尚有两种重要之工作：菌类之采集；调查中国作物病虫害。

3. 植物学组。本组于1924年，始归并于生物系。除教授课程外，复经营植物标本室。举凡中国植物，靡不尽力搜集，作为研究中国植物分类之根据。②

以上仅仅是对1927年的部分研究做了一些概述。在近代时期，金陵大学农学院的科研工作取得显著成就，尤其是中国农村经济调查、作物改良、植物标本采集与调查等方面，取得很好的成绩③。

2. 人才培训

金陵大学与康奈尔大学的合作计划，最大的贡献不在于培育出多少改良品种，而在于培训出一批中国自己的作物育种人才。这些人才成为以后中国农业技术创新的骨干。

---

① 周惕：《本校农林科蚕桑系之组织及事业》，载《农林新报》，1927-11-01。
② 同上书，1927-10-11，1927-10-21。
③ 章之汶：《金陵大学农学院之成就》，载李杨汉主编：《章之汶纪念文集》，44～47页。

来自康奈尔大学的客座教授除了向金陵大学农学院高年级学生和教职员开设遗传学、高级作物育种学、生物统计学课程外，还要协助金陵大学举办每年为期三周的暑期培训班，接受培训者主要是各地的农业试验场职员和政府机构人员。到1931年金陵大学与康奈尔大学的合作正式结束时，大约有125名以前毫无经验的人员均能独立从事作物改良试验。另外，因为金陵大学与康奈尔大学的合作，许多中国学生前往康奈尔大学深造。1924年至1946年间，有62名中国研究生在康奈尔大学攻读作物育种和遗传学①。

科研人才需要培训，推广人才也需要培训，农民更需要培训。金陵大学农学院对后两种人才的培训也堪称典范。

在金陵大学农学院设有乡村教育系，特办有农业专修科、乡村师范科、附属小学若干处，训练实用之人才。"训练方法，系采用工读并重主义。凡来肄业者，必须勤苦耐劳，不畏农田工作，有普通之学识，牺牲之精神，改造社会之决心。本系授以农业上之知识及技能，并练习服务社会之方法，务使离校以后，能将所学，实行于乡村。此则本系之宗旨及实施之方法也。"其课本之编定，因专修科、乡村师范科及示范小学性质与普通学校不同，故教科之取材，极感困难。该系各教员，乃自行采取实用之材料，编定各书，以为教授之用。该系各部对于社会服务，均极注重。专修科、师范科及各小学，均附设平民夜校或农工夜校。尚有妇女会、农民合作社交堂种种组织。"其目的不外乎结合农氏，开通民智，破除迷信，以求社会之改进而已。对于不克入学之乡村儿童，则由青年竞进团之组织，每逢收获以后，或农隙之时，举行各种农产物之比赛，同时举行通俗演讲。对于不识字之农人，则以自制之各种图表示之，或会同本系推广员演放电影及新剧，以开农民之知识焉。"②

在初、中级农业技术人才培训机构中，农业专修科特别值得一提。专修科专门负责训练推广、合作组织和其他乡村工作人员。其办学成绩非常

---

① 章之汶著，吕学仪译：《迈进中的亚洲农村》，407～409页。
② 《本校农林科乡村教育系之组织及事业》，载《农林新报》，1927-11-01。

突出，赢得社会各界的认可，成为国内著名的大专。

农业专修科创办于1922年。当时金陵大学农林科鉴于中国缺乏真实服务农村的农业人才和具有农业知识的乡村领袖，于1922年和1923年相继设立农业专修和乡村师范二科。教材专取实用，教学并重实习，以造就习苦耐劳、能工能读的服务农村人才和真实乡村领袖，以谋中国农业根本的改良和农村彻底的革新。专修科创办五年，毕业一百八十余人；师范科创办四年，毕业七十余人。大多数的毕业生服务于农业机关和充任乡村教师，经该校介绍于各地试验场农校和乡村服务机关者，不一而足。1926年因交通时局等影响，而致暂停招生。由于屡接各方信函，询问二科开办消息。况且，当时乡村事业的重要，已为国人所公认。"改良乡村的措施，各方面已多有急起直追的进行。而造就实施乡村改良，实行下乡工作的真实人才，尤有刻不容缓的急切需要。"农林科因应社会的急需，将专修、师范二科恢复，合办为农村服务专修科（后改名为农业专修科），分为教育、农业二组①。由此可见，金陵大学所办的农业专修科已经深入人心，为当时中国社会所不可缺少。

专修科之所以能获得成功，是由于其办学宗旨和方法适应了当时中国社会的需要。由于其办学目的非常明确——造就服务乡村的实用人才，所以在招生的时候对考生有明确的条件限制。其投考资格如下：

一、生长乡村或深悉农村情形者；

二、对于农业有浓厚兴趣并乐于农村生活者；

三、有志服务乡村甘愿躬亲实行者；

四、体力强健能操田间工作者；

五、勤俭耐劳富牺牲精神者；

六、新制初中毕业以上程度须验初中毕业证书或初中以上之修业证书如无证书而确有相当程度者须有本校所承认之机关或个人之切实

---

① 章元玮、李映惠：《本校农林科特设农村服务专修科实施计划草案》，载《农林新报》，1927-04-21。

保证；

　　七、曾在乡间工作有教育上或农事上之经验者尤佳；

　　八、年龄在十八岁以上三十岁以下者①。

　　考试科目中包括半日田间工作，以考察学生的实际工作能力及吃苦耐劳精神。

　　为养成学员自动能力与服务精神起见，除了课堂学习外，特设课外活动多种，由学员实地进行。对于以下各种活动极其重视，要求学员不得忽略：

　　　　助理学校行政活动：整理校舍；修理校具；布置校景；管理图书；缮写油印；预算费用；经济出纳；公文涵牍；指导校工；助理教务；办理杂务。

　　　　应用活动：扫除校舍；经理膳食；烹饪操作；制造食品；洗涤衣服；组织自治；学校卫生；修面理发。

　　　　服务活动：招待宾客；倡办夜校；修筑道路；农村演讲；传布新闻；提倡卫生；推广农业；爱国运动；提倡农民娱乐；组织合作社；乡村调查。②

　　上述虽然只是一个计划草案，在实际操作过程中未必都能做到，但是从中确实能够体现金陵大学农学院的办学宗旨。事实上，由于专修科的教学充分体现了金陵大学农学院理论联系实际、教学做合一、服务社会的原则和宗旨，培养出的人才能适应社会需要，所以供不应求，几乎无一人失业。

　　金陵大学农学院对农民的培训，也有其特色，深受农民欢迎。该校对农民的培训，除了乡村小学等正规的学校教育外，还有其他途径。农业研

---

　　①　章元玮、李映惠：《本校农林科特设农村服务专修科实施计划草案》，载《农林新报》，1927-04-21。

　　②　同上。

究会就是其中的一种。

1916年阴历正月初六至十二，农林科教职员组织了一个农业研究会，请江苏省的农友及乡村领袖赴会，共同研究农业上的各种问题。因初次试办，学校外面的人只请了二十五位，但是到会的人增加至三十二位。散会之后，有许多人希望这样的研究会多开几次。于是第二年又接着举办。研究会的会员有两种：一种为农友，也就是一般从事农业的农民；一种为农民领袖，即凡已经或将要为农民谋幸福的人士。研究会的宗旨和研究的问题如下：

宗旨：一、对于农友。1. 传输农业的新知识，实习农业的新方法。2. 收集农友的困难问题，研究和解决。二、对于农民领袖。1. 增加农民领袖对于农民的同情及热心。2. 增加农民领袖为农民服务的效能。

研究的问题：一、关于农民的。养蚕栽桑的新方法；怎样能使麦稻棉出产得好而且多；怎样能使荒山、湖、沼等无用之地变为有用；怎样使农民自己组织，互相合作，得到低利的贷款，公平的买卖；怎样可以使农民的子女用很少的金钱、很短的时间，得到很实用的教育；怎样使用新的耕犁，轧棉机，种谷器，锄草犁等；怎样能治小麦、大麦的黑穗，和吃稻、吃菜的害虫；怎样能预防鸡瘟、猪瘟；怎样能治疗或预防红眼、秃头等病。二、关于农民领袖的。1. 农民的心理。2. 乡村里现在最切要的问题。3. 农民领袖的才能和修养。4. 农村建设的方法和教育、交通、卫生、娱乐等。5. 农村服务的困难及解决困难的方法。①

农业研究会的内容非常广泛，参加演讲的专家教授不限于本校，还请有校外专家。以1928年新春农业研究会为例，这次研究会时间为1928年

---

① 张心一：《本校农林科第二次新春农业研究会的缘起和办法》，载《农林新报》，1928-01-01。

2月3日至2月9日，各类报告及活动合计有40多项。有专门针对农村领袖的、普通农民的，还有面向全体成员的。作报告的专家，除了本校教师外，还有第四中山大学、金陵女子大学、晓庄试验乡村师范学校的教师及江苏农工厅、江苏省农会的专家以及记者。报告和讨论的内容涵盖了农业和农村社会的各个方面。农业技术方面包括：《猪瘟预防法》、《黑穗病防治法》、《除螟方法》、《园艺》、《学校园圃》、《农民自行育种的方法》、《经营村有林的好处和办法》、《世界林业之沿革及趋势》、《桑树栽培法提要》、《蚕》、《桑》、《金大推广之玉蜀黍》、《金大改良棉与普通棉之比较》、《金大小麦之由来及产量之比较》、《气象仪器》等。农业教育方面包括：《金大农艺系工作》、《乡村教育》、《乡村补救教育的需要和办法》、《乡村小学农业课程的需要和农业教材收集的方法》等。农村社会经济方面则有：《佃租制度之背景与中国佃租制度之改良办法》、《乡村社会问题》、《乡村领袖》、《乡村卫生问题》、《乡村道路问题》、《乡村生活程度问题》、《为什么组织农民协会》、《乡村妇女问题》、《乡村合作事业》、《农场簿记法》等。此外还有园艺实习，蚕桑实习，玉蜀黍脱粒机实地演示比较，棉花轧花打包实地演示，考察猪瘟病症，娱乐会，游艺会，电影等活动①。

从这些可以看出，金陵大学农学院举办的农业研究会内容丰富充实，体现了金陵大学农学院教职员真干实干，真心为农民服务的精神。农业研究会筹备处主任张心一教授指出：

> 这种研究会的成功与失败，不在会员到的多少，也不在会中服务人的好坏。那些到过会的人能不能变成更明白更能干的农民，就是这种会成功与失败的证据。但是，这种证据，我们现在没有方法得到。所以这个会的成功与失败，没有法子讲。但有一件事我们知道的，就是这个会在社会上已经生了根了。它的发展，一年比一年快了。将来总有一天能够使到会的人变成更明白更能干的农人。②

---

① 李映惠：《新春农业研究会日程纪要》，载《农林新报》，1928-02-21。
② 张心一：《农业研究会筹备处报告》，载《农林新报》，1928-03-01。

3. 技术推广

农业科研成果是否能对农业发展产生影响，关键在于是否能成功地推广。金陵大学农学院的农业推广工作成效比较显著，为当时人所公认。而这成功的农业推广得益于其"三一体制"。

正如张心一所言："农林推广，狭义地讲，可以说是使农民利用科学方法的事业。干这件事，第一要有可推广的材料；第二要有能推广的能力。"① 而当时热心推广的人，第一就感觉材料缺乏。即便有一些材料可供推广，也缺少具备推广能力的人才。"为农民工作是极难的事。普通的人都想升官发财，根本上就不愿到乡下去，所以有志推广农业的人就不很多。就是有志推广的人，等到出学校时，也不适用。因为推广时一定要择定一个地方。他学过的学科，未必在那个地方适用。他根本上就不见得有务农的经验。"② 这两个问题在金陵大学农学院的"三一体制"下都能得到解决。农学院结合中国农村实际的科学研究为农业推广提供了材料，如良种、新式农具等。农业专修科则培养了一批既有先进农业科技知识，又有实际农事操作技能、吃苦耐劳、热心为农民服务的推广人员。有了这两个条件，再加上完善的推广组织系统，使金陵大学农学院的农业推广工作在民国时期处于领先地位。当然，推广成绩的取得是农学院师生长期艰苦努力的结果。

（1）推广工作的开展与农业推广系的成立。

在农林科成立后的最初五年，可以说学生很少、教授很少、经费很少、设备也很少。那时候全校的精神，集中在教、学、做，造就一班好学生，还不曾梦想农业推广的事情。以后的五年，境况有所改变。学生人数逐渐增多，教授当然也随之增加，经费逐渐充裕，设备就渐渐地充实起来。多年的试验研究也有了成果，可以用来推广。金陵大学的农林科，到了成立后的第十一年，才有推广系正式成立。

推广系的建立，其渊源可以追溯到美籍教授郭仁风先生的棉花育种和

---

① 张心一：《农业推广的几个先决问题》，载《农林新报》，1928-01-21。
② 同上书。

推广事业。郭仁风先生从美国来到金陵大学，专门研究棉花，从事中国土棉品种的改良和美棉品种的驯化。同时在他的工作进行过程中，还非常注重人才的训练。郭仁风先生率领着几十个勤苦耐劳的学生努力工作，使棉花育种事业，日渐发达。1920年着手进行棉花育种，曾经育成"百万华棉"良种一种，至1923年已繁殖三万余斤，在江浙一带推广。而早在1922年郭氏即着手推广棉籽事业，正式授课，教助手们如何制图表，如何制标本，如何布置一个展览会，如何化妆演剧，并且印就农林浅说十余种，极力进行文字的宣传。1922年的推广工作，北至山东之临邑，西达湖北，南至浙江之余姚，并有广西、山西两省政府或派专员来此学习，或购多量棉籽，以便散布农村中。全国棉业讨论会，亦依托金陵大学农林科召开，由郭氏协同助手，指导将来改良棉作的方法。此时无推广系，而社会对推广系的需要已升到极点了。1923年得华洋义赈会之捐赠，推广系即应运而生。当时推广的主要材料为棉花良种和改良蚕种以及桑秧。

1924年春，郭氏协同助手制成电影片数千尺，为中国农业电影片的开端。这些影片展示了改良麦种，防治牛瘟，汲水灌溉，试验稻种，改良蚕桑植棉等方法，并展示学生实习状况，以及推广时农人赴会之盛况。可惜限于经费，不能完全将农林科的工作全部制成影片，以示国人。并且未能制成改良农家与未改良农家互相比较的影片，不无稍有遗憾。布置摄取电影片，亦由郭氏一手经理。夏季郭氏返美，摄影亦因之停顿。这一年制成幻灯片很多。关于蚕桑棉麦森林苗圃卫生副业等，计有数百种。制成图表也极多，共有图表二百余种。这年推广范围，达于八省。开会共计一百四十五次，到会听讲人数，共六万余。《农林新报》亦同时发行，订报者总数达两千份。①

农林科以推广、研究及教学，相辅而行。教员为职务所限，势不能常到乡间，故特设农业推广员。农业推广员的责任，不仅仅是向农民推广本校的研究成果，例如介绍改良种子与种植方法于农民，还要负责调查、选择农村及农业上的问题，以备专家参考，作为研究的依据和教学的资料。

---

① 周明懿：《本校农林科推广系之历史》，载《农林新报》，1928-01-21。

推广系于1924年2月成立之初，仅有一人担任推广工作，三年后增至五人。另有绘图、通信、制标本及搜集材料者四人。三年间推广员在各省开会次数约一千以上。工作地点共九省，九十县。每次开会人数，少则四五十人，多则四五千人。各处实业机关学校与教会，以及农人所组合的会社，来请前往推广者甚多。因人少事繁，一切工作必须分任，方足以应付。于是划定沿津浦、胶济、陇海、京奉、京汉、正太各路沿线的推广事业，由推广员周明懿负责；长江一带及沪宁、沪杭甬路线，则由陈燕山负责；南京附近各县，如江苏的丹徒、句容，安徽的和州、当涂等县一切事业，属于合作者居多，关系尤为重要，必须经常视察，所以由周、陈二人协同负责。

金大农林科的推广工作远远超出单纯的技术推广，也不仅仅由推广系来做。农林科的各系都从事推广，由推广委员会负责协调，推广系则作为推广委员会的办事机构，处理日常事务。兹以推广系1927年的组织计划略作说明。此计划是在原有组织机构基础上制定的，从中大致可以看出推广系的基本构成情况：

推广系由以下各组构成（各组人数不等，或每组一人，或一组数人，或数人一组，视需要而定）：

总务组。分庶务，会计，文牍三股。庶务掌本系一切杂务，会计司本系经济收支，文牍司往来公函或本系一切文件报告。

教务组。甲、短期股。本股专为农民于闲时求学而设，以最短时间，授以农业上之特种课目。时间或一周或十日或一两个月不定，均由农林专家教授之，农民可择其性近之课目习之。乙、函授股。本股专为补救农民之失学者，并灌输智识于小学教师及一般有志之士而无暇入校专习者而设。概分农林两科，办法由学者自择。课目书末附有问题，习完后需作答案，随由教务组改正发还。修业毕亦给以文凭。至课目及农林两科函授之简章等，则由推广委员会订定之。丙、补习股。适于暑期。专为乡村学校教员及有志"改良农村组织，增进农人生活"者补习应需智识而设。时间或一月，或两月，由专家教授之。

编辑组。专任本系一切编辑事宜。如书报，浅说，单章，章程，报告，图书，并寄登本国各报农业上文字之编辑，及推广用一切文稿。

指导组。一切农林指导，均由此组进行。

赛会组。掌理各种展览会，竞赛会，品评会，举行农民节，通俗戏剧会，农事警告游行会等。

演讲组。分巡回演讲，特产演讲及特殊演讲三种。

调查组。总理收发各地调查事宜，编成报告，以备参考，或备外界之询问。

通讯组。为外界（本科毕业生尤须注意）通信询问之机关。

合作组。专任与校外农林团体，或农林机关合作事宜。此组或可不设，由农林科科长任职。

宣传组。以引起各界对于农林问题的注意为目的，或劝说有志之士，入校攻读，或入函授股函授。①

(2) 以推广系为主的全校推广工作②。

推广系的工作，分宣传、合作、介绍三种。在初次推广时，均用宣传方法，使一般农民对于农业新技术发生兴趣。等其兴趣即生，如有愿意采用新技术者，则由推广系的推广人员与之合作，由农民负责试用新技术，推广人员负责进行技术指导，以期收获农业改良之效果。为传布农林知识及消息，金大农林科专门创办、发行《农林新报》，介绍农林科技知识，发布国内外农林消息。每月三期，每期两张，全年共计三十六期。到1928年一月，除交换不计外，长期订阅者，有两千余份。此外还有丛刊、浅说、农家浅说、报告、杂类、农林科通讯等出版物。

丛刊为各专家研究心得之结晶，分门别类，各著所长，专供服务实业的人员参考。浅说系供给农民之读物，故文字求其通俗，材料求其实用，

---

① 周明懿、唐希贤拟：《本科推广系之新计划》，载《农林新报》，1927-05-01。
② 以下论述的史实依据周惕：《金陵大学农林科推广系之组织与事业》，载《农林新报》，1927-09-21。

可为改良农业之先导。农家浅说为改良乡村社会而作,凡农家应兴革之处,都详为规划,陆续刊发,以应社会之需要。报告为农林科各部进行概况,随时刊布。杂类专门登载农林科农产、农具等售品目录,并附以说明。农林通讯则将农林科进行概况,各系消息,随时刊布,供人们了解、指正。

金大农林科传播农林知识的途径除了出版物外,还有其他形式。

第一,农业暑期学校。暑期学校之设,始于1926年冬。当年农林科为联络各地乡村服务人员,讨论乡村问题,力谋乡村事业之改进起见,于1926年2月2日至5日,开乡村服务讨论会,广请各地乡村服务人员,来校与会,计到会者共有二百二十一人,遍及十一省。召集乡村服务讨论会后,各处来函,请求以最短时间,最省经济,补习农业知识者甚多。于是在这年暑假与中国东方基督教教育联合会,合办农业暑期学校,广征国内乡村服务人员,授以农业知识,到校学员二百二十四人,遍及十四个省。

第二,暑期作物改良研究会。农林科与美国康奈尔大学合作以后,世界著名专家洛夫、马雅思两博士,相继来校,教授作物改良之最新方法。农林科鉴于当时中国各农校、农场皆以作物改良为重要之事业,渴望得到专家指导。于是组织暑期作物改良研究会,函请各农业机关主任,派员来会听讲。会员名额,原定十五人至二十人,后来因为要求来会者甚多,增至三十余名。初次暂以江苏省为范围,以后再行扩充。

第三,农民学校。金大农林科认为,西方各国农科大学,每于寒暑假期内,开办短期农民学校,召集真正的农民,教以切合实用的方法,实为推广农业教育的最佳方法。中国农民知识幼稚,守旧心切,欲引起其改良农业之观念,此项学校实有提倡之必要。所以于1927年2月7日至10日,召集南京附近各乡村之农民,来校研究。除授以浅近的新农业知识外,还做实地试验。因初次开办,暂以南京各村镇为范围,学额暂定二十名。以后要求加入者多,遂加至三十五人。

(3) 各系的推广工作。

除了全校性的推广工作外,各系也根据自身专业特点进行农业推广。

例如,农艺系从事于作物改良,不遗余力。除进行棉作改良及推广外，小麦、玉蜀黍也已有育成之良好种子，在十九个省推广。销售数以江苏省为最，皖、鲁、豫次之，其他各省又次之。接到各处试种户之报告，金大农林科改良种之收获量及品质，均较普通种为佳。蚕桑系主要从事无毒蚕种之推广，将每年所养之蚕茧，全数制种，用显微镜考查其有无病毒。自1920年起，开始出售无毒蚕种。另外，蚕桑系每年培植桑苗，廉价售予农民以资推广。园艺系所产种苗，计花卉种子五十七种，蔬菜种子五十六种，林木种子四十六种。苗木则果苗二十五种，行道桐三十九种，花卉七十种，月季五十余种。销路颇旺，收入年达两万金左右。

蚕桑系与地方办理合作事业，设立育蚕指导所。1927年3月至6月，曾在无锡顾家庄及江阴长寿二处，各设一所，以与该乡农民联络，籍收改良蚕业之效。1928年，又增设青阳育蚕指导所，系与江阴蚕业公所合办，以谋改良地方之蚕业。

指导所办理之事项有：

一、蚕室改良之指导。修改蚕室之费用，由各蚕户自理，指导所只负指导之责。

二、蚕室蚕具之消毒。由指导所筹办，需向各户酌收消毒费少许。

三、蚕种之共同催青。催青期内，随时请各户来所参观，借以传授用火催青之方法。

四、稚蚕之共同饲育。蚕儿自养化至二眠之际，照料最宜小心，故以留所饲养为妥。至第三轮饲食之后，始分给各蚕户。稚蚕之饲育，由指导所主持一切，各户只须依照指导所之规定，按其认育蚕种之多少逐日将桑叶运送到所备用。

五、饲育技术之随时指导。稚蚕分给各蚕户之后，即归各户自行饲育。指导员每日至各户视察一两次，随时指示技术上必要之事件。蚕户所有疑难，亦可询问指导员，请其明白解决。

六、育蚕示范。在所内养蚕少许，借作各户之模范，俾得有所遵循，而从事模仿。

七、蚕具及消耗品之计算。各蚕户能养蚁蚕几许，须视其蚕室之容积，人工之多寡，桑叶之生产量及购买力而定。凡此种种经指导所调查明白，然后代为计算，各种蚕具及消耗品之需要数量，并指示其支配选择之方法，期适合于经济。

八、蚕种之供给。凡受指导所指导之蚕户，均应饲养本校出产之无毒优良蚕种，庶可保饲育之稳健。蚕种之供给，由指导所负责，至各户收获后收价。

九、蚕茧展览。收获之后，由指导所征集各户之蚕茧，开展览会一次或两次，借以比较优劣，更求改进。未受指导之蚕户，亦得参与展览。成绩优良者酌予奖励。

十、蚕茧共同售卖。各户蚕茧经展览会之品许，分别等级，按时价估计其价格，由指导所直接向丝厂或茧行接洽，代为售卖。①

金陵大学农林科农业推广的最终目的是要改善农民生活，如果仅仅是推广先进农业技术，尚不一定能达到此目的。因为即便通过技术改良使农产品产量增加，如果受市场价格影响，不能卖个好价钱，无法增加收入，农民生活依然不能改善。蚕桑系所设指导所在推广无毒蚕种的同时，也帮助蚕户销售蚕茧。农业经济系则利用其经济学科专长，帮助农户解决农产品的销售问题，主要方式是指导农民组织农村合作社。

农业经济系指导最成功地为乌江农产买卖信用合作社。该社于1927年春成立，有社员二十五人，皆系种棉之农人。此合作社之目的，是将社员所产棉花，合作直接运售纱厂，以获最公平的价钱。社章规定：社员托合作社所售之棉花，需纯净，绝对不得有掺水、掺粉等弊，以提高棉花之等次，并将棉花按品质分为改良与普通两等，以求适于纱厂之用。并实行合作机器打包，所有由合作社运售之棉花，统一用铁皮打包，以减轻运费，并减少火险及途中偷窃之弊。此外更保有水火险以谋安全。该社虽然受世界棉市价落之影响，加上运输困难，途中损失，以及额外费用等，而其售

---

① 《蚕桑系十七年合作事业计划》，载《农林新报》，1928-01-01。

价仍超过当时的市场价格。

总之，金陵大学农学院的农业推广工作覆盖了从农业新技术应用到农产品销售的全过程，最终促成农业技术创新的实现。

三、金陵大学农学院农业技术创新成功案例
——乌江农业推广实验区

第一次世界大战期间，中国的纺织工业获得一次发展机会，在上海成立了许多纱厂。但是中国本身所产棉花，无论数量还是品质，均不足以应付新成立工厂的需要。1919年，上海华商纱厂联合会资助金陵大学农学院改良棉花品种。金陵大学从美国农部购入"爱字棉"、"脱字棉"、"埃及棉"、"海岛棉"等8个标准品种，在产棉省的26处农场举行品种试验。同年秋，聘请美国棉作专家顾克来华视察指导。顾克经过考察确定：中国北方最适宜引种的美棉是"脱字棉"，长江流域可引种"爱字棉"。美国另一位棉作专家郭仁风则来到金陵大学农学院工作，专门从事棉花品种改良与推广。在郭仁风的主持下，金陵大学农学院驯化了引进的美棉，同时还用选种法改进中棉，成功育成"百万华棉"。下一个步骤就是繁殖和推广，乌江即被选为执行此项推广任务的地区。金陵大学农学院在乌江的农业推广工作，从1921年开始，一直持续到抗战爆发，取得显著成绩，实现了金陵大学农学院的技术创新目标。其成功经验，至今仍有借鉴意义。

（一）乌江概况

乌江是一市镇名，历史上楚霸王项羽兵败自刎之处即在此。该镇距南京大约二十余里，位于长江之北，北纬32°52′及东经180°33′之间。整个乌江地区的海拔高度平均约在百尺以内，附近25里，河流甚少，地势稍高之处，农田均依靠湖水和塘水灌溉。该地区的主食为大米，并盛产棉花，"乌江卫棉"在市场上享有一定声誉。在金陵大学农学院来此推广改良棉种以前，尚无系统的棉花改进工作。

乌江镇行政上受安徽省和县第二区及江苏省江浦县第三区管辖，驻马河为两县的天然分界。镇上有惠政桥，桥东属江浦县，桥西属和县。镇北

60里系江浦县城，镇南40里为和县城。附近的镇或集如下：东南15里有石跂河镇，正南13里有濮陈集，西南25里有濮家集，正西15里有张家集，25里有香泉镇，西北8里有王村庙镇，15里有石桥镇，正北16里有斗岗集，东北8里有周家营镇，20里有桥林镇。

当津浦铁路未筑时，附近各县的农产品，均由乌江出口，因此四方辐辏，商务发达，成为安徽东部之重镇。自驿站废而铁道兴，来往货物骤减，商务已大不如前。只是因为和县境内交通迟滞，镇集不多，所以乌江镇仍不失其地理上之重要。

乌江的交通，在水路方面，由于乌江系一纯粹的乡村镇市，除小轮及邮政外，没有其他交通利器。乌江地滨江边，逐日有京芜小轮来往其间，每小时下水速率可达30余里，上水则仅25里。从南京至乌江驻马河口（计80里），大约需要3小时半，自河口下轮后，可步行或另乘小舟至镇上，计程各为5里，运邮载客均赖此项小轮。至于当地货物之出入，则由民船者居多。在陆路方面，和乌江连接的汽车道有三条：第一条由南京过江，经浦镇、江浦、高皇殿、桥林、至乌江，计90里。第二条由和州至乌江计40里。第三条由乌江至香泉，计25里。上列汽车道宽度为1丈8尺，尚未有汽车行驶，其他通乌江镇之道路，均甚狭隘，宽度仅3尺至5尺，遇有山岗之处，道路不修，崎岖难行，交通更加困难。

由于水陆交通不便，农产运费很贵。据金陵大学农学院蒋杰对101户农家109次运输的调查，这101户农家，平均距离乌江镇5.6里，因运输以人工、畜工居多，每次平均运稻20.3石时，人工需费1.12元，畜工需费1.09元，茶钱0.47元，杂用0.15元，总计2.83元，则每里运费当为0.50元，每石运费当为0.14元。若以时间而言，计出售棉花、稻、小麦、花生、甜薯、绿豆、黄豆、大麦等8种农产品，每运输一次，平均费去1.08小时，则在5.6里中，每里费去0.19小时[①]。各种运输方法及采用的次数，分配详情见表5-3。

---

① 蒋杰编著：《乌江乡村建设研究》（再版），50~51页。

表 5-3　乌江农户的运输方式

Table 5-3　The Transportation Manners of Farmers in Wujiang Town

方　法	次　数	百分率（%）
人力	57	52.3
驴	44	40.4
车	4	3.7
骡	3	2.7
马	1	0.9

乌江的社会环境，根据 1934 年间论及乌江实验区的《农村复兴委员会会报》、《乡村建设》、《教育与民众》、《中央日报》、《农林新报》、《金陵大学校刊》等数种刊物的评论，可以归纳如下：

（1）行政人员贪污。乌江在行政上属于安徽和县第二区，镇上有驻巡所，直接隶属于县政府。地方组织则有商会、镇公所及自卫团。名虽冠冕，实等虚设，正好成为土豪劣绅出入官衙之机关，并借以敲诈人民。例如，1932 年该镇某保卫团团员于夜半赴老程村某农家休息，因枪弹卡在枪筒内，于是用竹筷拨弄，不料误将自己击毙。该保卫团团长素以欺侮农民而闻名，趁此机会向那农家敲诈，令出抚恤金六百元，否则加以罪名。该农民经此恐吓，只有俯首依命。不料该团长得寸进尺，又取出呈送县政府的公文两张，一张说农家有嫌疑；一张说该团员自行中弹而死。团长对农家说如果赞成第二张则再出六百元，可代赴省城运动。该农家忍无可忍，严辞拒绝，遂遭该团长惨打，几乎至死。又如该地的驻巡所，名义上虽属政府机关，但政府只派人，而不给钱，于是驻巡所的人不得不从搜刮民脂入手，抽赌头、鸦片税及乡民之争讼、罚款等，成为敛财大道。如所长赚钱方法高明，一任之后，则不难满载而归。

（2）土豪劣绅之不法。和县在安徽有"银和县"之称，不良县长得此肥缺，自然可以搜刮敛财。即便是所属各乡镇，亦有"五虎八怪"、"飞天蜈蚣"等土豪劣绅。乌江为和县首镇，因此农民受压迫之痛苦尤甚。据调查，当地土豪劣绅的来源，多为流氓升迁，间或有出身地主或世袭继承者。由流氓升迁为绅士者,均数青洪帮之流,常开堂收徒,硬拼硬干,势力扩张,占有大批土地,而成为一两等之富家。再由地方土豪,进而出入衙门,勾结贪官污吏,于是再变而成为大绅。在乡间则鱼肉人民,唆使生事,以便从旁敲诈。如果遇到官府摊派捐税,他们则加额中饱私囊,人民不知道官厅所得多少,政府也不知道百姓所出多少,上下都被欺骗。除此之外,他们还借为父母做寿,向农民收取贺礼,或假借妻妾生子,分送红蛋,于是广招来客,聚赌抽头。

(3) 鸦片公卖之毒害。鸦片在和县公开买卖吸食,政府虽间有禁令,但是正好为公务员多了一项收益。几年前曾设禁烟局,外则法令森严,内则黑幕重重,结果反为贩卖鸦片者多一护身符。及至财政部清理湖北特税后,乌江则分设"清理湖北特税专员办事处",并设立烟土公司,且有武装人员为之保护,公然列为政府行政机关之一。乌江共有725户人家,据估计有烟馆50余家,住民十之六为瘾君子,且有将鸦片作为应酬品者,故烟馆成为人民议事的场所,绅士的俱乐部,政府官吏下乡时的谈判处。

(4) 赌棍地痞横行。乌江赌风颇甚,且有借此以谋生者,赌首概为地痞流氓。又因地临苏皖交界之处,镇上军警不敢越界捕人,故赌场常设在桥北江浦属地。每当夕阳西下,惠政桥畔人头簇簇,吆喝声不断,盛极一时。遇有规模较大者,甚至上通官厅,按月进贡。当赌业衰落时,进贡不济,于是派警下乡,趁人不备,择肥而噬,以填其无厌之欲壑。乡民每有醉心赌博,以致倾家荡产者,因之流落地方,行凶作恶,小则为乞,大则为盗,故地痞赌棍之不消灭,土豪劣绅之不打倒,均为乌江乡村社会之隐忧。

(5) 农民知识低落,实系教育之缺乏。乌江乡民大部分为农民,识字者寥寥无几。由于文盲众多,乡村建设事业自难普遍进行,实验区解除文盲工作,虽致力尽能,唯成效不大①。

乌江地区的天灾人祸也层出不穷。1925年,乌江镇被土匪抢劫,被害者三人,损失计5000余元。1926年,被国民革命军击溃的奉军过境,乌

---

① 蒋杰编著:《乌江乡村建设研究》(再版),149~152页。

江人民负供应之责，乌江商会被诈1700元。1927年，张宗昌部下第七军许昆过境，肆意房劫；农作物收获欠佳，近六七成而已，受军队方面之损失在十万余元。1928年，发生红枪会事件，陈调元军队假公济私，肆意抢劫，全镇无一幸免，受军队方面之损失在二十万元以上。1929年大旱，农作物收获仅1/2。1931年，大水为患，圩田颗粒无收，只有高田丰收。收获总数仅占上年1/2。1932年丰收，可惜谷贱伤农，每担谷价不及两元。1933年，土匪抢劫该镇。被绑去180余人，击毙四人，损失达十余万元。1934年大旱，收获仅3/10。

由此可知自1925年至1934年十年间，乌江乡村社会被军队及土匪抢劫共五次，损失达五十余万元，至于受天时方面之损失，益数倍于此[①]。

金陵大学农学院在乌江的农业技术创新实践，就是在这样的背景下展开的。

（二）金陵大学农学院在乌江的创新实践

1. 农业新技术的引进与推广

技术引进的动力来自需求。在中国近代，这种需求分三个层次：第一层次是国家因为社会政治、经济变迁而产生的对新技术的需求，满足这种需求的途径通常是由政府兴办各类科研教育机构，但是这些科研教育机构不一定和生产实践发生联系，因此并不直接引发技术创新；第二层次是科研人员因为国家的需要而意识到社会有对新技术的需求，于是开始引进或研究开发新技术，并自上而下推广，科研人员的研究与推广已经属于技术创新了，但是要取得这种创新的成功，首先必须要引发生产者的需求；第三层次是生产者意识到需要新技术，主动向科研机构寻求新技术，当生产者的需求与技术研究开发者的供给协调一致时，技术创新才能得以顺利开展。乌江的农业技术引进来自第二层次的需求。金陵大学农学院在乌江的农业推广则为第三层次的需求奠定了基础。

（1）技术引进的动力。乌江的技术引进动力不是来自农业生产者的需

---

① 同上书，46~47页。

求,而是来自金陵大学农学院的推广活动。金陵大学农学院于1920年成立棉作改良部,从事中棉育种和美棉驯化工作,同时派人分赴南北各地讲演农业改进的重要与方法。这可视为农业推广活动的开始。1922年正式开始用驯化的"爱字棉"、"脱字棉"以及新育成的"百万华棉"从事推广[①]。初期的推广活动并无固定场所,举凡冀、鲁、皖、苏、浙等省,均有推广人员的足迹。1921年,推广系主任郭仁风曾会同章之汶、章元玮、邵仲香、周明懿、陈燕山等人赴江苏、山东等省,进行推广工作,当年秋天到达乌江镇,在镇中街举行农作物展览会,陈列标本、图表、模型等,农民前往参观者甚多。此次乌江之行的重要收获之一,是了解到乌江这一产棉区原有的"乌江卫花"徒有虚名,当地棉作纤维粗短、品质恶劣、产量甚少,完全系退化之美棉。据当地老农讲,是两江总督张之洞劝令引种的。于是1922年春,章之汶、陈燕山携带新驯化的美棉种籽前往推广。可惜当时由于农民受习俗的束缚,以及知识禁锢,没有取得成效。1923年,金陵大学在乌江镇南租地二十亩,作为棉作示范场,派金大农业专修科毕业生李洁斋常驻乌江。李洁斋到任后,立即进行农家访问、乡村调查等初步工作。自1924年起,在乌江设立金陵大学乌江农村改进部,并开办农村小学,农业推广事业步入正轨。

从上可知,乌江对农业新技术的引进,是金陵大学农学院主动推广的结果。

(2)金陵大学农学院在乌江的农业技术推广。金陵大学农学院在乌江的农业推广工作,分三个阶段。第一阶段从1921年秋到1930年秋,主持机关为金陵大学农学院;第二阶段从1930年秋至1934年秋,主持机关为中央农业推广委员会与金陵大学农学院合办的乌江农业实验区;第三阶段从1934年秋至抗战爆发,为扩大时期,主持机关增加了和县县政府。

其中第一阶段为萌芽时期,主要是引发乌江农民对农业新技术的需求。这一阶段的工作由常驻乌江的李洁斋负责,所采用的方法,皆为美国农业推广工作所常见者。直接方法,是用语言、文字、实物等,直接引起

---

① 章之汶、李醒愚著:《农业推广》,23~25页。

农民好感，从而实现推广的任务。语言法，主要是到农家访问、在办公室接待农民来访、在公共场所演讲等，通过言语向农民宣传农业技术。实物法则包括示范农场、陈列农具、种子、模型、图表的展览、照片、留声机、幻灯、电影的演示等。文字法主要是向农民散发介绍农业科技知识的书刊。除直接推广外，间接的影响也不可忽视。所谓间接影响，就是农民中有见他人采用推广员的新法或良种后，获得成绩，于是起而自动效仿。这种影响极大，尤其是在植棉方面。例如，1924年和1925年间，推广非常困难，但是自1926年起，农民即自动索取，几乎有供不应求之势。据李洁斋估计，农业推广各种方法的效率如下：实物40%，间接影响30%，言语27%，文字3%。

第二阶段为发达时期，金陵大学农学院的农业技术推广成就，主要在这一时期取得，因此，本书作重点介绍如下。

(3) 乌江农业推广实验区的成立。1930年1月，教育、内政、实业三部合组中央农业推广委员会。按1930年10月3日前农矿部核准备案之《中央农业推广委员会农业推广实验区组织章程》第九条，有"实验区之推广工作，于必要时得与其他农业教育机关，或农业机关合作办理，其办法另定之"之规定，中央农业推广委员会与金陵大学农学院合作，设立乌江实验区。之所以把实验区设在乌江，有如下理由：

第一，乌江距当时的首都南京80里，乘轮前往仅需四小时，故可常往指导及督促，以冀获得良好之效果。

第二，各种乡村建设机关之设立，应以避免重复为原则，当时南京附近农村改进运动，已趋蓬勃之状态，乌江交通便利，又无重复机关，自有设立之可能。

第三，在乌江兴办乡村建设事业，可不受其他机关或当地人士之拘束，且乌江荒地甚多，农业生产有增加之可能，其他乡村问题，有待解决，故极其符合设立实验区的条件。

第四，因金大在该处工作，有九年的历史，已经获得相当成绩。例如农村领袖能与之合作，农民又有极深刻之信仰，所以加以改组，性质并未变换，而事业反而扩大。

1931年10月30日，正式公布前农矿部核准备案的《中央农业推广委员会乌江农业推广实验区与金陵大学农学院合作办法大纲》，成立乌江农业实验区，金陵大学农学院在乌江的农业推广工作进入第二阶段。这一阶段由周明懿、邵仲香负责。由于成立了乌江农业推广实验区，推广机构趋于完备，推广成就也主要在这一阶段取得。

乌江农业实验区的地点，择定在安徽和县乌江区域，东至大江，西至周家集，北至桥林，南至濮家集（面积东南至西北约22里，东北至西南约26里）。推广工作，由中央农业推广委员会与金陵大学农学院合作办理。经费由中央农业推广委员会拨给开办费四千元，经常费每月最低数二百元，视经费充裕时得酌量增加。实验区的实施计划，需要报请中央农业推广委员会核准通过。中央农业推广委员会对于实验区之一切工作，要指导监督，并随时派员前往视察。实验区技术的实施，及采办改良种子、推广材料等，则由金陵大学农学院负责。实验区指导主任及各指导员，由金陵大学农学院提经中央农业推广委员会核准任用。双方的合作期限，暂定自1930年9月至1937年8月，期满后由双方另议之。

实验区的宗旨，按照1929年6月14日公布之农业推广规程第一条为："普及农业科学知识，增高农民技能，改进农业生产方法，改善农村组织，农民生活，及促进农民合作。"金陵大学农学院则规定：①本区为本大学农业推广工作实验地。②期将本大学各项研究之结果，推广于该区农民。③供给本大学及其他机关研究乡村问题之实习地①。

1931年长江流域发生重大水灾，当年秋季起，政府停拨经费，事业受到影响。1933年，实验区改由金陵大学农学院独办。1934年春，金陵大学与和县县政府签订合同，扩大合作范围，改和县第二区为实验区。合同期限为3年，即1934年7月至1937年6月。

(4) 乌江农业推广实验区组织系统、人员组成及工作。实验区成立之初，设总干事一人，下设四股：①总务股。分常务和农事两部。常务部主要负责日常事务如文书、统计、会计等工作。农事部则负责合作农场、种

---

① 蒋杰编著：《乌江乡村建设研究》（再版），80~83页。

子储藏、种子推广、农业机器、农场管理等工作。②农村经济股。负责农业调查、合作指导、堆栈。③农村社会股。负责村治、农会、农村自卫、农村卫生、农村娱乐等。④农村教育股。负责小学教育和社会教育①。后来随着事业的发展，分工更细，组织机构调整为七个组，即总务组、经济组、社会组、生产组、教育组、卫生组、政治组②。

该区开办之初，计有职员7人，此后由于事业的需要，乃招收练习生数名，截至1934年6月底，计有主任一人，干事六人，助理员三人，练习生七人。至于职务之分配，系根据上列组织系统，给以适当事业。换言之，即各以己所长，负责其应尽之职务，以收分工合作之效。

实验区每周举行区务会议一次，由主任、干事等各自报告本周工作经过，若有困难失败事情，则互相讨论，以求补救办法，最后预定下周进行的事业。练习生每星期日上午都要由主任召集开会两小时，由各个练习生轮流讲述自己职务上的心得，而由主任加以批评。通过这种办法，即可使之练习口才，又因彼此竞赛关系，能促进练习生的进取心。

实验区每日有固定的办公时间，但是无固定的办公场所，须视事业之需要而定，有时在办公室进行，有时则非下乡不可，故实验区中自行车甚多，办事人员都会骑自行车。

实验区中对于服务职员，并无考核条例，主要根据其工作进行状况，定其成绩优劣。对于工作努力者，有口头之慰问及薪金之增加。因工作不力而中途撤换者较少，因为该区职员事前有严密的介绍及选择。实验区每周都要填写工作概况，呈报中央农业推广委员会及金陵大学农学院，作为校等考核之用。

按照中央农业推广委员会乌江农业推广实验区与金陵大学农学院合作办法大纲第九条规定，合作期限为七年，所以当时周明懿主任曾拟定七年推广计划，以乌江为核心，每年向四方推行5里，七年之后，除东方临江仅有5里可能性外，其余三方均可扩展35里。预定在此七年中，不但使乌

---

① 蒋杰编著：《乌江乡村建设研究》（再版），85页。
② 张宪文主编：《金陵大学史》，385～387页。

江农民可获得农业推广实验区的援助，同时还要训练实验区的农民，以便使他们在期满后能接收实验区的事业，使"人助"得以"自助"，"被动"成为"自动"，最后达到"自救"的目的。计划规定后，立即进行调查、农家访问、联络乡村领袖等初步工作，因事前李洁斋在该地区已经树立起了信仰，所以工作进展顺利，时隔数月，一切事业均步入正轨。

实验区所用农业推广材料与方法，与金大以前所用并无出入，只是以前的事业，着重农业推广，实验区成立后则求整个乡村之建设，所以随着事业范围扩大，原有方法已成过去或不敷所用，乃稍有增删。例如，为团结乡民起见，实验区协助农民创立农会；合作社起始组织时，乡民不知所以，实验区特设班训练之。为灌输农业知识，召集新春农业研究会，并组织参观团，以扩大乡民见闻。这些均系新增加的方法。

(5) 乌江农业推广实验区的推广成就①。乌江实验区的农业推广，计有棉、麦、黄豆、树苗、蜜蜂、乳羊、蔬菜、农事机器等项。现列举棉、麦和机器的推广成就如下：

美棉。"爱字棉"在乌江推广已久，深得农民之信赖，只是由于零星散给，缺乏统一管理，近年来已呈退化现象。1933年及1934年，该区特约定私人设立纯种棉场，并集中"爱字棉"，利用轧花厂为农人轧花，籍以管理其种子，且由金陵大学运去纯洁棉籽五十二石，除自种外，其余则由农人领种。1931～1934年棉种推广情形如下：

表 5-4　乌江实验区棉种推广情况（1931—1934）

Table 5-4　Cotton Extension in Experimental District of Wujiang（1931—1934）

年　份	领种户数	领种数量（斤）	播种面积（市亩）
1931	79	4422.5	664.0
1932			
1933	61	2283.0	740.0
1934	284	23576.0	3201.4

实验区吸取了以往推广工作的经验教训，施行棉种鉴定。凡领种之农

---

① 数据来自蒋杰编著：《乌江乡村建设研究》，100～106页。

民，均须加入检查，并注意其种植方法是否合理。对于棉苗生长情形、病虫害、杂草等，更定有合格标准，不合格者，取消其应享之利益，以确保引种者所用方法，较为统一。收获前再行检查，然后评定等级，棉花由合作社代售，棉籽由实验区收买。如此继续施行，品种纯度得以保持，推广面积也可逐渐扩大。在实施此项计划过程中，实验区已订有农家采用改良棉种暂行规则、轧花厂规则、棉花田间检查表、棉花室内检查表、爱字棉考种表等。

小麦。金陵大学之 26 号小麦，颇适宜在乌江附近种植。1930 年，曾介绍于该区农民试种，结果明显比土种优良，乃于 1931 年秋正式推广。后来因金大 2905 号小麦之产量，更高出于 26 号，所以从 1934 年开始，推广品种已改为 2905 号。1930—1934 年的推广成就如下：

表 5-5　乌江实验区小麦推广成就（1930—1934）
Table 5-5　Wheat Extension in Experimental District of Wujiang（1930—1934）

年　份	领种户数	领种数量（斤）	播种面积（市亩）
1930	5	255	12.20
1931	15	1133	55.27
1932	85	9477	481.32
1933	72	8804	440.20
1934	30	5097	535.80

由上表可知，麦种的推广成绩，并不亚于棉种。

机器。实验区的开办费及常年经费中，有 3800 元用于购买机器，购买机器及费用如下：

托上海中华职业教育改进社代购者：三匹马力发动机一部，碾米机一部，打水机一部，共 550 元。轧花机两部连地轴 60 元。轧花机 14 部联一大地轴 850 元。

实验区直接向无锡震旦厂购买者：十二匹马力发动机一部 1300 元。碾米机及船一艘 300 元。洋松底脚、洋松架皮带、转运用费及装置等 740 元。此外尚有金大发明之棉花打包机等。

2. 农村教育

实验区成立后，深刻认识到乌江农村教育存在严重问题，例如，公立学校有名无实，而私塾虽多，却学非所用。教育落后使得农民的科学文化水平很低，农业推广活动不易开展。为改变这种局面，实验区除将原办之乌江农村小学加以扩大外，还大力加强成人教育，以便使乌江农民获得基本的科学文化知识。

（1）学校教育。学校教育的机关为乌江乡村小学。乌江乡村小学，不仅是金陵大学在乌江的乡村教育机关，更是进行农业推广活动的中心。该校成立于1924年，经费由金陵大学农林款下支出。校务分三部：一为乡村小学校，二为平民夜校，三为植棉场。三部的工作均为李洁斋一人担任。

乡村小学校编制采用半日式的单级制，分甲乙二组。学生于早晨来校读书，午后在家助父兄工作。教员亦于午后赴各乡村，或各学生家里，推广植棉，进行农事改良的实际指导。校中的功课，有国语、圣经、算术（包含珠算）、自然、常识、社会等科。另备有学校园数十方，专供学生园艺、植棉等实习。各科教学时间的支配，根据时间短次数多的原则，长者三十分钟，短者十分钟。故该小学校虽为半日式，而所修之功课，实与全日式的相差无几。

平民夜校有学生二十人，均为附近的邻居。每晚七点钟，即开始授课。课程除用中华教育改进社的平民千字课外，另加珠算。成绩虽佳，唯缺席的颇多。

乌江盛产棉花，故该校特租地十余亩，种植改良棉种，为附近农民作示范，进而为农民作棉花改良的指导。该棉场所出产品，除支付校中一切开支外，尚有些余利①。

乌江乡村小学校自实验区接办以来，曾一度因为经济困难，1931年度上学期几至停顿，幸有乌江乡农会出而维持，办理半年，渡过危机，仍交实验区。此时试行半日制，上午学生赴校受课，下午导师轮流至学生家中

---

① 刘进先：《本大学农林科乌江附设乡村小学校的一个视察报告》，载《农林新报》，1925-02-16。

指导生活。此项教育，不但惠及学生本身，而且影响其家族。

(2) 社会教育。社会教育分以下几种：

农民夜校。实验区成立当年冬季，即在乌江附近设立农民夜校十二处，因为实验区中工作人员不敷分配，所以由各村选一识字者充任该村农民夜校教员，而实验区隔日派人前去指导一次。自合作社及农会成立后，农民夜校即以此为基础，由各会、社办事人员主持。

农民训练班。1932年冬，该区办事人员，因鉴于农闲无事，特开设农民训练班，专收青年农友，授以农业实用知识，一月毕业，考试及格则发给证书，且毕业后有同学会、读书会等组织，以资交换知识，并联络感情。

农民训练班以灌输实用知识，及改善农村生活为宗旨。其学员年龄在15岁以上，30岁以下。课程包括：党义、合作原理、法律、政治概论、算术、鉴币术、农学、应用文、卫生、农村妇女家政、历史、地理、农村问题、自然、演说会、园艺、养蜂、农场、簿记、体操、音乐等。该训练班仅试行一年，成绩尚可。

新春农业研究会。此会由金大农学院召集，实验区成立前已举行五届，成绩颇佳。会期在初春三月，事前邀请各地农友和农业专家，讲授农林知识，讨论农业一切困难问题，指导各种经营或防治方法。1931年3月5日，指定在乌江农业推广实验区举行，到会者甚为踊跃，包括各村村长、各村领袖、暨一部分妇女，会期三日，结果尚称圆满。

男女旅京观光团。试验区鉴于农民老死不出户外，因之新知识无从输入，一切墨守旧章，于是在1931年春，分别组织男女旅京观光团赴首都南京参观，计往返各五日，参观者均兴高采烈，欢乐异常。

(3) 特殊教育。特殊教育有合作社训练班和注音号码训练班等，以合作社训练班之成效为大。创办合作社之成效如何，须视社员之有无训练而转移，所以该区每于设立新合作社之前，必先开设合作社训练班一次，凡欲加入合作社者，均应受一星期的训练。除教授合作原理，及各种章程条规之外，还传授各种常识，如公民、健康之类。截至1934年6月，已举行七次，听讲社员计352人。

此外实验区教育方面尚有巡回讲演、茶园讲演、放映电影、幻灯片等活动。

3. 农民合作与自治

金陵大学农学院农业技术创新的重要目标之一是发展农村经济、改善农民生活。这一目标的实现不是仅仅依靠外部力量,通过向农村输入新技术能够实现的。必须启发农民起来自救,指导农民组织农会,成立各种形式的合作社,以解决自己面临的各种经济或政治问题。可以说,发展农村的合作事业和农民的自治组织是农业技术创新的重要内容。

(1) 合作事业的兴起。1926年春,金陵大学农林科经济系徐仲迪,赴乌江金陵大学附设乡村小学李洁斋处,发起成立农产买卖信用合作社。"盖以农人自收之物自卖,自缺之物自买。一家则数少,合作则数多。数多合作,到地买卖,可得实价,以免商贾垄断。此徐、李两先生热心农事,欲舒农民之困,增农民之利,因有农产买卖信用合作社之设。"① 乌江农民经徐仲迪、李洁斋的启发,如梦初醒,纷纷表示愿意成立合作社。于是徐仲迪于6月初旬,寄来愿书、规则、图章各件,遂于八月初十日,开成立会。到会社员,计二十五名,均填写愿书,遵守规则。推举范期键为主席,其他职员分别为:会计范期银,书记范期愉,交易委员周恩灶,监察主席段金海,监察委员许良厚,指导李洁斋等。合作社的社址附设在乡村小学校内,而农产堆栈,则设在街南永镇寺中。自9月11日,各社员陆续将所收之改良美棉及普通美棉,皆送至堆栈打包。22日,徐仲迪不辞跋涉,到社参观,极力赞助。统计社员送来甲字号改良美棉1446斤,除短秤45斤3两,净卖棉1400余斤,每百斤价洋42元,折银588元3角4分。乙字号普通美棉4880斤4两,除短秤152斤9两,每百斤价洋39元,折银1843元8角4分。甲乙两字号,共卖洋2432元1角8分,除去各种费用,甲字号改良美棉净得价洋38元8角4分,乙字号普通美棉净得价洋35元8角4分。

(2) 各项合作事业概况。乌江实验区成立之后,各类合作事业蓬勃发

---

① 范期愉:《乌江农产买卖信用合作社概况》,载《农林新报》,1927-03-11。

展，信用合作社、运销合作社、养鱼合作社、合作社联合会等组织相继建立①。各项合作事业概况如下：

①信用合作社。1931年10月10日上海商业储蓄银行到乌江组织信用合作社，因其初至乌江，人生地疏，乃请求实验区帮助推行。至1932年冬，上海银行与金陵大学商妥，各项合作活动归入实验区办理，而上海银行仅负责流通金融之责。自1931年10月10日至1932年年底，先后成立信用合作社12所，社员210名。1933年又组织14所。截至1934年6月底，计有信用合作社33所，社员710名。此33个合作社，属于安徽和县者20个，其他属于江苏江浦县。

根据1932年的统计，在520名社员中，自耕农占73%，半自耕农占17.5%，佃农占7.5%，半地主占1%，佃农兼地主占0.5%，正式地主占0.5%。社员借款用途，用于还债者占41%，用做口粮者占29%，用做种子者占14%，买牛8%，肥料3%，农具2%，利息2%，其他1%。社员教育程度，识字者占30%，不识字者占70%，故教育程度颇低。

社员负债总额，据1933年统计，共有社员530人，负债总额为106 110元，每人平均负债200元。

②运销合作社。1933年5月9日，成立棉花生产运销合作社，加入合作社者共有160人，社中的金融流通，由合作社联合会供给。该年共有棉绒251担，由合作社负责轧花打包，分两批运往无锡申新、庆丰两纱厂销售，每担价格与乌江市价比较超出3～8元。除去轧花、打包、转运、保险、折秤、利息等费用外，每担棉绒可得3元。1934年该社已脱离合作联合会自行独立，有社员440人，实收社股440元，青苗收款2395元3角，共运销棉绒304担至上海出售，每担较乌江市价高出10元。

③养鱼合作社。1933年7月27日成立，由信用合作社及农会会员联合经营，实验区指导，上海银行助以经费。以老程村旁之韩家湖为养鱼所，面积计525亩5分。有社员52人，每人一股，每股5元，共260元。当年放鱼秧5万尾，1934年冬已捕出33担，售洋264元。

---

① 蒋杰编著：《乌江乡村建设研究》（再版），114～130页。

运销与养鱼两合作社的困难,在于实验区服务人员本身缺乏此项专门知识,常觉事与愿违。而且随着运销事业日趋发达,商人已纷纷起来抵制。

④灌溉合作社。为试办性质,成效不大。

⑤合作社联合会。实验区创办合作社的最终目的,是由农民本身起而接收,利用合作社以达到经济上的自救。故于1933年5月9日,将属于和县的20个合作社,先行成立"乌江农村信用兼营合作社联合会"。一方面使各合作社能相互联系,一方面实现农民自办之目的,以便将此会作为救济乌江乡村金融的总机关。

合作社联合会的宗旨是联络会员感情,传播合作知识,保证社员权利,督促会员社务,扩充该会业务。其业务范围包括:储蓄、存款、信用放款、零星放款、仓库、押汇、汇兑。

(3)乌江农民的自治组织——乌江农会。乌江农会组织发起于1931年4月15日。当天曾派发起人孙友农至和县县农会请求指导,于4月17日即呈文至县府备案,及至上第12次呈文后,始获得许可证,即于10月31日,开第一次选举成立大会。至1932年1月21日,安徽和县乌江乡农会正式挂牌。

乌江乡农会内设正负干事长各一人,干事五人,由全体会员大会选举,任期一年,如连选得连任。每半月开干事会一次,而凡属农会会员,亦可列席,会期定于初一、十六两日,风雨无阻。其会议进行方式如下:(1)由干事长报告已办事项、经费概况以及新会员加入情形。(2)与会者不论干事会员,均可登台发表意见。(3)干事长报告下半月应进行之工作,然后讨论表决。(4)与会者临时动议,以供干事之讨论取决。会员入会手续,需经会员两人以上介绍,由入会者填具志愿书,书上介绍人亦需同时签名,然后缴纳会费大洋一元。

乌江农会在过去已经取得成绩的工作,可分为无形及有形两种。无形之工作,在于训练民众,使之组织化、纪律化、合作化。有形之工作,可归纳为下列数点:第一,举办读书会,创办壁报,并维持农村小学校。第二,将扰乱农村之盐务缉私兵逐出乌江。第三,向县政府请愿减免钱粮。

第四，举发贪官污吏及劣绅之横行。第五，调查农村水利、土地之纠纷。第六，设立农民医院及农民中心茶园。

实验区准备在条件成熟时将乌江实验区的行政管理移交乌江农会，以达到农民自治的目的。

(三) 创新成效与经验

1. 创新成效

农业技术创新以新技术在农业生产中运用并取得经济实效为成功标志。金陵大学农学院在乌江的创新实践取得了这种成功。根据1934年的估计，其成就如下：

(1) 农业推广方面。"爱字棉"。在乌江种植面积3201.4亩，每亩平均产量计籽棉70斤，全面积统计约2241担，较本地棉同面积之每亩出产籽棉40斤，多收960担。且售价平均每担高出2元6角 (本地棉平均售价10.7元)，故综合可获利16 099元。

26号小麦。每亩平均产量较本地麦高出五斗。本年种植面积共440.2亩，总计其全部增高量为220石。若每石以五元计，当值洋1100元。

树苗。1934年秋后，乌江栽植自育之马尾松苗6万余株。今假定半数能成活，则实数可得3万株以上。倘若每株以一分二厘估价，为数当在360元有余。

(2) 农村金融方面。息金盈余。合作社放款总数共38 640元 (1933年秋与1934年春之总数)，年利率为一分五厘，但本地借款至少二分起利，故以五厘之差计数，可使农民增加1932元之收入。

股金存储利息。乌江合作社的新旧股金，存储总数为9995元。此储金若以通行利率二分计算，则为1999元。

公积金。乌江合作社的公积金，为纯益20%。本期盈余为1376.67元，故应有公积金275.33元。

养鱼合作社。无利益可言。

粮食抵押。由于1934年灾荒之余，估价特殊飞涨，此项事业已成为增加农民收入之最大助力。按年内押稻6082.6石，每石以加高二元计 (押入时每石平均三元，出售时至少有五元），当为12 165.2元。此稻共押款23 098.5元，利率一分五厘，较本地通行利率少五厘，如以四个月计算，利息盈余计385元。合涨价所得，当为12 550.2元。

棉花运销。1934年运销皮花304担至上海，每石价格增高10元，除去半数作为费用外，计获利1520元。

上述各方面收入共计35 835.53元①。

以上为可以用金钱衡量的成就。实验区所办农村小学、农民夜校、农民训练班、合作社训练班等教育组织，农会、医院等社会组织，对农民素质的培养以及农民福利事业、农民自我管理程度的提高，则有着不可估价的影响。乌江实验区1930年创立，到1937年合同期满时，该区常年经费已达8000元，全部由生产事业收入提供，实现了自给自足。1930年至1937年间，实验区为当地培养了一大批人才。因此，1937年秋实验区事业移交当地合作社联合社继续办理，从而实现了农学院由倡办到合办，最终达到农民自办的推广目标②。

2. 经验与启示

金陵大学农学院在乌江的创新成就来之不易，是在克服了重重困难之后取得的。可以说，创新的过程，就是克服困难的过程。这些困难来自社会的各个方面。

据李洁斋讲，他在乌江农村从事农业改进期间，政府从未给予帮助。即便是政府分内之事，例如社会治安，也未能稍尽其职，以致乌江连年遭受军队、土匪之劫掠，而使农村改进事业遭受极大的打击。从农民角度而言，历年所受最大痛苦，莫过于官府与土豪劣绅互相勾结、狼狈为奸，尽剥削农民之能。由于政治腐败，使得乌江社会饮食鸦片化、生活赌博化、自卫青红帮化，整个乌江乡村社会，如同堕入苦海中。在这种社会环境下从事农业推广，实在不易。

刚开始推广改良棉种时，农民多不接受，把李洁斋当做江湖骗子，或

---

① 蒋杰编著：《乌江乡村建设研究》（再版），145～147页。
② 张宪文主编：《金陵大学史》，387页。

置之不理，或让他吃闭门羹。即便有人接受，也抱有怀疑心理，害怕如果试种效果不佳，受他人指责。愿意采用种子者，以穷苦农户居多，因为他们一无所有，不怕被人敲诈。另有一些接受棉种的农户，竟然用种子喂牛、换油或当做肥料。即便有冒险种植者，也不敢完全栽培，或种于堤坝，或种于田角，也有将改良种与土种间作者。

当时在乌江谣传，种改良棉后，地力拔尽，以后不能种植任何庄稼。也有人说，无故将种子送人，绝不怀好意，将来如有收获，恐怕还不够偿还此棉种的价值。有很多人因此在棉花生长到七八寸时，自行拔去。

农民之所以拒绝改良棉种，一方面固然由于自身见识的浅薄；另一方面也由于农民对政府已经失去信任。例如，以前安徽省建设厅在推广桑苗时，申明不取分文，但是等到农民将桑苗栽培后，又照收苗价。政府因言而无信，失去农民的信任。又如离和县五里地的省立第二植棉场，关防严密，不准农民越雷池一步，农民因畏惧、疑惑而失去信任。

由于上述原因，农民对于外来事物都抱有怀疑、排斥的心理。金陵大学农学院在乌江从事农业推广的第一步，就是要获得农民的信任。李洁斋以其无私奉献的精神和实际行动，获得了农民的信任。

李洁斋初到乌江时，采用到农家访问的方法，以引起农民好感，为农业推广铺路。尽管李洁斋满腔热情，换来的却只是农民的冷漠，甚至有拒之门外者。于是他改变策略，先与村中有文化的领袖交谈，因为乡村领袖的知识、阅历、目光等都比普通农民深远，所以遭拒绝的情况减少。李洁斋还选择春播种子前，在乌江镇及农村公共场所进行演讲，告诉农民种植的方法。最初演讲时，农民绝不主动来听，因此李洁斋随身携带照片及留声机，以吸引农民的视听，有时摇铃过市，以引起其注意。待召集起农民后，就开始演讲。农民前来听讲，完全出于好奇心，而且因为时间关系，不能久留，因此演讲所用材料，完全是短小精彩者。演讲时李洁斋站在凳子上，凳子前放着改良棉种，手中出示应用照片，细心解释改良棉种的优越性。农民对李洁斋有畏惧之心，不敢去取棉籽。当偶尔有一人前去拿棉籽时，其他人则一哄而上，抢去棉籽。待改良棉种播种之后，李洁斋常巡回指导，于必要时，还再次召集农民进行演讲。此后农民渐渐了解李洁斋到乌江来的良苦用心，开始接受他的访问。

　　李洁斋了解到当地农民对医药有着迫切的需要。为迎合这种需要，他购买药品数种，如十滴水、金鸡纳霜、碘酒等。后来金陵大学农学院推广部还送他到金大附属南京鼓楼医院学医半年。遇到难治的病，介绍农民到鼓楼医院诊治。通过为农民治病，不到半年工夫，李洁斋便获得农民的信任，称之为"李先生"。他在为农民治疗间隙，讲种"爱字棉"的技术，因为已经建立起感情，农民在思想上便容易接受了。到1926年以后，无须去农民家中谈话，农民遇到问题会直接到李洁斋家询问。来访的目的有五种：第一是春季棉花下种，前来预定棉种；第二是有病痛时，前来索取药品；第三是有纠纷事件，前来要求公平处理；第四是遇有疑难的公私事件，要求计划及代为设法解决；第五是随意闲谈。这时，李洁斋已经深得农民信任，无须苦口婆心劝导，农民自动来索取棉种，推广棉种的局面，很快就打开了。

　　1930年，"中央农业推广委员会"与金陵大学农学院之所以将合作实验区的地点选定在乌江，原因之一就是乌江农民已经对金陵大学农学院的农业推广产生信任，而这种信任的产生，与李洁斋的艰苦努力密不可分。

　　实验区成立之前，只有李洁斋一人在乌江从事农业推广，尽管他使"爱字棉"在乌江得以推广，并深得农民之信仰，但是由于零星散给，缺乏统一管理，几年以后逐渐呈退化现象。直到乌江农业实验区成立以后，确立了一套完整的推广体系，才使推广工作更上一层楼，而且产生了明显的经济效益。实验区总结出以原种场为中心，通过作物改良会这一农民组织，按年等距波浪式推广的方法，三年内使良种得以普及。同时还研究出一套棉花原种培育程序、田间检验技术标准和制度，成立棉花运销合作社，总结出由棉花生产、轧花、检验、收购、打包、运输、销售一条龙程序。在棉花运销方面，得到上海商业储蓄银行和无锡纱厂的大力支持，它们与乌江棉花运销合作社挂钩，减少了沿途关卡留难与应酬，预付棉价现款，全部由上海银行透支。棉花运销合作社用透支的款项，使农民在交售棉花后，能拿到在棉花行出售时的相等价款。同时每年年终结账时，还能分到红利，另外社中还有公积金和公益金积累。由于合作社效益不错，社员们同意在已有的公益金中,用一部分翻修乌江主街道石板路,在后街公路旁修建一座新式厕所,作为棉花运销合作社对乌江镇的贡献①。

信用合作社在乌江农民的生产、生活中也发挥了重要作用。当时乌江农会发起成立信用合作社,当外围各乡镇农会相继成立后,都申请参加乌江信用社。社员参加活期存款,上集时取些零用钱,散集时再把剩下的钱存进去。农民们都说,把钱存信用社放心,走路不害怕,睡觉也睡得稳。通过信用社,还可以为农民办理耕牛、稻谷抵押贷款。乌江农民习惯于秋季卖牛,春季买进,这样可以节省冬季喂养的开支。不过农民多有因为春节开支大,而花掉买牛钱的情况。手中无钱买牛,耽误春耕。通过信用社评议小组,可以抵押贷款用来买牛。信用社还利用实验区的房屋条件,开展稻谷抵押贷款业务,使农民免受季节差价的损失,减缓了谷贱伤农的危害。稻谷的包装、堆放、翻晒等工作,都由抵押户自己负责,以使农民放心。

由上可知,在农业推广过程中,把农民组织起来,成立各种合作社,以解决农民生产生活中的各种问题,是农业技术创新取得成功的关键。当然,这种成功也离不开创新人员坚持不懈的努力。

乌江的经济、社会环境恶劣,生活条件艰苦,而金陵大学农学院农业专修科的毕业生李洁斋却能在乌江工作长达14年之久,专心农业推广,竭诚为农民服务。1928年,乌江发生红枪会事件,陈调元军队以剿匪为名,大肆抢劫,金陵大学在乌江的事业全部被摧残,李洁斋个人的财产也损失殆尽。金陵大学有将乌江事业全部停办之意,幸亏当地乡村领袖范管臣等竭力奔走,设法维持,结果农村小学经费由本地人士赞助,李洁斋的薪金仍由金陵大学供给,乌江的农业推广事业才得以维持。1931年夏长江流域发生大水灾,以后国难相继发生,中央农业推广委员会停拨实验区经费。乌江实验区外有天灾人祸横行,内又断绝经济来源,大有四面楚歌之势。金陵大学农学院以事业为重,不愿将自己十余年来的农业推广事业,毁于

---

① 马鸣琴:《乌江实验区成立前后》,载《金陵大学建校一百周年纪念册》,98~99页。

一旦，独立肩负起实验区的事业，并始终设法维持。乌江农会和上海银行分担了一部分经费，以维持各项事业的现状。实验区还与上海银行合作，在乌江组织农民成立信用合作社，也使得日益枯竭的农村经济得以缓解。在各方的共同努力下，乌江实验区的事业才得以向前发展。

原金陵大学农学院院长章之汶根据乌江经验总结出以下原则，值得我们借鉴：

(1) 主办机关必须有一种坚强的决心去推行计划一直到成功为止。乌江的计划继续了17年之久，直到对日抗战爆发为止。证明在当地人民相信了种植改良棉种的价值后，则其信心大增，主办机关即可站在旁立地位，协助其解决可能发生的问题。该项计划开始于棉种推广。后由于事实的需要而逐步扩张，包括了甚多其他的活动，例如运销、信用、成人教育、家庭工业、卫生、乃至农会。易言之，计划可能开始于一种简单的活动，但最后可能终于包括了乡村发展的全部领域。

(2) 主办机关的任何活动必须适应当地人民的自觉需要，人民始能对之有所反应。举例言之，农民于加入运销合作社并与银行办事处发生业务关系之后，则自觉急需阅读和写作因而衷心学习。倘若某一识字班孤立地举办于乡村而仅只为了扫除文盲，则鲜能成功。通常经验是这种识字班开始加入三十人，数天之后减为二十人，结业之时可能不会超过十人。即完成学习者亦苦无机会用其所学而迅速忘却。此种例证正好告诉吾人，任何开发中国家，在其推行以农业生产为中心的乡村发展时，利用联系计划的利益。

(3) 一种作物生产的计划，必须依社区为基础而推行。如此可以确定，在社区内所有的农民，仅种植一种最好的品种，保持纯洁，并生产足够的数量而创建一种产品市场。

(4) 推广员必须居住于彼所工作的社区，如此始可了解并发掘乡村问题并协助农民解决。乌江推广员李洁斋君热诚工作十四年之久而从未间断，并将他的职务视作终身事业。他系该院农业专修科的毕业生。这种程度的训练,在多数亚洲国家的当前情况,极适于置身乡村工作。

（5）推广员必须具备作为一名触媒者的能力,因而能与农业发展各方面所需要的其他机关,包括公立的或者私营的合作无间。在此种情况下,他必须为一成熟的人士而有着良好的公共关系。

（6）在适当时机,当地人民必须加以组织而成为正式团体,借以赓续推行其所开始的工作。①

四、本章小结

金陵大学农学院作为一个中国近代农业技术的创新机构,由于其创新的持久性、成就的突出性,以及资料的丰富性和经验的有效性而对现实具有较大的借鉴意义。

金陵大学农学院在中国近代社会动荡的局势下能够取得农业技术创新的突出成就,除了教会大学的特殊身份外,主要得益于其明确而现实的办学宗旨和创新体制。金陵大学农学院的办学宗旨,在其成立之初就非常明确:造就实用人才,解决农业发展中的实际问题。为实现这一目标,金陵大学农学院引进了美国康奈尔大学农学院教学、科研、推广三位一体的"三一体制",通过这一体制,使农业科学研究和农业教育密切联系中国农业、农村和农民的实际,从而使它成为名副其实的农业大学,在中国近代农业技术创新过程中发挥了举足轻重的作用。

通过金陵大学农学院的农业技术创新案例研究,可以为当今的农业技术创新提供如下启示:

第一,高等农业教育机构要发挥其在农业技术创新中的作用,就必须明确为农业、农村、农民服务,解决农业发展中的实际问题的宗旨。不能背弃农业教育的宗旨,盲目地与综合大学攀比,开设与农业毫不相关的热门专业。将农业院校办成综合性大学并不能增强其竞争力,反而削弱了其

---

① 章之汶著,吕学仪译:《迈进中的亚洲农村》,332～333页。

强项。金陵大学农学院在民国时期享有盛誉，归功于它全心全意为农业、农村和农民服务的宗旨及取得的实际成效。同样的道理，当前农业院校受人轻视，要从其对农业、农村和农民服务的效果找原因，开设非农专业不是出路。

第二，教学、科研、推广三位一体的"三一体制"是农业教育科研机构理论联系实际，发挥其服务农业、农村、农民职能的一种有效的制度选择。民国时期金陵大学农学院已经有了成功的经验，当今的农业院校可以效仿。

第三，高等农业院校不能片面追求高学历人才的培养，应该结合中国农业、农村、农民的现实条件和实际需要，合理地采用多种办学形式，发展初级、中级和高级三个层次的农业技术教育。金陵大学农学院以四年制本科教育为主，同时发展更高层次的研究生教育和较低层次的专科教育，还办有乡村小学、农民学校、农民服务社等机构为普通农民提供初级农业技术教育和服务，这种多层次办学模式能最大限度地为农业、农村、农民服务，其经验值得借鉴。

第六章 结论：农业技术创新系统的整合

一、专业分工与农业技术创新

农业技术创新是农业新技术发明或引进，在农业生产实践中应用，及农产品社会价值或商品价值实现的过程。在传统农业社会中，除了大型水利工程外，农业生产通常是一家一户进行的，劳动主要靠家庭成员，生产技术主要靠经验积累，代代相传，生产的目的主要供自己消费。虽然农产品中有相当一部分要作为地租、赋税交给土地所有者，但是缴纳地租、赋税并不是生产的目的，而是获得土地使用权或所有权的手段。从上述意义讲，农业生产活动主要是农户的活动，与其他人、行业没有太大关系。这种传统农业中的技术创新，是在农业内部实现的。长期的生产实践经验加上偶然的发现，促成农业新技术的发明。这种发明直接来源于农业生产实践，自然而然地应用于生产实践，发明与应用是一体的，基本上不存在分工问题。换言之，传统农业技术创新的技术供给与需求是一体的，都是农业生产者。农业生产的目的主要供自己消费，只要农业获得丰收，满足了生活的需要，目的就算实现了。因此，农业生产目的与农业生产者也是一体的。

在农业现代化过程中，这种传统农业的一体性被打破，出现了专门的农业科学技术研究机构，农业新技术通常不再直接由农业生产者靠经验发明，而主要是靠农业科研人员利用现代科学方法和科技知识来发明。这样，农业生产技术的生产从农业生产者那里分离出去，成为一种专门的行业。比这种分工更早的是农产品的分配，随着市场作用的增强，农产品逐渐由自我消费性生产转变为商品性生产，于是需要有专门的农产品销售行业来负责实现农业生产的最终目的。于是，农业生产技术的生产、农产品的生产及农产品社会价值或经济价值的实现分别由三个不同的行业来完成，形成一种农业技术创新的三元结构。这种三元结构中的三个环节具有很强的专业分工和相对的独立性，三者之间只有既分工又合作才能实现农业技术创新。

中国近代的这种农业技术创新三元结构并不是由农业发展的内部动力推动而建立，或者说专业分工并不是源自农业自身发展的需要，而主要是由于社会、政治、经济变迁而促成的。1840年以后的民族危机，促使中国的有识之士产生了向西方学习的愿望，创办新式学校、科研机构以引进西方科技（包括农业科技），成为救国救民的一种重要手段，于是农业技术生产机构在农业之外出现了。这种机构是应政府和一部分士人的需要而产生的，因而产生之初并不与农业生产直接发生联系。最早的农业学堂学员多为官僚绅士子弟，爱国救亡的浪潮推动他们进入农业学堂，但他们最终的志向还是要在朝廷做官。最早的农事试验场也更像是一个官僚机构，为入仕者多提供一种官位，而不是为农业生产者设置一种新技术的生产机构。随着越来越多的国人意识到西方科技的重要性，加上时代的变迁和观念的转变，新式农业学校和农业科研机构逐渐脱离官本位，变得名副其实了，成为培养专业技术人才、研究开发农业新技术的专门机构。但是，这些机构往往按照政府官员或其他主办人的意愿发展，而不是适应农业生产的实际需要而发展。这是在农业之外建立的农业技术生产机构存在的最大问题。因为在农业外部建立的机构，其人员也大多来自农业外部，与农业没有直接关系，要想了解农业实际，必须深入农村。但是城乡之间物质、文化生活水平的巨大差距，使城里人很难长期深入艰苦的农村了解农业生产者的需要。而农业生产者由于自身的文化素质、生活环境等因素，也意识不到自己有什么技术上的需要，即便有需要，也不知道上哪里去获得。即便有一批品德高尚、忧国忧民的能人志士一心一意为农业服务，并且为农业生产者提供所需技术，农业技术创新也并不一定能实现。因为随着农产品的市场化，农业生产必须适应市场的需求，如果农业生产者不能为自己的产品开辟市场，新技术的价值就无法实现。中国近代农业生产者的素质，以及分门独户的农业经营方式使得他们很难适应市场的变化。

综上所述，专业分工是农业现代化的必然趋势，而中国近代的国情决定了这种专业分工有不利于农业技术创新的一面，只有建立一种合理的创新体制才能消除不利的影响。实践证明，教学、科研、推广三结合是一种比较成功的农业技术创新体制。中国近代有这种创新体制的成功典型，例如金陵大学农学院、中央大学农学院、江西农业院等。但是由于中国近代政治动荡，政治经济制度不健全，这种农业技术创新体制并没有在全国范围建立起来。

二、合作与农业技术创新

农业技术创新是农业技术从产生、应用到实现社会经济价值的过程，这一过程是由不同部门分工实现的。这些为实现同一目标而联系在一起的各个部门构成农业技术创新系统。在实现创新目标的过程中，虽然各部门都根据自身的专业特点各自完成农业技术创新的某一环节，但是各部门之间并不是毫不相关，而是密切相连，既有分工又有协作。在中国近代农业技术创新过程中贡献突出的科研机构，都是善于同各行业密切协作的机构。能够对农业技术创新的最终实现发挥作用的农业生产者，通常也都是组织起来的农户。换言之，只有当农民建立起各种合作组织时，农业技术创新才有最终实现的可能。因此，合作是农业技术创新成功的保障。

中国近代农业技术创新中的合作有多种形式，既有国内机构与国外机构之间的合作，又有国内机构之间的合作；既有相同性质机构之间的合作，又有不同性质机构之间的合作；既有机构之间的合作，又有机构与个人之间的合作。在中国近代农业技术创新过程中，各种不同形式的合作都有其重要作用。

从技术引进、发明环节来说，国内科研机构与国外机构的合作非常重要。近代科技首先产生于西方发达国家，然后才向其他地区传播。在技术传播过程中，通过人才流动实现的传播最有效。通过国内外机构之间的合作，一方面促使发达国家的农业科学家到中国来传授最新农业科学技术；另一方面也为中国学生提供到国外学习先进农业科学技术的机会，以使他们学成后报效祖国的农业改进事业。民国时期金陵大学农学院与美国康奈尔大学之间的合作就是一个成功的典范。

国内机构之间的合作也很重要。政府机构为实现其农业改良目标需要农业科研机构的合作，例如需要由科研机构（含大学）提供技术支持与人才培训。科研机构开展科研工作也需要政府资金和政策的支持。但是由于中国近代的政局动荡，政府通常不能提供持续稳定的资金支持。例如，中央农业推广委员会与金陵大学农学院合作建立乌江农业实验区，仅仅一年就因为自然灾害以及国难当头停止了政府拨款。农业科研机构为了获得经费，通常与相关的企业合作，而企业为了自身的利益，也愿意向科研机构提供资助。中国近代的棉花改良事业，最初就是由棉纺织企业与科研机构合作进行的。农业具有很强的地域性，同一种技术在不同地区的适应性是不一样的，这需要不同地区的农业科研机构互相合作，既要有全国性农业科研中心研究农业科技的普遍性原理与技术方法，又要有各个地区的科研机构负责该地区的技术适应性研究。金陵大学农学院就与全国许多地区的农事试验场有合作协议，合作研究培育新的作物品种。

从农业技术推广角度来说，科研机构与农民的合作、农民与农民之间的合作至关重要。农民最相信直观的经验，因此，科研机构在推广农业新技术时，常常选择一些当地的农户合作推广，建立示范农户。通过示范，使新技术获得当地农民的信任。农业推广的主要目标之一是改进农民的生活，实现这一目标的前提是确保农民生产的产品在市场上有销路，还要避免受中间商的盘剥。单个的农民是无法适应市场，也无法与商业企业相抗衡的。只有把农民组织起来才能解决农产品的市场问题。中国近代的政府和农业科研机构在一些地区帮助农民成功地组织过各种形式的农业合作社，但是局部地区的经验并没有能够推广到全国。

三、政府与农业技术创新系统的整合

中国近代各个地区的政治、经济、文化发展不平衡，导致农业科研人才、资金分布不均。经济文化发达的大城市，是农业科研机构集中、农业人才汇集的地区。例如，民国时期的南京就有两所农科大学，广州也有两所。农业人才也大多集中在南京、上海、北京等大城市。而需要农业科技、需要农业技术人才的广大农村，则缺乏农业科技与人才。另外，虽然全国各地都兴办了许多农业教育科研机构，但是，绝大多数有名无实，毫无成就可言。出现这种状况的原因是多方面的，最主要的是专业分工与地区之间、城乡之间发展不平衡共同作用的结果。

在中国的传统农业社会，有知识、有地位、德高望重的士绅大都居住在农村，乡村社会的稳定与发展很大程度上依赖士绅，士绅也以此为荣，他们并不向往城市，所以人才在城乡之间的分布没有巨大差别。近代以来，随着现代化的进程，各种新兴行业纷纷在城市兴起，使得城市具有更大的发展空间，有德有才的士绅都离开农村到城市居住，乡村不但出现知识真空，而且出现道德与权力真空，多数地区为土豪劣绅把持，社会风气污浊。乡村已经不再是世外桃源，而是愚昧落后的象征了。对于个人而言，为了生活得更好而向往大城市理所当然，乡村中受过良好教育的人纷纷涌向大城市去追求自己的梦想，于是繁华的大城市人才济济，其中不乏各类农业专门人才。对于科学研究而言，交通便利、信息灵通、设施齐全、经济文化繁荣的大城市更有利于科研工作的开展。现代农业科学技术虽然是为农业生产服务的，但是农业科学技术研究却不是生活在农村的农民能做的工作，只有受过现代西式高等教育的专门人才才能从事这项现代工作。而中国近代有条件接受高等教育者，绝大多数为官商士绅子弟，即便是农业大学，其学生中真正出身农民的也很少。因此，相对于传统农业科技而言，现代农业科技无论其产生的地点还是其研究发明者都远离农村、农民及实际的农业生产。也就是说现代农业科技的供给方和需求方之间存在着很大的距离。

现代农业技术供给方与需求方之间的差距造成农业技术信息传播上的困难，影响了农业技术创新的实现。这一国情使中国近代农业技术创新选择了一条农业教育、科研、推广相结合的路径。教育、科研、推广三结合分宏观和微观两个层次。在宏观层次上，国家、社会对中国传统农业的改造是教育、科研、推广并行，在全国各地建立起从中央到地方的各级农业学校、农事试验场，从事引进、推广西方农业技术、培养农业人才的工作。教育、科研和推广这三项事业基本上是同时并举。在微观层次上，一个农业创新机关内部通常是教学、科研、推广三结合。这在高等农业院校尤为突出。由于中国近代各个地区发展不平衡，经费、人才分布不均，大多数地方农业学校、农事试验场只是流于形式，在农业技术创新中没有起作用。个别农业技术创新机构，例如金陵大学农学院、中央大学农学院等，在其内部建立起一套健全的教学、科研、推广三结合体制。但是，在全国范围内，没有形成一个统一的、发挥实际作用的农业技术创新体系。这种全国性的农业技术创新体系有待于中央政府来建立。

中央政府在农业技术创新中的作用之一就是要协调全国各个地区农业科研机构的发展。但是在军阀割据、国家动荡的时代，中央政府只能负责其所在地的各类机构的发展。例如，南京国民政府对于南京中央大学的经费有保障，但是对于北京的各大学，曾经一度停拨经费。这一方面是由于中央政府经费困难，百废待兴，还无暇顾及教育科研。另一方面也因为南京政府只是形式上统一了中国，当时华北地区实际统治权还是由地方军阀控制，中央政府自然不愿向不听自己号令的地方投资兴办科教事业。抗日战争期间，中央政府被迫迁往四川重庆，首都的农业高等学校、科研机关也随之迁往四川，于是四川的农业科研、教育、推广事业得到蓬勃发展，农业产量也大幅度增加，有力地支援了抗战。抗战胜利后，首都迁回南京，原先迁移到四川的高校和科研机构也先后回到南京，四川的农业科研事业就大不如前。从这里可以看出，中央政府将农业科研资金、人才投放到哪里，哪里的农业科研、推广事业就会蓬勃发展。经济文化发达地区，即便中央政府不投资，由于其自身的地缘优势，也会将人才吸引过来。因此，中央政府的主要作用是调剂全国资源，解决欠发达地区农业发展的人才与资金问题。全国各地的农业科研机构只有具备充足的人才和资金，才能名副其实地作为农业技术创新体系中的环节发挥其作用。在人才、资金有限，不可能面面俱到的情况下，如何使有限的资源发挥最大的作用，是一个政府的管理水平问题。

从 20 世纪 30 年代起，中央政府就开始组织专家制定全国农业改进计划。计划中对于全国农业改进组织系统作了精心的设计，形成一个统一的，从中央到省、县各级农业科研推广组织系统。但是这样一个完善的农业技术创新系统我们只能在计划书中看到，在整个民国时期的现实社会中并不存在。现实社会中存在的只是分散的、各自为政的农业机构，数量虽然不少，但是大部分缺乏人才、设备，名不副实。而且由于各机构之间工作脱节，各自为政，彼此间缺少密切联系及合作，导致计划难以统一，经费不能集中使用，科研内容重复，浪费了本来就不多的人力、物力资源。

全国性农业技术创新体系难以建立的原因主要有二：一是经费不足，一是受政治与行政组织关系的制约。仅以农业技术推广而言，不论是省级推广机构，还是中央的农业推广委员会，经费都不足。各级推广机构人员的薪金过低，不足以维持其家庭的生活，难以吸引受过良好训练的农业科技人才。农业科研、推广机构还深受政治与行政组织关系的制约。科研、推广机构的工作人员，多随行政官员而进退，有很多工作人员，并不具备农业科研与推广的经验与训练。在县级推广人员中，很多是年轻的中学毕业生，见解幼稚，经验不足，难以担负坚实的工作，也难获得老农的尊重与信任。有许多农业机构的工作人员调动频繁，地位缺乏保障，不能在其工作的地区从事实际而长久的农业改进计划。更有一些农业改进机关并不从事农业改进工作，只是因人设岗，为有关政府官员的亲朋设置一些就业岗位而已。出现上述种种问题的主要原因还是政治腐败。

可以说，建设一个现代化的政府和一支与之相应的具备现代管理素质的行政管理队伍，是建立全国性农业技术创新系统的前提。

参考文献

民国期刊

1. 《中华农学会报》（中华农学会丛刊）1918—1948年。
2. 《农林新报》1924—1946年。
3. 《金大农专》1930—1937年。
4. 南京农业大学中国农业遗产研究室编：《民国报刊剪报资料》。
5. 《农学报》。

文　集

1. 列宁全集．第3卷．北京：人民出版社，1984
2. 汤志钧编．康有为政论集．北京：中华书局，1981
3. 南京大学高教研究所编．金陵大学史料集．南京：南京大学出版社，1989
4. 南大百年实录（中卷）．金陵大学史料选．南京：南京大学出版社，2002
5. 金陵大学建校一百周年纪念册．南京：南京大学出版社，1988
6. 金陵大学农学院农业经济系在宁系友会编：金陵大学农学院农业经济系建系70周年纪念册，1991
7. 翦伯赞等编．戊戌变法资料．第2册．上海：上海人民出版社，1961
8. 李文治编．中国近代农业史资料．第1册．北京：三联书店，1957
9. 章有义编．中国近代农业史资料．第2册．北京：三联书店，1957
10. 全国政协文史资料委员会编．文史资料存稿选编（教育）．北京：中国文史出版社，2002
11. "中央研究院"近代史研究所编．近代中国农村经济史论文集．台北："中央研究院"近代史研究所，1989
12. 樊洪业、张久春选编．科学救国之梦——任鸿隽文存．上海：上

海科技教育出版社、上海科学技术出版社，2002

13. 黄俊杰. 中国农村复兴联合委员会史料汇编. 台北：三民书局，1991

14. 蔡元培著，中国蔡元培研究会编. 蔡元培全集. 第8卷. 杭州：浙江教育出版社，1997

15. 中国农学会. 中国农学会66周年纪念刊——我国农业学术团体之沿革与现状，北京，农学会，1985

16. 华恕主编. 邹秉文纪念集. 北京：农业出版社，1993

17. 李扬汉主编. 章之汶纪念文集. 南京：南京农业大学金陵研究院，1998

18. 罗荣渠、牛大勇编. 中国现代化历程的探索. 北京：北京大学出版社，1992

报 告

1. "国立中央研究院"文书处编. "国立中央研究院"十七年度总报告，1928

2. "国立中央研究院"文书处编. "国立中央研究院"十八年度总报告，1929

3. "国立中央研究院"文书处编. "国立中央研究院"二十三年度总报告，1934

4. 行政院农村复兴委员会秘书处. 改进中国农业计划草案，1933

5. 周开庆主编. 中美农业技术合作团报告书. 台北：华文书局，1967

6. 苏旭光. 广东化学肥料营业施用概况调查报告书. 国立中山大学农学院印行，1933

专 著

1. 马克思. 资本论. 第3卷. 北京：人民出版社，1975

2. 约瑟夫·熊彼特著，何畏译. 经济发展理论. 北京：商务印书馆，1990

3. 傅家骥. 技术创新学. 北京：清华大学出版社，1998

4. 谭崇台主编. 发展经济学. 太原：山西经济出版社，2001

5. 速水佑次郎、弗农·拉坦著. 农业发展的国际分析. 北京：中国社会科学出版社，2000

6. 西奥多·舒尔茨著、梁小民译. 改造传统农业. 北京：商务印书馆，1987

7. 吉尔伯特·罗兹曼主编. 中国的现代化. 南京：江苏人民出版社，1995

8. 虞和平主编. 中国现代化历程. 南京：江苏人民出版社，2001

9. 张培刚. 农业与工业化. 武汉：华中科技大学出版社，2002

10. 肖峰. 技术发展的社会形成. 北京：人民出版社，2002

11. 罗伯特·金·默顿著，范岱年译. 十七世纪英格兰的科学、技术与社会. 北京：商务印书馆，2000

12. 丁长清、慈鸿飞. 中国农业现代化之路——近代中国农业结构、商品经济与农村市场. 北京：商务印书馆，2000

13. 从翰香主编. 近代冀鲁豫乡村. 北京：中国社会科学出版社，1995

14. 黄宗智. 华北的小农经济与社会变迁. 北京：中华书局，2000

15. 黄宗智. 长江三角洲小农家庭与乡村发展. 北京：中华书局，2000

16. 费孝通. 江村经济——中国农民的生活. 南京：江苏人民出版社，1986

17. 翟虎渠主编. 农业概论. 北京：高等教育出版社，1999

18. 董恺忱、范楚玉主编. 中国科学技术史·农学卷. 北京：科学出版社，2000

19. 周晓虹. 传统与变迁——江浙农民的社会心理及其近代以来的嬗变. 北京：三联书店，1998

20. 林毅夫. 制度、技术与中国农业发展. 上海：上海三联书店、上海人民出版社，1994

21. 马俊亚. 混合与发展——江南地区传统社会经济的现代演变（1900—1950）. 北京：社会科学文献出版社，2003

22. 刘应杰. 中国城乡关系与中国农民工人. 北京：中国社会科学出版社，2000

23. 梁家勉主编. 中国农业科学技术史稿. 北京：农业出版社, 1989

24. 张芳、王思明主编. 中国农业科技史. 北京：中国农业科技出版社, 2001

25. 赵冈. 农业经济史论集——产权、人口与农业生产. 北京：中国农业出版社, 2001

26. 吴承明. 中国资本主义与国内市场. 北京：中国社会科学出版社, 1985

27. 郭文涛、陈仁瑞. 中国农业经济史论纲. 南京：河海大学出版社, 1999

28. 岳琛主编. 中国农业经济史. 北京：中国人民大学出版社, 1989

29. 冷鹏飞. 中国古代社会商品经济形态研究. 北京：中华书局, 2002

30. 郑大华. 民国乡村建设运动. 北京：社会科学文献出版社, 2000

31. 李伯重. 江南的早期工业化（1500—1850）. 北京：社会科学文献出版社, 2000

32. 蒋杰. 乌江乡村建设研究（再版）. 南京：南京金陵大学农学院农林新报社, 1936

33. 龚胜生. 清代两湖农业地理. 武汉：华中师范大学出版社, 1996

34. 曹树基. 中国人口史（五）（清时期）. 上海：复旦大学出版社, 2001

35. 曹锦清. 黄河边的中国——一个学者对乡村社会的观察与思考. 上海：上海文艺出版社, 2000

36. 曹幸穗. 旧中国苏南农家经济研究. 北京：中央编译出版社, 1996

37. 西里尔·E·布莱克编, 杨豫、陈祖洲译. 比较现代化. 上海：上海译文出版社, 1996

38. 吴承明. 中国的现代化：市场与社会. 北京：三联书店, 2001

39. 金耀基. 从传统到现代. 北京：中国人民大学出版社, 1999

40. 周邦任、费旭主编. 中国近代高等农业教育史. 北京：中国农业出版社, 1994

41. 沈祖炜主编. 近代中国企业：制度和发展. 上海：上海社会科学

院出版社，1999

42. 中国农业博物馆编. 中国近代农业科技史稿. 北京：中国农业科技出版社，1996

43. 王红宜、章楷、王思明. 中国近代农业改进史略. 北京：中国农业科技出版社，2001

44. 刘咸主编. 中国科学二十年. 上海：中国科学社，1937

45. 曹幸穗等编著. 民国时期的农业. 南京：《江苏文史资料》编辑部，1993

46. 费孝通. 乡土中国，生育制度. 北京：北京大学出版社，1998

47. 中国科学技术协会编. 中国科学技术专家传略. 农学编. 综合卷. 北京：中国农业出版社，1999

48. 费旭、周邦任编. 南京农业大学史志. 南京：南京农业大学，1994

49. 张宪文主编. 金陵大学史. 南京：南京大学出版社，2002

50. 卜凯著，张履鸾译. 中国农家经济. 北京：商务印书馆，1936

51. 邹秉文. 中国农业教育问题. 北京：商务印书馆，1923

52. 章之汶著，吕学仪译. 迈进中的亚洲农村. 台北：台湾商务印书馆，1976

53. 章之汶、李醒愚. 农业推广. 上海：商务印书馆，1926

论　文

1. 王星光. 传统农业的概念、对象和作用. 中国农史，1989（1）
2. 李长年. 略论建立在小农经济基础上的我国传统农业. 中国农业科学，1981（3）
3. 方行. 封建社会的自然经济和商品经济. 中国经济史研究，1988（1）
4. 郭开源. 中国古代农业推广人物志. 农业考古，1986（1）
5. 张丽. 关于中国近代农村经济的探讨. 中国农史，1999（2）
6. 郑庆平. 中国近代的农业危机. 中国农史，1985（4）
7. 何清涟. 中国近代农村经济破产和人口压力的关系. 中国农史，1987（4）
8. 卢锋. 近代农业的困境及其根源. 中国农史，1989（3）

9. 吴存浩. 中国近代农业危机表现及特点试论. 中国农史, 1994（3）

10. 赵冈. 人口、垦殖与生态环境. 中国农史, 1996（1）

11. 张建民. 明清农业垦殖论略. 中国农史, 1990（4）

12. 张国雄. 清代江汉平原水旱灾害的变化与圩田生产的关系. 中国农史, 1990（3）

13. 鲁西奇、蔡述明. 江汉流域开发史上的环境问题. 长江流域资源与环境, 1997（3）

14. 吴柏均. 影响中国近代粮食进口贸易的诸因素分析. 中国经济史研究, 1988（1）

15. 樊洪业. 中国近代科学传播的"开路小工", "科学救国"的先驱——胡明复先生. 文汇报, 1997-07-04

16. 傅长禄. 蔡元培与"国立中央研究院". 史学集刊, 1982（2）

17. 段治文. 试论二三十年代中国的科学团体与科学发展. 自然辩证法研究, 2002（8）

18. 沈志忠. 近代中美农业科技交流与合作初探. 中国农史, 2002（4）

其 他

1. 国立中山大学农学院编. 国立中山大学农学院概览, 1928

2. 国立中山大学农学院编. 国立中山大学农学院概览, 1938

3. 国立中山大学农学院编. 国立中山大学农学院推广部概况, 1935

4. 岭南大学农科章程（1924—1925）·布告第八号

5. 薛福成. 出使四国日记. 长沙：湖南人民出版社, 1981

后 记

《现代化与农业创新路经的选择——中国近代农业技术创新三元结构分析》一书是在我博士学位论文基础上修改而成的。这是一份意外的收获，也是我倾注时间和精力最多的研究成果。

在读博士之前，我从来没有接触过农业、农业历史。1991年从北京师范大学历史系毕业后，一直在中学做历史教师。1998年考回师大读硕士，学的是历史教学论，属于教育学的分支学科，研究农业史纯属意外。原来系里计划让我提前一年毕业，留在历史教育教研室工作。后因学校出台了新政策，必须博士才能留校，于是决定读博士，但是迟迟定不下来报考哪个专业。就在犹豫不定时，大姑来信，说她和姑父希望我到南京农业大学去读博士，他们那里也有历史专业，是农业历史。我去图书馆查阅农业史相关书籍，感觉很新鲜，挺有意思，就决定去南京。我这本书的主要思想是在南京学习期间形成的。

刚到南京时，住在姑父李扬汉教授家里。李先生是国际知名植物学家，南京农业大学终身教授，健在的几位原金陵大学教授之一。他经常给我讲自己在金陵大学学习、工作和生活的经历，家中收藏的校史方面的书籍我偶尔也翻一翻。那时我正为博士论文选题犯愁。自己对农业一窍不通，研究农业历史不知从何处下手。接触到金陵大学农学院的历史后，产生了一个想法：研究农业教育史。我把研究范围大致定在民国时期农业大学与农业发展的关系。在学习了农业经济学、技术社会学以后，又把想法进一步扩展：以技术创新为线索，研究中国近代农业技术进步和社会变迁之间的相互关系。我把研究思路和主要思想发给当时还在复旦大学工作的曹树基教授，向他请教。曹树基教授很快回邮件对我的思想表示赞赏，对一些问题提出中肯的意见，使我深受鼓舞。此后又与我的导师曹幸穗教授沟通，把论文基本框架定了下来。论文完成后，慈鸿飞教授、范金明教授等提出了具体的修改建议。再经过几年的努力，终于有了现在这本书，水平不一定很高,只能说是一种研究的尝试,但是要想再写出同等分量的书已经不大可能,除非放下手头的其他工作,专心做学问。三年博士研究生的经历使我体验了什么叫做"学问"。现在时间和精力分配在各种不同的事情上,没有条件做学问了。中国现在为何出不了大师也许有多种答案。我的理解是,大师把科学当作事业来做,从科学研究中获得乐趣。而我们现在很多人把科学当作谋生的手段、养家糊口的职业,时间和精力大部分不是用在科研本身,而是用在科研的附属物上,整天为名利忙碌着。李先生常对我说,人一生的时间和精力是有限的,而做任何事情都需要投入时间和精力。那些别人能做的事情就让别人去做吧,我们做其他人做不了的事情。我想,先生所说做的其他人做不了的事情就是科学上的创新吧。我的研究也力图有所创新,因为与金陵大学有关,李先生也很感兴趣。本想请李先生看完论文后写几句话,作为将来出书的序。遗憾的是我毕业后不久,先生就与世长辞了。如今书要出版了,草草写几句话,以为纪念。老一辈科学家一个个相继离去,希望他们对待科学、对待学术的态度能够传承,更希望我们这个时代也能出一些大师。

感谢北京师范大学历史学院创造条件出版此书,使我有机会接受同仁的批评指正。也感谢出版社责任编辑李雪洁为本书的编辑、校对付出的辛劳。特别要借此机会感谢我的大姑康文隽教授,她对我寄予厚望,从小到大一直关心着我的成长,希望我能实现父亲没能实现的理想。父亲郑光,四川安岳县第一个考上北京大学的高材生,曾经有过远大的理想,在经历了"文化大革命"的磨难之后,虽然平反昭雪归队进入中国科学院工作,也只能把希望寄托在我的身上。从本科生到硕士研究生再到博士研究生,他一直为我的学习提供经济保障,让我衣食无忧。我没能成为科学家,就权且先用此书给亲人们一个交待吧。

郑　林
2010 年 3 月 22 日写于北京师范大学